物流

观点创造价值

夏庆——著

山东画报出版社

济南

图书在版编目（CIP）数据

物流：观点创造价值 / 夏庆著. -- 济南：山东画
报出版社, 2025.4. -- ISBN 978-7-5474-4565-5

Ⅰ.F252.1

中国国家版本馆CIP数据核字第2025YU0049号

WULIU GUANDIAN CHUANGZAO JIAZHI

物流：观点创造价值

夏　庆　著

责任编辑　刘陆星
装帧设计　王　芳　张智颖

主管单位　山东出版传媒股份有限公司
出版发行　山东画报出版社
　　社　　址　济南市市中区舜耕路517号　邮编 250003
　　电　　话　总编室（0531）82098472
　　　　　　　市场部（0531）82098479
　　网　　址　http://www.hbcbs.com.cn
　　电子信箱　hbcb@sdpress.com.cn
印　　刷　山东新华印务有限公司
规　　格　160毫米×230毫米　32开
　　　　　　16.75印张　440千字
版　　次　2025年4月第1版
印　　次　2025年4月第1次印刷
书　　号　ISBN 978-7-5474-4565-5
定　　价　68.00元

如有印装质量问题，请与出版社总编室联系更换。

推荐序

进入全球化、信息化时代，经济产业发展技术、模式、业态正发生着复杂的变化，服务于经济产业的物流业正经历着前所未有的变革，既因为国际产业链供应链韧性安全的要求需要物流供应链服务与之适应，又需要充分发挥物流为经济产业高质量、高效益发展的重要引擎作用。物流已经从传统的伴生型服务业演变成现代产业发展的重要组织要素，当今诸多产业创新业态均是在物流的支撑下形成的。因此，现代物流发展不仅关乎商流、物流、资金流、信息流等资源的配置流通效率，更直接影响国家经济的安全、稳定与繁荣。《物流：观点创造价值》一书，对这一时代背景下物流业发展的新价值创造、新组织作用进行了实践层面的深入探讨与理论层面的独立思考。物流业如何不断创新、提升价值是业界亟待解决的问题，也是行业发展的目标导向。

《物流：观点创造价值》一书，通过作者独特的视角感悟和观点提炼，揭示了新时代物流的内涵与外延的不断丰富和演进的过程，分析了物流业面临的新机遇与新挑战，并探讨了如何才能切实为物流业注入更多价值创造的动力。

本书的撰写紧密结合实际，从物流业的现状出发，分析其发展脉络，探讨其未来趋势。在撰写本书的过程中，作者始终坚持以新物流观为导向，以价值创造为核心，使得基于实践的写作更具学理性。作者长期关注和敏锐把握行业变化，通过深入调研、广泛收集、长期积累，以及与行业专家深入交流等方式，不断丰富和完善书中的内容和观点，使得研究具有更高的价值。

《物流：观点创造价值》提供了一个全面、深入、系统了解物流业发展的全新视角和思路。无论是从事物流业的人员，还是对物流业感兴趣的读者，都能从中获得宝贵的启示和帮助，为行业注入更多价值创造的动力。

国家发展和改革委员会综合运输研究所所长

汪　鸣

推荐序

　　《物流：观点创造价值》是物流领域不可多得的深度之作，值得深入研读和珍藏。书中汇集了物流领域最新观点和前沿知识，深刻阐述了现代物流创新思维与实操智慧，展示了物流产业未来的发展趋势，为读者带来启发与思考。

　　对于高校物流专业的老师和学生们来说，本书是一本极具实用价值的必备读物。可以让学生们更加深入地理解物流的内涵和价值，鼓励师生们进行深入探讨和思考，培养他们的创新思维和解决问题的能力。

　　对于从事物流行业的高级管理者来说，本书更是一本宝贵的参考书籍。作者从全新角度出发，注重理论与实践的结合，探讨了物流行业创造价值的理论和方法，可以更加清晰地认识行业发展的方向和趋势，从中汲取许多有益的管理经验和思路。

让我们一起在书中寻找物流的智慧，探索物流世界的无限可能，共同创造更大的价值！

中国物流学会副会长兼秘书长

教育部高等学校物流管理与工程专业类教学指导委员会秘书长

郭肇明

目　录

— 产业物流篇 —————

文化物流篇

宏观物流篇

中国寻求全球物流经济领域更大话语权

全球物流经济领域话语权是指在国际范围内对物流行业及物流经济的战略决策、运营管理和技术进步等方面有着显著的影响力与地位，影响物流经济发展趋势的能力。

一、具有话语权国家的主要特点

（一）系统可控链主型体系

在国际物流合作与交流方面处于链主地位，能就全球范围内的物流建设提出科学有效的策略建议，并得到多数国家的积极认同和组织实施。

（二）广泛一致协同性能力

能够在全球范围内进行高效产业链供应链协同，与其他国家和地区的企业或组织建立紧密的合作共赢关系。

（三）高度适配引领性管理

掌握先进的物流技术和管理经验，能够引领物流行业的发展方向，为全球行业提供指导和借鉴。

（四）全面准确敏捷性应变

高度关注全球经济形势变化，对国际政治、经济、文化等各方面因素有敏锐的洞察力，能够准确判断物流经济领域的趋势和未来发展方向。

拥有全球物流经济领域话语权意味着在物流行业的全球范围内具有一定的权威地位和影响力，对于促进物流经济的发展、推动行业的创新进步具有重要的意义。

二、具有话语权国家应具备的能力

（一）技术创新能力

在全球物流领域中，技术进步是推动发展的重要驱动力。具有高水平的科技创新能力意味着能够开发出更高效、更智能的物流技术和系统，如智能仓储、无人驾驶运输等。这些领先技术的运用将带来更多的市场机会和竞争优势，从而使国家获得更高的话语权。

（二）网络整合能力

拥有完善的全球物流网络布局是在全球物流经济领域获得话语权的重要条件。建立覆盖全球的物流网络，更好地满足客户需求，提高物流效率，降低成本，从而使国家在市场竞争中占据有利地位。

（三）链式管理能力

全球物流经济的发展离不开高效的供应链管理。具有强大供应链管理能力能够更好地协调生产、采购、运输等各个环节，确保物流过程的顺畅进行。具有高效的供应链管理能力的国家将在全球物流经济领域中拥有更高的话语权。

（四）绿色发展能力

随着全球环保意识的提高，绿色发展已成为物流行业的重要趋势。在物流过程中采取环保措施，如减少碳排放、提高能源利用效率等，将有助于行业树立良好的社会形象，赢得更多国际客户的信任和支持，从而提高国家在全球物流经济领域的话语权。

（五）标准引领能力

主导或参与国际物流标准的制定和修订，是在全球物流经济领域获得话语权的重要途径。参与标准的制定和修订，可以影响行业发展的方向和趋势，从而有利于国家在全球物流经济领域中发挥更大的作用。

全球物流经济领域的话语权主要表现在技术创新能力、网络整合能力、链式管理能力、绿色可持续发展能力，以及行业标准引领能力等方面。这些因素将决定一个国家在全球物流经济领域中的地位和影响力。

三、提升话语权的主要对策

（一）网络建设提升话语权

加强基础设施建设，尤其是建设连接全球的现代化物流通道和网络。优化国际物流路线，构建多式联运的物流网络，加强国际物流合作，实现资源共享和优势互补。

（二）技术创新提升话语权

积极推动物流技术的创新和智能化发展。例如利用物联网、大数据、人工智能等先进技术，提高物流系统的智能化水平，实现物流信息的实时共享和资源优化配置。通过技术创新，催生物流新业态、新模式。

（三）素质培养提升话语权

注重培养具有国际视野和专业技能的物流人才。加强物流教育、培训和交流合作，提高物流从业人员的专业素质和业务能力。同时，注重培养创新型人才和领导人才，为提升全球物流经济领域的话语权提供人才保障。

（四）国际合作提升话语权

加强国际交流与合作是提升全球物流经济领域话语权的重要途径。积极参与国际物流组织和会议，加强与国际同行的交流与合作，共同研究、共享资源和技术成果，推动全球物流经济的发展。同时，还应积极参与国际规则的制定和修订，为全球物流经济的发展贡献中国智慧和中国方案。

（五）完善体系提升话语权

完善相关政策和法规，为全球物流经济的发展提供有力保障。加强监管和执法力度，确保物流活动的规范和安全。加强与其他国家和地区的合作，共同打击跨境物流犯罪和违法行为。

（六）绿色引领提升话语权

积极推广绿色物流理念和可持续发展战略。采用环保型物流方式和设备、减少物流过程中的污染和浪费等措施，实现物流经济的可持续发展。同时，加强宣传和教育力度，提高公众对绿色物流的认识和支持度。

（七）培优扶强提升话语权

本土企业是推动全球物流经济发展的重要力量。因此，应支持本土企业提高自身的竞争力和创新能力，提供政策支持、资金扶持、人才培养等措施，帮助企业提升自身实力和创新能力。

（八）开放包容提升话语权

构建开放包容的国际合作平台是提升全球物流经济领域话语权的必要条件之一。举办高端国际物流会议、论坛等活动或设立相关国际合作组织机构等促进多边交流与合作；积极搭建与其他国家和地区之间的沟通桥梁以促进资源共享与优势互补；鼓励各方共同参与制定国际规则以推动全球物流经济的健康发展。

以上措施可以有效地提升我国在全球物流经济领域的话语权并推动全球物流经济的健康发展。

新发展理念下物流业转型升级的新路径

在创新、协调、绿色、开放、共享的新发展理念下，物流业以推进供给侧结构性改革为主线，不断完善物流体系建设、优化物流产业布局，逐步由高速发展向高质量、高水平迈进。本文结合当前形势和发展趋势，针对与物流有关的六大方面提出转型升级的新路径。

一、物流企业转型升级新路径

（一）创新物流企业复合业态模式

加快资源整合，推进物流企业从提供运输、仓储等单一物流服务向提供综合物流服务转型，提升企业核心竞争力。仓储企业由单仓向多仓网络转型，由单一仓储服务向仓配一体化转型；传统运输企业由单一运输模式向多式联运服务转型；零担和专线企业由区域性向全国性、联盟化转型；第三方物流企业向供应链集成商转型；物流装备制造企业向物流系统集成商转型。

（二）创新物流企业技术资本模式

以绿色理念，加快智能装备、信息化、新技术的应用，推进物流企业从劳动密集型向资本和技术密集型转型。以共享理念，鼓励物流企业重组与合作，推进物流企业向规模化、网络化经营转型，提升企业全区域、全链条服务能力。

二、物流园区转型升级新路径

（一）创新物流园区功能集成

提升综合功能。推动物流园区从基础设施租赁商向综合服务商转型，充分发挥其综合物流作业区功能，为客户提供仓储、运输、转运、配送、流通加工等一条龙服务。传统的货运服务园区向现代第三方物流园区转型，物流地产开发商向现代物流运营商转型，单一仓储或交易型园区向综合交易展示服务型园区转型。

提升专业功能。推动物流园区从"大而全"向专业物流园区转型，结合区域产业发展优势和特点，对物流园区发展方向合理定位，走集约化、专业化、特色发展道路。

（二）创新物流园区区域定位

推动城区内物流园区向城市配送物流园区转型。重点发展城市配送、快递和商贸物流，提升配送的规模化和协同化水平。

推动工业物流园区向供应链平台转型。重点面向工业企业，提供工业设计、原材料采购、生产、仓储、配送、逆向返厂等一体化物流服务，整合上下游资源，打造与制造业联动发展的产业物流集群。

推动综合保税区建设面向外向型企业的物流园区。重点发展陆港联运和国际物流业务，临空物流集聚区发挥空港优势，重点发展城际快递、多式联运和高端物流。

三、物流基础设施转型升级新路径

（一）公路基础设施网络化

加快完善高速公路网络，加强高速公路与铁路、机场、港口、口岸和产业集聚区的衔接。推进普通省道提级、城镇过境段改造和城市群城际路段等扩容工程，加强与城市干道衔接，提高拥挤路段通行能力。加快县乡村公路改造，进一步完善农村公路网络。推动公路收费站撤销合并，提高公路通行效率、降低公路运输成本。

（二）航空物流基础设施高效化

推进以货运功能为主的机场建设，构建航空货运机场群。合理布局空港物流园区，配套现代化仓储设施、货物处理中心、保税物流设施等，保障航空货运高效、准时、可控。加快完善地面交通体系，建设机场连接市中心及主要工业开发区的快速干道，形成以机场为中心，建立发散式集、疏系统，提高空港物流聚散的效率和能力。

（三）铁路场站设施专业化

建立公铁联运、铁水联运等多式联运体系，在铁路货运场站周边配套建设物流园区，助推大宗货物运输结构调整。推广铁路重载运输技术装备，大力发展铁路特种、专用货车，以及高铁快件等运输方式。

（四）港口配套设施畅通化

推动沿海港口功能向内陆城市延伸，通过共建模式打造内地"无水港"。完善港口基础设施，鼓励发展公用码头，加强港口公用航道、锚地建设。加强港口集疏运体系建设，推进各种运输方式与港口有效衔接，鼓励具备条件的城市建设港口专用公路和铁路专用线，打造便捷的出海通道。

（五）物流新基建多元化

加快新能源加气站、充电站建设，形成较为完善的加气、充电网络，推广清洁能源车辆使用。加快交通物流大数据平台建设，有效整合公路、铁路、航空、水运、海关、保税、金融等各类资源，实现信息联通、资源共享、协调发展。

四、物流业态和模式转型升级新路径

（一）智慧物流产业化

以互联网、大数据、云计算、5G等信息技术为支撑，大力发展无人机、无人配送车、智能快递柜等智能装备，赋能新零售、O2O、无接触商业、同城众包快递、即时物流、社区配送等平台经济和新模式产业化发展。

（二）产业物流智慧化

以网络货运平台、综合信息平台整合有效资源，推动传统公路运输、仓储、零担、快递、搬运、装卸等向智能化、集约化、规范化、高效化、安全化发展。

（三）专业物流特色化

以技术模式创新推动物流精细化转型，大力发展会展物流、冷链物流、逆向物流、高铁物流、医院院内物流、医学检验物流、国防军工物流、大件设备物流、保密押运、保密存储、中央厨房等新业态，满足细

11

分领域专业化物流需求。

五、物流产业布局转型升级新路径

（一）协同融合，联动发展

优化制造业集聚区内物流布局结构和产业业态结构，提升物流业服务制造业的能力。物流企业紧密围绕制造业企业物流需求，主动融入产业供应链运作模式及管理模式，通过流程优化、效率提升和模式创新，发挥协同倍增效应。

（二）设施整合，联动发展

建设商贸专业物流园区，形成城市配送、城际配送、稳价保供的全域体系。合理构建电商物流和快递企业末端服务网络的区域布局，推进社区配送服务体系建设。整合供销社、邮政、快递、农村农资流通等网点，建立健全覆盖县级区域和中心乡镇的物流配送网络。

六、区域物流合作转型升级新路径

（一）强基础，建联盟

组建区域物流联盟，推进区域物流一体化。在交通便利的区域建设区域共享物流园区等基础设施，重点发展面向都市群的区域物流中心。

（二）搭平台，融战略

加快通道建设，构建连接京津冀、长三角、"一带一路"、西部陆海新通道等国家战略的公、铁、空立体化物流贸易通道。推动区域物流集群化发展，融入国家物流枢纽骨干网络。

共享是非对称经济下中小微物流企业
发展的必由之路

中小微企业已经成为我国经济新动能培育的重要源泉之一，是经济结构优化升级的重要支撑，也是保障和改善民生的重要依托。中小微企业与大型企业的发展境况差异显著，各类要素资源配置中两者表现出明显的非对称性。在国家积极推进要素市场深化改革的背景下，本文分析了大型物流企业和中小微物流企业的非对称表现，提出了通过实现要素资源共享推进企业健康发展的新路径。

一、大型企业与中小微企业非对称表现

非对称是指按照通用企业划型标准，不同类型的企业拥有和获取资源的差异性和不均衡性。大型企业与中小微企业的非对称性主要表现在以下五个方面：

（一）非对称的金融资源占有

物流业对金融的依赖度越来越高，尤其是中小微企业，资金短缺和融资困难严重制约了其专业化发展。与制造业企业相比，中小微物流企

业固定资产少、可抵（质）押物受限、经营风险高、信用低且征信难、偿债能力不足等原因使其难以获得金融机构支持，融资难、融资贵现象普遍。

（二）非对称的人才资源占有

人才是企业创新的主体，是推动企业发展的核心资源。企业的规模和环境、薪酬和激励机制等原因，使得中小微企业在人力资源竞争中困难重重。人才流失率高、专业人才匮乏成为制约中小微企业发展的重要瓶颈。对于中小微物流企业来说，受办公位置偏远、办公环境简陋、薪酬福利待遇低下等因素制约，高级管理人才面临招聘难、留住更难的困境。

（三）非对称的知识产权资源占有

知识经济时代，专利技术不仅是企业谋取竞争优势的战略性资源，而且是核心竞争力的重要体现，是企业未来盈利成长的关键因素。相比之下，中小微物流企业在专业技术研发、知识产权保护等方面远远落后于大型物流企业。

（四）非对称的公共关系资源占有

近年来，国家和各级部门加大了对中小微企业在金融、税收方面的政策支持，促进了中小微企业的发展。但相比之下，大型物流企业在企业培育、重点项目建设、物流信息化、金融、土地、人才等多个方面更容易享受政府的支持。与此同时，大型企业的诉求和建议也更容易得到各级政府部门和行业组织的重视。

（五）非对称的信息资源占有

信息资源是企业生产经营过程中积累起来的大量有用信息总和，包括政策信息、行业发展信息、市场供求信息、竞争对手的相关信息，以及内部经营管理信息等。大型企业相对中小微企业来说，获取信息资源的渠道广、路径短、速度快、内容全，更便于通过开发利用相关信息支撑企业经营决策。近年来，大型物流企业不断加大物流信息化建设投入，依托先进的信息技术和物流装备，在降本增效、实现流程标准化和可视化方面成效显著。

综上所述，在同等外部条件下，大型企业更容易获得政府、行业组织、金融机构等各方面的支持，诉求和建议也更容易得到各方回应和解决。大型企业和中小微企业的不对称性将长期存在，且具有不可逆性。

二、共享要素资源，促进中小微物流企业健康发展

在物流业网络化、集约化、规模化发展趋势下，精准定位大型物流企业和中小微物流企业的关系是引导行业健康发展亟须破解的难题。大型物流企业和中小微物流企业分别是推动行业发展的骨干力量和末端支撑，两者除了存在整合与被整合关系外，更重要的是加强合作与协同发展。

（一）大企业投建设施，中小微企业入驻共享

物流基础设施建设资金投入大且投资回报期长，相比中小微物流企业，大型物流企业资金实力强、融资渠道广，在争取土地资源和政策支持方面也更具有优势。鼓励由大型物流企业投资或者大型物流企业与政府合作建设物流基础设施，中小微物流企业入驻或者租用物流相关基础设施，通过两者间的合作实现物流规模化、集约化发展。

（二）大企业担当链主，中小微企业配套共享

供应链链主是指在整个供应链中占据优势地位，对整个供应链或者供应链中的大部分企业具有直接或间接影响力，具备提升供应链绩效能力的核心企业。大型物流企业的规模实力、管理能力、信息技术和资源

整合能力有利于推动供应链协同化、高效化、敏捷化运行。中小微物流企业应专注于自身的业务，以标准化和专业化服务能力，做好供应链的仓储、运输、配送等环节的配套服务，实现供应链上下游企业合作共赢发展。

（三）大企业定制人才，中小微企业集合共享

推动大型物流企业积极与政府、行业组织和高等院校开展合作，加大物流人才培育、开展定制化培养、建立实训基地，实现产教融合、协同育人。中小微物流企业应积极参加各类培训和大型物流企业的委培定制，提升从业人员能力，储备专业人才。

（四）大企业专利授权，中小微企业付费共享

大型物流企业在不影响自身发展的前提下，对其拥有的能推动行业发展、实现互利共赢的部分专利权，可采用合理收取专利使用费等方式与中小微物流企业实现共享。中小微物流企业应积极运用先进信息技术和智能装备，推动企业降本增效和转型升级，提升企业核心竞争力。

（五）大企业争取政策，中小微企业普惠共享

大型物流企业应发挥骨干引领作用，向政府提出推动行业发展的意见建议，争取各级政府的政策支持。中小微物流企业应提高自身的政策敏感性，加强对国家和各级政府出台的扶持中小微企业发展的各类政策的关注度，积极申请政策支持，促进企业健康发展。

（六）大企业搭建平台，中小微企业专业共享

大型物流企业应利用自身优势，积极搭建业务、信息、资源等各类平台，与中小微物流企业实现合作共赢发展。中小微物流企业应进一步加强开放和合作意识，借助各类资源平台，破解制约企业发展的瓶颈，发挥中小微企业"小而专"的优势，实现突破发展。

物流"高水平"重复建设
是对社会资源的一种掠夺

中国正处于由物流大国向物流强国迈进的关键期，建设物流强国成为我国物流业发展的中长期战略目标。合理布局国家物流枢纽加速推动了存量物流基础设施的整合提升和增量基础设施的规划建设，而"新基建"和"在线新经济"的兴起则促使物流业向信息化、智能化和平台化迈进。在物流业转型升级和高质量发展的机遇期，立足产业发展实际、避免"高水平"重复建设是物流业突破新的经济增长点和利润增长点的基础。

一、"高水平"重复建设的表现

（一）物流园区的重复建设

物流园区是物流业集聚发展的重要载体，对转变物流发展方式、加快转型升级具有重要作用。《第七次全国物流园区调查报告》数据显示，2024年全国各类物流园区共计2769家，与第六次调查的2553家相比，增长8.5%；比2018年第五次调查增长69%。（图1）物流园区建设急剧扩张，暴露出不少问题。一是统筹规划分割化。物流园区建设普遍存在

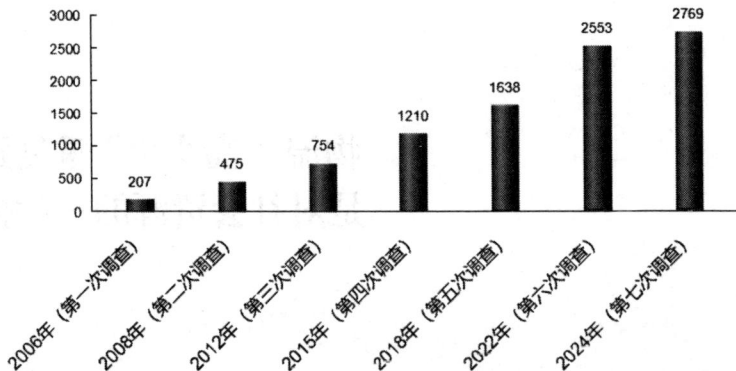

图1：2006—2024年历次调查全国物流园区数量情况（单位：家）

各地区之间独立规划，未全面考虑地区与地区之间、省市之间，甚至全国范围内的协调统一，致使物流园区之间不能形成互补效应，相互竞争、资源抢夺、资源浪费现象严重。二是投资建设盲目化。部分物流地产项目没有以市场需求为导向，也没有充分考虑对周边产业带动作用，存在盲目投资、圈地的现象。产业基础薄弱、交通区位优势不足、物流要素资源分散等原因导致园区招商困难、入住不足、闲置率高。三是运营模式传统化。现有园区网络大多以垂直型、小区域型为主，没有有效整合形成区域合力。物流园区之间没有实现互联互通，经营模式大多以传统物业租赁为主，没有向平台型、服务型、智慧型、网络型的新模式转型。

（二）物流信息平台重复建设

物流信息平台是向各类用户提供信息交换与共享服务的开放式的网络信息系统，是推进物流信息化建设、提升物流信息化水平的重要载体。物流信息平台大致分为三类：一是由政府或者行业组织牵头建设的公共服务型平台；二是物流企业定制化建设的内部管理、仓储运输管理类平台；三是信息化企业提供有偿服务的业务服务、撮合交易类平台。

据统计，全国现有约700家物流信息平台，其中500家左右是从事车货匹配的物流平台。各平台之间模块分散、条块分割，信息不能共享，形成了大大小小的"信息孤岛"。平台建设缺乏统一标准，信息资源不能进行有效整合，各个平台自成体系，无法实现信息互联互通。

（三）物流装备设施重复建设

物流装备主要是指物流运行过程中所使用的运输设备、仓储设备、分拣设备、配送设备、装卸搬运设备等。近年来，在推动物流业降本增效的背景下，物流企业为提升运行效率不断优化升级物流装备设施，标准化装载运输设备和智能化仓储分拣设备广泛应用。除此之外，城市配送车辆和末端配送车辆的激增也给城市交通带来巨大管理压力。冷链物流车辆和冷库建设也存在地区发展不平衡的现象。

（四）物流特色功能集群重复建设

随着共建"一带一路"倡议持续深入，以西安、郑州等城市为代表，服务国际贸易、开行欧亚班列和国际货运航班的内陆港和临空物流集聚区等物流特色产业功能集群不断涌现，不仅带动了区域经济发展，也为全球供应链提供了物流服务基础。先进城市的成功经验，让众多城市纷纷效仿，全国内陆港和临空物流集聚区的数量逐年增加。政府应加强对此类物流产业集群的宏观规划和指导，引导物流特色产业集群按照产业分布、市场需求和物流规律合理开发，避免重复建设和同质化发展，使其充分发挥供应链价值增值作用。

由此可见，物流园区、物流信息平台、物流装备设施、物流特色功能集群的"高水平"重复建设，不仅造成大量土地、资金和资源浪费，还使得有限的科技、信息和市场资源被分散和稀释，是对社会资源的一种掠夺，影响了物流产业的健康发展。

二、物流高水平建设的原则和现实路径

以供给侧结构性改革为主线，践行绿色物流发展理念，调整物流业投资结构，坚决抵制大规模开发建设，以整合和提升存量物流基础设施为主，强化设施设备共享共用，提升物流社会化服务功能和水平。

（一）物流园区建设强调功能性

物流园区建设应充分考虑国家、省市、区域产业发展规划及交通区位实际，统筹规划，合理布局。国家层面加快国家物流枢纽功能化建设，形成交通、信息、业务互联互通的国家骨干枢纽园区网络。省级层面推动综合型物流园区集约化建设，依托产业发展优势合理布局公路港、多式联运中心、商贸物流园等，加快物流资源要素集聚，推动物流业降本增效。市级层面推动城市仓储分拨中心的绿色化建设，推广新能源配送车辆，开展城市共同配送，发展绿色仓储、绿色包装、绿色流通加工、逆向物流和废弃物物流，推动物流可持续发展。

（二）物流信息平台建设强调互联性

随着我国产业结构的调整，物流运输的货物品类结构发生变化，社会对物流服务品质的需求不断提高。在这种情况下，物流信息平台建设是解决当前"多小散弱"、不连通、不畅通的有效手段。国家、省市近期出台的关于促进平台经济、大数据发展政策意见，以及"在线新经济"和"无接触配送"等新业态模式的出现，对物流信息平台建设提出了新的要求。一是共享化。要推动跨区域、跨部门、跨运输方式、跨政企的物流信息平台的公共数据互联共享，消除"信息孤岛"。整合各类政府信息平台，避免重复建设和数据"打架"。二是专业化。完善和加强物流企业的信息化建设，实现物流企业、上下游企业间信息有机衔

接，推动物流与其他行业间、不同区域间、不同运输方式间数据的高效互联与交互协作。三是安全化。行业主管部门应依托大数据、云计算、物联网等新一代信息技术，合理采集物流信息平台有关数据，开展基于物流大数据的运行监测与行业监管，逐步形成运用大数据加强物流市场主体服务和监管新模式。

（三）物流装备设施强调适用性

以5G网络、工业互联网和物联网等为代表的新型基础设施建设，推动我国从工业经济迈入数字经济时代。"新基建"下的物流装备设施建设，应避免盲目追求智能化而忽视其在物流运行中的适用性，同时应充分发挥物流装备设施作用，提高物流环节的协同能力。一是循环化。推动标准托盘、标准箱等标准单元器具在物流企业和上下游企业循环共用，减少装卸、倒货、搬运等物流作业中的货损，提升物流作业效率。二是共用化。通过建设云仓系统整合仓储资源，实现仓库资源优化配置、网络化运营与共享管理。加快城市共同配送体系建设，推动叉车、末端配送车辆以租赁等方式实现共享共用，提高物流资源的利用效率。三是绿色化。加快新能源车辆、绿色包装的推广和应用，降低环境污染。

（四）物流标准建设强调统一性

物流标准包括物流技术标准、物流信息标准、物流管理标准、物流服务标准等，2019版《物流标准目录手册》收集了我国已颁布的现行物流国家标准、行业标准和地方标准目录共计1112项，在规范物流流程、推动行业发展方面发挥了积极作用。物流标准建设是一项长期的、复杂的工作。一是系统化。建立多方参与的协调机制、制定标准公开的制度和政策，避免条块分割、部门分割和地区分割。二是开放化。吸收各方有效参与，充分发挥企业在标准需求、投入、制定和应用中的主体作用。三是商业化。加快标准的落地实施，用标准指导物流各领域活动，使其真正发挥提高效率、推动发展的作用，将标准化转化为提高物流运行效率的商业价值。

（五）物流贸易建设强调国际性

一是规则化。积极参与全球供应链规则制定，加强与主要贸易国家和"一带一路"合作伙伴在人员流动、资格互认、标准互通、认可认证、知识产权等方面的磋商与合作，提升全球产业链和价值链。二是数字化。大力发展跨境电商、搭建国际贸易平台，实现国际物流信息畅通，培育公共型、综合型、国际型供应链服务平台，创新国际物流贸易交易方式和商业模式。三是便利化。优化口岸设施布局和开放功能，深入推进通关便利化改革创新，实施更高水平跨境货物贸易通关便利化措施，持续提升国际贸易"单一窗口"应用，进一步优化整体通关流程，推进口岸提效降费和提升口岸服务水平。四是联盟化。推动跨境电商、国际贸易、制造业企业和相关机构加强合作，共建并合理布局海外仓和境外合作经贸区，降低投资成本，避免重复建设，提高物流贸易基础设施利用水平。

保持供应链金融健康是打好防范化解
重大风险攻坚战的基石

供应链金融是银行围绕核心企业，管理上下游中小企业的资金流和物流，并把单个企业的不可控风险转变为供应链企业整体的可控风险，通过立体获取各类信息，将风险控制在最低的金融服务。供应链配套的上下游企业多且交易融资金额较大。保持供应链金融健康不仅有利于维护物流金融市场稳定，也是打好防范化解重大风险攻坚战的基石。本文从国家、银行、链主和上下游企业四个方面提出推动供应链金融健康发展的多项措施。

一、国家层面实施稳健的货币政策

稳健的货币政策是保持流动性合理充裕和社会融资规模合理增长、防范化解重大风险的前提。

（一）保持稳健

以金融供给侧结构性改革为主线，推进结构性调控机制建设，稳妥处治和化解各类风险隐患，守住不发生系统性金融风险底线。加快疏通供应链货币政策向实体经济的传导机制，打通货币流向实体经济的"最后一公里"。完善各项配套制度，健全普惠金融体系。

（二）适度灵活

灵活运用多种货币政策工具，适时适度进行逆周期调节，保持流动性合理充裕。适时下调公开市场操作利率、中期借贷便利利率、贷款市场报价利率，降低企业融资成本。深化民营和小微企业供应链金融服务综合改革，确保实现小微企业贷款户数增加、贷款投放扩大、贷款成本适度降低，支持优质民营企业扩大债券融资规模。

（三）持中守正

保持宏观政策稳定，保持经济运行在合理区间。进一步稳就业、稳金融、稳外贸、稳外资、稳投资、稳预期，提振市场信心，保持经济持续健康发展和社会大局稳定。优化地方政府专项债使用，带动社会资金更多投向供应链补短板、惠民生等领域，扩大有效投资，增强发展内生动力。

（四）精准创新

一是货币政策创新。发展适当的新型货币政策工具，为金融机构创造风险分散和再融资机制，调动金融机构发展供应链金融的积极性。实施差异化监管政策，提高对小微企业不良贷款容忍度，落实尽职免责，提高放贷意愿。二是融资渠道创新。积极发挥数字金融等新型工具和渠道的作用，加速金融科技创新，依托现代信息技术和交易平台实现数据共享，丰富融资渠道。三是金融产品创新。鼓励金融机构发展基于订单、仓单和应收账款的供应链金融产品和针对不同企业的差异化供应链融资服务模式。

二、银行层面实施"四控"促健康

银行应依托供应链核心企业，对物流、商流、资金流、信息流实施"四控"。一是搭建线上供应链金融平台。解决银行和供应链上下游企业的信息不对称问题，为供应链中制造、采购、运输、库存、销售等各个环节提供融资服务，既满足部分中小企业的资金需求，又有利于整条产业链的协调发展。二是个性化定制供应链金融服务。银行应研究供应链细分领域中各产业的发展模式、盈利模式、资金需求的强弱、周期性差异的特点，根据不同行业的具体需求量身定制金融服务，提供垂直、精准、专业的供应链融资产品。三是实施动态风险管控。运用大数据、云计算、区块链等技术手段，建立完善的大数据风控模型，对供应链体系内物流、商流、资金流、信息流实施监控，有效防范供应链金融风险；建立"供应链金融平台+金融监管库"模式，对货物状态进行实时全方位动态监管，促进货押融资业务的健康发展。

三、链主层面实施"四选"促发展

供应链链主是供应链资金流的核心授信者，其应对供应链各环节实施严格管控，对合作方进行严格筛选，以确保供应链整体的健康发展。

（一）选配套企业

具备协同服务能力，能够提供规范高效的仓储、物流服务，提高供应链整体运行效率。具备诚信经营能力，具有较高的信用等级和诚信经营行为，避免违约失信对供应链整体造成负面影响。

（二）选金融机构

具备产品设计能力，结合宏观经济、金融政策、产业规划，针对供应链各环节及其服务的细分行业特点，设计合理化服务方案和产品，提高服务实体经济的契合度。具备业务主导能力，通过缩短融资链条、优化贷款流程、放宽审批权限，降低企业融资成本。

（三）选管理团队

具备大局意识，向各环节输出供应链思维，以共同利益凝聚上下游企业，树立"一荣俱荣，一损俱损"的经营理念。具备专业能力，依托核心地位和信用优势，突破银行单一通道的限制，引入多元非银行金融机构，以金融撬动供应链各环节的业务发展。

（四）选风控模式

具备风险定价能力，系统分析行业周期、微观运行及上下游企业信息，严格把控前端的货物、服务采购，中端的生产制造，后端的产品交付和售后服务，实时掌握供应链整体经营数据和资金流向，获得超额风险溢价。具备风险管控能力，通过将供应体系和销售体系有机结合，加强对资金和数据在体系内流动情况的分析，提高风险预警和管控能力。

四、上下游企业层面实施"四做"促规范

上下游企业作为供应链整体中不可分割的环节，服务与协同能力的好坏会直接导致供应链增值或失衡。因此，保持自身规范健康发展是有效推动供应链价值提升的关键因素。

（一）做专业配套的排头兵

上下游企业应深度参与供应链全流程，实现各环节的协同化，提高

资源要素的综合利用效果，降低企业间的互动成本，做好供应链系统配套服务，实现价值链的延伸。

（二）做服务质量的排头兵

上下游企业应积极参与商贸物流服务体系建设，转变经济发展方式，提供便捷、高效、人性化服务，满足人民对美好生活的向往和追求，有效扩大就业和改善民生，维护社会稳定与繁荣。

（三）做降本增效的排头兵

上下游企业应有效利用现代信息技术和先进设施设备，创新服务和管理模式，促进信息共享和资源协同，降低全流程、各环节成本，实现供应链整体的效率最高化和利益最大化。

（四）做诚实守信的排头兵

上下游企业应坚持"信用为本"的理念，加强诚信自律意识，守法经营、公平竞争，打造供应链诚信品牌，促进供应链价值增值。

物流业是实施扩大内需战略
一支重要生力军

物流业涉及领域广、吸纳就业人数多，促进生产、拉动消费作用大，是实施扩大内需战略一支重要的生力军。

一、物流扶贫扩内需

物流扶贫是利用有效的资源和网络，实现农村生产生活物资和农产品双向流通，帮助贫困地区和贫困群众增收脱贫的重要方式，是电商扶贫、消费扶贫和产业扶贫的有力支撑。庞大的农村消费市场和农产品销售市场，是现阶段扩大内需的重要发力点。一是创新农产品销售模式。线上经济推动了农村电商模式的创新，以"直播带货"为代表的互动式销售模式规模不断扩大，为农产品提供了更广泛快速的销售渠道。因此，应广泛利用线上资源，在传统电商扶贫的基础上，打造农民产地推广、县长市长品牌推广、网红主播合作推广相结合的新型农产品销售模式。二是提高农村物流服务效能。加强农村物流基础设施建设，优化县、乡、村三级交通运输网络，合理布局仓储分拨中心、农批市场，加快农村冷链基础设施建设。提升农村物流服务能力，推动客运、货运、邮政、快递、供销社等相关企业单位整合网络要素资源，形成物流服务合力。加强服务消费细分市场和服务农村末端配送的能力，形成标准化、品牌化的农村物流新产业。三是加大对物流扶贫政策支持。国家层面，出台支持扶贫产品的金融政策、物流政策、绿色通道等政策，形成销售品种多、交易金额大、扶贫效果强、服务机制全的农产品线上线下交易体系。地方层面，对扶贫产品的生产加工、仓储物流、检测检疫等在本地区落地推广给予相应政策支持。

二、物流就业扩内需

物流业是劳动密集型产业，是稳就业促增收保民生的有效途径。一是创新物流就业平台。依托平台经济、数字经济大力发展物流新业态，催生新岗位、新职业。在城市和农村配送末端布局快递驿站、社区小店等，作为物流快递最后一公里的服务主体。同时拓展社区团购、绿色回收等多元化业务，作为促进城乡居民家庭创业新方式。发展直播经济，利用电商平台、视频平台等资源，构建"直播带货"+物流配套产业链，有效促进消费、扩大就业。二是开展物流技能培训。物流主管部门、行业协会和物流企业联合开展快递、配送、仓库管理、电商等各类岗位的技能培训，定期向物流企业输送技能人才，解决农村务工人员、城市失业人员就业问题。三是加大校企合作力度。高等院校、职业院校应与物流企业加强合作，开展定向定制化培养，以就业为风向标，努力培养适应企业、适应社会的综合性人才。物流企业应为毕业生提供多种岗位的实习机会，提高薪酬福利、提供良好的办公环境和职业成长空间吸引优秀毕业生入职。

三、物流项目扩内需

要把推进重大物流项目作为稳投资、扩内需的重要内容，加快补齐产业链、供应链短板，做好扩内需稳增长的压舱石。一是加快交通物流基础设施建设。加快公路路网建设，扩大普通国道规模，推进普通省道、城市群城际路段等提级扩容，加强县乡村公路改造。加快陆港、海港、空港和内河港建设，补齐海铁联运和铁水中转联运基础设施短板，建成以铁路货场、港口码头、空港、公路港、物流园区联动互通的立体化综合物流体系。二是加快农村物流节点设施建设。依托特色农产品主产区，建设集加工仓储、冷藏冷冻、分拨配送等服务功能的农产品综合物流园区。加快改造建设公用型果蔬预冷库、储存保鲜库等农产品冷链物流设施，提升农产品运输设施设备，实现农产品从田间地头到流通各个环节的全程冷链可视化运输和可追溯体系。三是加快物流新基础设施建设。推动5G、云计算、物联网、大数据、人工智能等先进技术在物流领域的深度应用，加快发展智慧物流、无人物流、无接触配送等先进物流技术和模式。

四、物流升级扩内需

近几年来，代表民生消费的单位与居民物流总额和快递业务增速迅猛，物流需求的增长结构发生明显的变化，物流业亟须加快升级步伐。一是服务细分化。线上经济的快速发展、居民消费的不断提升，为物流业提出了新的服务要求。在业务订单碎片化、服务需求个性化、货物周转快速化趋势下，物流业应提升服务细分市场的能力，运用新技术和新装备，创新服务模式和产品，满足居民衣、食、住、行不同消费场景的服务需求。二是响应快速化。利用AI和大数据技术，优化加密配送网络、规范配送流程、预测市场需求、合理管理库存、降低获客成本，构建以人为中心的服务体系。大力发展即时物流、生鲜宅配、高端餐饮配送等，打造响应快速、服务高效的配送体系，提升居民消费的物流服务体验。三是品牌高端化。物流企业应强化品牌意识，加强品牌建设，践行优质服务承诺，引导市场消费，引领服务质量升级。充分利用物联网、云计算、大数据、移动互联等现代信息技术，运用先进物流技术装备和现代化管理模式，促进管理创新、业态创新和服务创新，打造高端物流品牌。

五、物流创新扩内需

物流创新是对整个物流过程进行全方位的革新，广义来讲物流创新还包括技术创新、模式创新、业态创新和文化创新等多方面。从行业历程来看，创新是推动物流业突破发展、物流扩内需的驱动源泉。一是推广物流文化。依托特色物流产业集聚区，打造"物流＋农业""物流＋科技""物流＋智能制造"的物流小镇，发展体验式物流文旅项目。依托大型电商、快递、医药物流、图书物流、消费品物流、制造业物流等特色物流企业，创建花园式、旅游式、体验式、卖场式物流企业。二是创新物流业态。为城乡居民发放电商、快递等体验消费券，实现刺激消费扩内需。依托城市物流末端网络布局农产品前置仓，为城市居民提供丰富、质优的生鲜产品及极速到家的配送服务，满足高品质生活需求。

为物流企业减负，为物流发展撑腰

近年来，党中央、国务院科学谋划，精准施策，推出一系列减负举措，确保经济在合理区间稳健前行。同时，各项改革联动发力，降低制度性交易成本，提升实体经济的内生动力。本文结合当前形势，提出政府层面六大举措，让减负成果惠及物流企业。

一、工作作风减负

（一）力戒形式主义，解决工作不实的问题

企业和群众反映最突出的问题是追求形式、不重实效，图虚名、务虚功、工作不抓落实。因此各级物流主管部门应避免为了应付上级的工作任务"蜻蜓点水、走马观花"式工作作风，加强精准调研，深入企业了解真实情况和实际困难，要及时反映行业、企业难题，用钉钉子精神，不遗余力破除障碍。

（二）力戒官僚主义，解决不作为、乱作为的问题

重点解决政府部门推诿扯皮、办事拖拉、独断专行、不负责任等问

题。应聚焦突出问题、坚持以上率下、创新体制机制，对于制约物流业发展的土地、财税、金融、人才等问题进行精准施策，有效推动行业健康发展。

二、审批流程减负

（一）压缩流程，减少审批

物流企业开办事项实行一窗受理、一次提交、信息共享、并联办理、限时办结，实现"一站式服务"。物流项目全流程压缩项目立项、工程规划许可和施工许可时间，实现"拿地即开工，建成即使用"的目标。

（二）信息多跑路，企业少跑腿

加快"互联网+政务服务""放管服"改革，推动政务服务事项"一网通办"，全面推广国际贸易"单一窗口"平台应用。建设物流公共服务平台，整合公路、铁路、航空、水运、海关、保税、金融等各类物流资源要素，形成面向物流和上下游企业的政策信息发布、政务服务对接平台，使得"信息多跑路，企业少跑腿"。

三、政策兑现减负

（一）杜绝"闭门政策"

涉及物流业的政策出台前，凡是与企业经营活动密切相关的，各主管部门都要通过多种方式听取物流企业、物流行业协会的意见，以使政策法规更科学、更符合实际。要保证公开征求意见的期限，杜绝走形式、走过场。要做好沟通协调，畅通企业和协会提出意见诉求的渠道，提高政策法规贯彻落实的有效性。

（二）杜绝"抽屉政策"

政府部门应持续推进各项物流政策及时落地兑现。设立物流政策兑现服务窗口，简化申报流程，实现"一口进出、分类审定、封闭运行"的服务模式，确保各项政策的公开、公平、规范、廉洁、高效施行。开通线上服务平台，实现企业在线集中申报，办事状态"实时跟踪"。

四、企业服务减负

（一）只帮忙，不添乱

各级物流主管部门应创新服务模式、完善服务机制，发扬"店小二"精神，做到"企业吹哨、政府报到、有事必应、无事不扰"。要建立政府与市场间的良性互动关系，靠前服务、主动服务，推动企业组织创新、技术创新、市场创新。

（二）只服务，不干预

各级物流主管部门应发挥规划、指导、协调和服务职能，强化规划引领、加大政策指导、制定规范标准、推动行业发展。充分保护和激发市场主体活力，尽可能减少政府对市场的直接干预，为企业生产经营、参与竞争提供更宽松公平的环境，引导企业逐步提升产业链供应链现代化水平。

五、司法公正减负

（一）慎用强制手段

各级部门在处理涉及物流的经济纠纷、合同纠纷、交通事故等问题上，对涉案企业和人员应综合考虑行为性质、危害程度等情况，依法慎用强制措施，要严格区分涉案人员个人财产和家庭成员财产，最大限度降低对企业正常生产经营活动的不利影响。同时，物流企业家要作诚信守法的表率，带动全行业社会道德素质和文明程度提升。

（二）发挥仲裁作用

由于我国物流立法相对滞后，没有形成完备的法律法规体系，且地方制定的法规效力不大、规范性不强。因此，应鼓励相关部门设立物流仲裁机构，聘请既懂物流业务和专业技术，又熟悉法律法规和行业惯例的专家作为物流专业仲裁员，用仲裁的方式解决相关纠纷，为物流企业创造市场化、国际化的法治环境。

六、优化环境减负

（一）包容发展新经济业态

近年来，随着新技术、新经济的发展，网络货运、即时物流、共享物流、无接触配送、无人配送、供应链金融等物流行业新业态模式不断涌现。各级主管部门应鼓励企业发展新技术、新业态、新产业和新服务，要采取包容审慎监管方式，推进其有序规范健康发展。

（二）平等对待各性质企业

各级政府部门要把优化营商环境和提升政府效能、深化"放管服"改革等有机结合起来，下大力气推动降低制度性交易成本，要积极服务不同市场主体，坚持国企、民企平等对待，中资、外资一视同仁。对于招商引资的物流项目和企业，要做好各项审批服务和政策解读，加快项目落地生根；对本地物流企业，要主动对接各项资源，推动其转型升级和做优做强。

（三）涉企问题终身追责

围绕物流企业最关心、最现实、最迫切的"减负"问题，坚决整治涉企服务乱象。重点瞄准政府部门及其下属单位等领域的乱作为现象，全面清理规范涉企收费、职业资格认定、评比达标表彰等方面的政策规定。通过放开一批、取消一批、降低一批、规范一批，大力减轻企业负担，全面落实惠企政策，加快建立完善的涉企服务常态化监管机制。

物流新经济

物流新经济是指以新一代信息技术为支撑，以物流业为主要业态或细分领域，以网络化、智能化、绿色化、服务化为主要特征的新经济形态。

一、物流新经济的内涵

（一）创新驱动为引擎

物流新经济注重运用新技术，推出新的物流商业模式和业务模式，借助人工智能、物联网、机器学习等技术，实现物流智能化、自动化和高效化，促进产业融合、协同发展。

（二）数据共享为核心

物流新经济以数据共享为核心，通过收集、分析和利用大数据，优化物流流程，解决信息不对称问题，减少资源浪费，提高运作效率和服务质量。

（三）绿色持续为基调

物流新经济注重降低物流过程中的能耗和排放，提倡绿色物流、低碳物流和循环经济，推动可持续发展。

（四）网络平台为协同

物流新经济依托于互联网和物联网，构建物流网络平台，促进信息流、物流和资金流的高效对接，提高资源配置和利用效率，实现供应链协同和资源优化配置。

（五）服务升级为动力

物流新经济根据客户需求和偏好，致力于提供更加个性化、定制化的物流服务，满足不同类型企业多样化需求，提升客户满意度和体验感。

（六）跨界融合为需求

物流新经济促进物流业与其他行业的深度融合，形成新的商业模式和增值服务。通过产业融合，重塑产业分工，再造产业结构，为其他行业提供更多支撑和服务，实现互利共赢。

二、物流新经济背景下物流业发展的趋势

（一）数字化和智能化

物流业将更加注重数字化和智能化的发展。通过物联网、大数据、人工智能等技术，实现物流过程的可视化、自动化和智能化，提升企业核心竞争能力。

（二）网络化和平台化

物流业将趋向于网络化和平台化。通过物流电商平台、云仓储平

台、物流信息平台等，实现物流资源的共享和协同，提高供应链韧性和灵活性。

（三）绿色化和可持续化

物流业将更加注重绿色可持续发展。通过推广绿色物流和低碳物流技术，减少能源消耗和排放，提高物流的环境友好性。

（四）高效化和协同化

物流业将强化供应链高效化和协同化。通过信息共享、数据分析和智能决策等手段，实现供应链各环节的高效协同，提高物流供应链的重构能力。

（五）个性化和定制化

物流业将更加注重个性化和定制化的服务。通过物流信息化技术，为客户提供个性化的物流方案和定制化的物流服务，满足消费者多样化的需求。

（六）融合化和创新化

物流业将与其他行业进行深度融合，形成新的商业模式和创新服务机制，推动物流增值服务的发展。

三、物流新经济背景下物流新细分行业蓬勃发展

（一）物流技术服务企业

随着物流新技术的应用，物流技术服务提供商将快速发展。他们提供物流信息化系统、智能仓储系统、运输优化算法、数据分析和预测等技术服务，帮助企业实现物流过程的数字化、智能化和高效化。

（二）物流平台运营企业

物流平台运营商将通过建设和运营物流电商平台、物流信息平台等，为物流企业、供应商和消费者提供在线交易、物流信息查询、物流资源协同等服务，推动物流网络化和平台化发展。

（三）物流数据分析优化企业

随着大数据分析技术的应用，物流数据分析优化企业将充当重要角色。他们将收集、整理和分析物流数据，提供以数据驱动的物流决策支持和运营优化服务，帮助物流企业提高效率和服务质量。

（四）绿色可持续发展企业

在绿色可持续发展的形势下，绿色可持续发展企业将得到发展。他们推动绿色物流技术的研发和应用，推广低碳物流、智能物流设备和节能减排技术，提供绿色物流解决方案。

（五）物流金融服务企业

物流新经济下，物流金融服务提供商将兴起。他们为物流企业提供融资、保险、担保等金融服务，帮助企业解决资金瓶颈和风险管理问题，促进物流业的发展。

（六）低空飞行物流企业

随着低空空域管制逐步开放和通用机场迅速发展，此类物流服务企业将崛起。他们利用快速、灵活的货物运输，解决传统物流网络无法覆盖区域和场景的物流需求。

四、促进物流新经济高质量发展的对策

随着科技的快速发展和全球化经济的蓬勃发展，物流行业正在经

历着巨大的变革。传统的物流模式逐渐被新兴技术和创新商业模式所取代，这种变革不仅仅是一种迭代，更是对整个物流产业进行了全面的颠覆。物流新经济的培育和发展不仅关系到物流行业的未来，更关系到整个经济体系的稳定和可持续发展。在这个背景下，探寻物流新经济的主要路径成为当务之急。

（一）着力推进创新驱动

物联网、大数据、人工智能、区块链等新一代信息技术正在深刻改变着物流产业。物联网实现了物品的全面互联，大数据为决策提供了强大支持，人工智能提高了物流过程的智能化水平，区块链保障了信息的安全性。加大对物流新技术的研发投入，推动物流业的数字化、智能化、网络化发展。鼓励企业加强技术创新，引进新技术、新设备，提高物流服务水平和效率。未来，加大对这些前沿技术的研发和应用，将为物流新经济的发展提供坚实的技术基础。

（二）着力推进可持续发展

随着全球环境问题日益严峻，物流业也在加大绿色发展的力度。绿色物流不仅仅是一种环保理念，更是未来物流新经济的发展方向。推动电动车辆的使用、提倡多式联运、优化配送路线等绿色物流实践，将成为物流企业迈向可持续发展的必由之路。加强与国际物流组织、行业协会和企业的合作与交流，借鉴国际先进经验和技术，提升物流新经济的国际竞争力。

（三）着力强化数据驱动决策

数据作为新的生产要素，被称为数字经济时代的"石油"。对于物流企业而言，数据不仅仅是信息，更是一种宝贵的资源。通过对大数据的深度挖掘和分析，企业可以更好地了解市场需求、优化供应链、提高运输效率，从而做出更加精准的决策。建立物流技术创新平台，促进科研机构、企业和高校之间的合作与交流。通过搭建平台，强化协同创新，推动物流新技术的应用。

（四）着力提升服务体验

在新经济时代，用户体验被放在了更加突出的位置。提供高质量、高效率的物流服务，不仅仅是满足需求，更是创造需求。定制化、快速配送、精准预测等服务模式的创新将成为物流企业竞争的关键。只有不断提升服务质量、提高客户满意度，才能在激烈的市场竞争中立于不败之地。新经济时代要求提供更及时和个性化的服务，提高客户忠诚度。

（五）着力创新商业模式

物流新经济的培育和发展需要不断创新商业模式。共享经济、平台化服务、物流金融等新兴商业模式将带来行业的颠覆性变革。通过共享经济，实现资源的最大化利用；通过平台化服务，促进供需双方的精准匹配；通过物流金融，为企业提供更多的资金支持。这些创新模式将推动物流行业朝着更加高效、便捷和可持续的方向发展。

（六）着力建立标准体系

制定物流新经济的规范和标准，推动物流业的规范化发展。建立统一的数据标准和信息交流机制，提升物流信息化的水平和效能。

（七）着力保护安全隐私

随着数字化的加速发展，物流新经济必须关注数据安全和隐私保护。创新安全措施和符合法规的数据管理将有助于建立客户信任。

（八）着力推动一体化发展

物流新经济需要全球合作和区域一体化，以应对跨境物流的挑战。

国际标准化、通关便利化和国际合作将有助于加速物流一体化进程。

物流新经济发展关键在于不断推动技术创新和商业模式的变革，以适应快速变化的市场需求。未来，物流新经济将持续引领产业发展，实现更高质量的经济增长。

大力发展开放型物流经济

开放型物流经济是指一个国家或地区在物流领域实行开放政策，鼓励国内外企业参与物流业务和投资，促进国际贸易和物流流通的自由化、便利化。通过打破国界限制和促进跨境合作，实现物流资源的优化配置和高效流动。

一、开放型物流经济的主要特点

（一）自由贸易

开放型物流经济鼓励自由贸易，降低关税和非关税壁垒，促进国际贸易的发展。这有利于扩大市场规模，提供更多贸易机会，推动物流业务的增长。

（二）跨境合作

开放型物流经济鼓励跨境合作，加强与其他国家或地区的物流合作和交流。通过建立国际物流网络和合作机制，促进资源共享、信息共享和经验交流，提高物流效率。

（三）创新发展

开放型物流经济鼓励创新，推动物流科技的应用和发展。通过引入先进技术和管理理念，提高物流业务的智能化和信息化水平，增强国际竞争力。

（四）一体化通关

开放型物流经济倡导一体化通关，简化物流过程中的海关手续，提高清关速度和效率。倡导一体化通关有助于降低贸易成本，加快货物流通速度，促进国际物流的畅通。

（五）便利化服务

开放型物流经济注重为企业和消费者提供便利的物流服务。通过创新技术和管理模式，提高物流服务质量和效率，满足市场需求，促进经济发展。

开放型物流经济的优势在于可以充分利用国际市场资源，提高物流效率和降低成本，促进经济的发展和提升国际竞争力。然而，也需要注意在开放过程中可能面临的挑战，如市场准入的不平等、技术转移的风险等。因此，在推进开放型物流经济的过程中，需要综合考虑各种因素，制定相关政策和措施，确保在开放中实现共赢和可持续发展。

二、发展开放型物流经济面临的主要难点和瓶颈

（一）跨境合作障碍

跨境物流合作面临国际法律法规、政策环境、文化差异等方面的挑战。不同国家或地区的监管标准和出入境手续存在差异限制了物流流通

的顺畅性和便利性。

（二）贸易保护主义

全球范围内贸易保护主义思潮高涨，一些国家采取贸易壁垒措施，加大了物流业务的难度和成本。关税、非关税壁垒的设立限制了物流企业进入新市场和跨境物流的便利性。

（三）安全风险管理

跨境物流涉及安全风险管理问题，如货物安全、知识产权保护、网络安全等。针对安全风险管理问题，需要加强国际合作，共同应对物流领域的风险和挑战，确保物流过程的可靠性和安全性。

（四）信息标准兼容

物流业的数字化转型需要统一的信息技术标准和平等操作性，以实现跨系统、跨国家的数据共享和流通。然而，不同国家或地区的信息技术标准存在差异，阻碍了信息流动和物流业务的顺畅开展。

（五）人才技能短缺

发展开放型物流经济需要具备相关技能和知识的专业人才。现实中存在物流人才短缺、低技能劳动力过剩等问题，制约了物流业务的发展和提升。

三、发展开放型物流经济应采取的对策和建议

随着全球化的加速发展，物流业在经济发展中的地位日益凸显。然而，开放型物流经济面临的挑战也日益增多，为了应对这些挑战，提出以下对策和建议。

（一）加强国际合作

积极参与国际物流合作与竞争，加强与其他国家和地区的物流合作，推动物流资源的共享和优势互补。同时，推动国际物流法律法规的制定，促进贸易自由化和物流便利化，提高我国物流业在全球价值链中的地位和竞争力。

（二）提供政策支持

制定和实施有利于物流业发展的政策，包括减少行政审批、简化海关清关程序、降低物流成本等，从而降低贸易壁垒，鼓励物流企业参与跨境合作。

（三）培养人才队伍

加强物流人才的培养和引进，培育具备国际化素质和专业能力的物流人才队伍。建立健全职业教育体系，提供符合市场需求的物流专业培训和继续教育。建立物流人才创新中心和国际物流交流平台，促进跨境物流人才、技术和经验的共享与交流。

（四）建立共享平台

构建跨行业、跨部门的物流信息平台，实现信息的共享和交换。提高物流透明度和整个物流系统的运行效率，降低信息不对称带来的风险。推动信息技术标准的统一和互操作性，加强信息安全保护，提高物流业务的数字化水平和智能化能力。

（五）提升基础设施

以信息基础设施、数字基础设施、创新基础设施为重点，加大对物流基础设施建设的投入，补物流设施短板，提高货物流通效率和物流能力。

（六）加强风险管理

增强风险管理和安全保障，建立健全物流风险预警和管理机制，加强对物流安全、风险防控的监测和处置能力。同时，加强对物流业的监管和执法力度，维护市场秩序和消费者权益，提高物流业务的可靠性和安全性。

通过综合应对上述难点，提升国际贸易自由化、便利化水平，推动开放型物流经济的高质量发展。

物流助力稳就业

"六稳"工作是有效应对各种风险挑战、打好三大攻坚战、推动高质量发展和保持经济社会大局稳定的重要保证。"稳就业"作为"六稳"之首，不仅保障企业生产、维护社会稳定、增加居民收入，还是促进消费、拉动经济的坚实基础。物流业作为劳动密集型产业，为社会创造了大量的就业岗位。本文从稳农民就业、稳城市居民就业、稳大学生就业三个层面，提出物流"稳就业"的六条路径。

一、稳农民就业

（一）留乡农民就地就业

一是物流项目带动就业。通过建设一批冷链基础设施、特色农产品物流等新型农村物流项目，吸纳农民就业。二是新型业态创造就业。发展农村互联网经济，培育一批农村电商、直播直销、扶贫车间等新产业新业态，促进农民就业。

（二）外出农民进城就业

一是建立农民进城务工通道。推动劳动就业部门、职业院校、行业协会、物流企业共同建立物流技能培训体系，为农民工提供物流专业技能培训服务，打造物流就业"绿色通道"。二是提供多元化就业岗位。鼓励物流企业为农民工提供装卸搬运、仓库管理、驾驶员、叉车工、快递员等基础工作岗位，规范操作流程，加强安全管理，提高农民工工作适应能力。

二、稳城市居民就业

（一）传统产业吸纳就业

鼓励制造业企业主副剥离，整合原材料采购、生产、仓储、运输和配送等物流服务，成立专业化物流公司，增加就业岗位，拓宽就业渠道，稳定城市居民就业。推动城市物流产业化、规模化、集约化发展，建设物流产业集群，为城市提供物流及上下游的商业、服务、加工、贸易等多元化就业岗位。

（二）新兴产业扩大就业

目前我国迅速崛起且量级庞大的直播电商市场成为助推我国经济社会发展的重要新动能，在激活消费市场、拉动经济增长的同时，也创造了大量电商物流就业机会。要大力发展数字经济、在线新经济，推动以直播电商、跨境电商、农村电商为代表的新业态发展，为城市创造一批集科技、技术、创新于一体的新型就业岗位。

三、稳大学生就业

（一）职业院校技能就业

专业型、技能型人才紧缺已成为制约物流企业发展的重要因素之一。职业院校应利用自身职业技能培养优势，根据物流产业转型和企业实际需求，有针对性地灵活调整专业设置，增加必要的专业技术课程和实训实习项目，提高学生的就业能力；要提供学生毕业前顶岗实习机会，提升毕业生的技能操作水平和岗位适应能力。

（二）高等院校素质就业

高等院校应加大物流人才培育力度，培养一批物流企业管理、物流科技、物流信息化、供应链等专业人才，满足物流岗位对高端人才的需求。物流企业应为高校毕业生提供良好的就业环境，提高薪资水平、提供晋升通道、提升就业空间，留住人才、用好人才，让物流人才成为企业创新发展的驱动力。

物流助力稳外贸

中国是世界货物贸易第一大出口国，在全球经济下行压力加大和外部不稳定不确定因素增多形势下，稳外贸对于确保中国经济行稳致远和做好"六稳""六保"工作意义重大。应积极发挥畅通外贸运输通道、促进外贸运输便利化、降低进出口环节物流成本、提高国际运输服务效率等作用，更好地服务稳外贸工作。本文从三个方面，提出物流稳外贸的九大措施。

一、物流通道稳外贸

（一）强化中欧班列补贴政策，稳定"一带一路"外贸

中欧班列为欧亚大陆的货物流动提供了新的运输通道，是推动"一带一路"合作伙伴贸易合作的重要举措。近几年来，我国与"一带一路"合作伙伴贸易额逐年快速增长，中欧班列成为国际供应链的重要支撑。在当前稳外贸的形势下，政府应继续加大引导、参与、培育市场的力度，集全国之力打造国家级班列集结中心，给予多元化政策支持。在市场培育成熟时采用补贴退坡政策，加快从政府主导到市场

引领的进程。

（二）强化国际货运航线支撑，稳定"洲际"外贸

当前，我国国际航空货运能力短板明显，对我国产业链和国际供应链带来较大影响。应着力加强航空货运能力，增强航空物流国际竞争力，以高效畅通的国际货运"空中通道"稳定"洲际"外贸。加大对航空货运的政策支持，鼓励各种所有制航空货运公司采取租赁、购买等方式增加货机，壮大机队规模，发展全货机运输。鼓励航空货运企业与物流企业联合重组，支持快递企业发展空中、海外网络。完善航空货运枢纽网络，对货运功能较强的机场，放开高峰时段对货运航班的时刻限制。放宽国际货运航权管理，增强航空企业"洲际"货运经营活力。

（三）强化国际海运的辐射范围，稳定"全球"外贸

中国国际海运在全球海运市场中主导力较弱，中国对主要国际海运通道影响力较小。应加快构建国际海运网络，发挥骨干航运企业作用，确保主要贸易航线不中断，为全球外贸提供有力保障。推进中国港口与各国海运基础设施的互联互通，加强与贸易伙伴国家间合作，加密国际海运航线，构建畅通全球的国际海运通道。鼓励大型物流企业市场化兼并重组，培育具有较强实力的国际海运企业，提高国际海运综合服务能力和国际竞争力，加快提升与我国对外贸易规模相适应的国际航运运营能力。

二、物流新经济稳外贸

（一）大力发展跨境电商，稳外贸市场份额

我国跨境电商呈现蓬勃的发展态势，是稳外贸的最佳方式之一。但

我国跨境电商也面临着人民币汇率波动大、基础设施建设不完善、品牌培育保护滞后、维权成本大、税收制度变革快等方面的挑战。建设跨境电子商务综合试验区是破解跨境电子商务发展中的深层次矛盾和体制性难题、打造跨境电子商务完整的产业链和生态链、逐步形成一套适应和引领全球跨境电子商务发展的管理制度和规则的重要途径。进一步加强跨境电子商务综合试验区建设，促进与自贸区、高新区和综合保税区融合发展；支持外贸企业转型升级和创新发展，鼓励依托跨境电子商务平台发展新型贸易形式；培养具有国际视野、熟练掌握国际经贸、具备国际金融能力的高端人才，推动我国经济与世界经济、贸易一体化发展。

（二）大力发展枢纽经济，稳外贸内生动能

枢纽经济是利用交通枢纽或地理枢纽的集聚扩散功能，吸引生产制造、交通物流、人才、资本等各种要素，带动区域经济，辐射周边产业的新经济模式，是我国经济转型升级中的新动能和增长极。《国家物流枢纽布局和建设规划》明确127个城市为国家物流枢纽承载城市，并提出打造特色鲜明的枢纽经济。大力发展枢纽经济，可以最大限度地释放交通枢纽的聚集、组合和辐射功能，打通国际国内双向辐射大通道，把资源要素转化为经济产出，实现价值增值，促进区域经济高质量发展，提升枢纽城市参与全球经济贸易的活力。应进一步完善交通、物流基础设施和网络建设，搭建便捷的互联互通平台，打造综合交通枢纽；积极培育主导产业，形成特色鲜明的全球领先的现代产业集群；提升要素资源配置效能，培育物流、商贸、信息、结算要素聚集平台；强化辐射带动功能，促进枢纽与腹地经济协同发展。

（三）大力发展供应链经济，稳外贸产业链地位

现代供应链是一种深层次的组织力量，能够实现产品设计、采购、生产、销售、服务等全过程高效协同的组织形态，体现了互联网、大数据、人工智能和实体经济深度融合，不仅是打造经济竞争新优势的重要载体，也是企业向全球价值链高端跃升的重要支撑，更是全球现代治理体系的重要组成部分。发展现代供应链是形成经济新动能、促进高质量发展、竞争力提升、现代化建设的重要途径，也是抢占国际竞争制高点，推进高水平开放的重要抓手。积极推动进出口贸易企业、出口加工企业、跨境物流企业向现代供应链企业转型升级，鼓励有实力的企业实现全球化的原料采购、生产力布局、产品营销，建立全球化的供应链体系；鼓励有条件的企业创新对外投资方式，设立境外分销和服务网络、物流配送中心、海外仓、海外运营中心等，建立本地化供应链体系；鼓励建立跨境电商综合服务平台、境外经贸公共服务平台。

三、物流设施稳外贸

（一）加快海外仓建设，稳外贸竞争效能

建设海外仓，对于构建跨境物流体系、推动跨境电商发展、扩大外贸市场具有重要的意义。海外建仓既可以帮助出口企业抢占市场、提升中国企业的竞争实力、增加流通性，又能提升跨境电商企业的供应链效率、降低进口门槛，也是降低海外物流成本、缩短本地物流及退换货时间的重要方式。因此，应从三个层面推进海外仓高质量建设。政府层面，加快完善海外仓相关法律法规，建立跨境电商监管机制和透明公正高效的清关机制，在财税、外汇支付等方面制定鼓励海外仓高质量发展

政策，营造良好的建仓软环境；行业层面，发挥相关行业协会、专家机构、骨干企业力量，制定海外仓相关行业标准和规范，引导企业在海外仓头程运输、中端仓储、尾端配送和售后服务等环节进行标准化操作，提升运营效率，节约运营成本；企业层面，应加强大数据建设和应用，利用大数据分析，及时动态掌握"一带一路"合作伙伴的市场状况和用户消费习惯，建立完善海外仓高效信息交流体系和管理信息系统，进行更高效的订单、库存、产品流转轨迹跟踪管理等，提升跨境贸易物流综合服务能力。

（二）加快通关一体化建设，稳外贸营商环境

区域通关一体化从根本上打破了地域和关区的行政界线，提高了通关效率，促进了贸易便利化，是改革开放以来我国海关最具革命性的变革。应进一步加快大通关一体化建设，推动对外贸易便利化，为外贸企业减负助力，促进进出口稳定增长，培育国际竞争新优势。全面推进"单一窗口"和"一站式作业"，建立健全信息共享共用机制，打造更加高效的口岸通关模式；坚决清理和规范进出口环节收费，加大对进出口企业金融和信用保险支持力度；完善口岸开放布局，加快自由贸易园（港）区和海关特殊监管区域监管制度创新，构建对外开放新格局。

（三）加快外贸载体制度建设，稳外贸承载能力

在全球贸易保护主义、单边主义抬头和全球经济下滑的大背景下，保税区、自贸区、自贸港等外贸载体在保持我国进出口稳定增长、构建国际经济大循环方面发挥了积极作用。更大力度推进保税区、自贸区建设，建立以负面清单管理为核心的外商投资管理制度、以贸易便利化为重点的贸易监管制度、以资本项目可兑换和金融服务业开放为目标的金

融制度和以政府职能转变为核心的事中事后监管制度，形成更多高质量的可复制可推广的经验；积极探索中国特色的自贸港建设，研究出台进一步推进自贸区、自贸港扩大开放和创新发展的政策措施，努力促进形成更高层次的开放型的经济新格局。

物流助力稳外资

随着全球价值链空间布局的变化，我国在利用外资上面临发达国家和新兴经济体的更为激烈的"双向竞争"。新形势下，"稳外资"有利于我国更高水平对外开放和经济高质量发展，而且与稳就业、稳金融、稳外贸、稳投资、稳预期密切关联，相互影响。本文以物流业为切入点，在稳外资平台、稳外资政策、稳外资环境三个方面提出物流助力稳外资的若干措施。

一、稳外资平台

（一）自由贸易区

自贸区战略是我国对外开放战略必不可少的一个组成部分，其优惠的经济政策、海关政策、税收政策、行政审批政策不仅为外资企业创造了更加开放的市场环境，也充分带动和促进了区域社会经济的发展。超前规划建设，推进自由贸易区与城市功能融合发展。大力发展金融、保险、商贸、中介等产业，培育一批进出口物流、贸易物流骨干企业，提供敏捷、高效的物流服务，稳定自由贸易区内生产制造、产业链及供应链，实现区内产业融合发展。

（二）综合保税区

综合保税区是我国开放层次高、优惠政策多、功能最齐全的海关特殊监管区域，在发展国际中转、配送、采购、转口贸易和出口加工等业务方面具有独特的优势。要充分利用综合保税区的保税、出口加工、保税物流、港口等功能，加快培育贸易、物流、加工新业态，将综合保税区打造成为对外贸易物流的桥头堡和利用高质量外资的主要平台。

（三）经济开发区

国家级、省级经济开发区作为对外开放平台和产业集聚区，是稳住外资基本盘、稳定产业链和供应链的重要载体。要依托经济开发区制造、加工、贸易企业，大力发展供应链、三方物流、国际物流等，形成与之配套的物流产业集群。

（四）跨境电商综合试验区

要充分利用跨境电商综合试验区零售出口货物试行增值税、消费税免税等相关政策，推动传统产业转型升级，推动国际贸易自由化、便利化和业态创新。对标国际高水平投资贸易协定，大力培育跨境电商、跨境物流企业，形成稳外资的新平台。

二、稳外资政策

（一）土地政策

全力配套物流用地，加快推动重点外资企业投资建设物流园区等基础设施项目、物流信息化和物流科技项目、补产业链和供应链短板项目落地。优化调整审批流程，实现"拿地即开工"，使之常态化，推动项目建设大提速。

（二）金融财税政策

更好发挥出口信用保险作用，积极保障出运前订单被取消的风险。支持有条件的地方复制或扩大"信保＋担保"的融资模式，以多种方式为外贸企业融资提供增信支持。进一步扩大对中小微外贸企业出口信贷投放。给予重点外资企业金融支持，再贷款再贴现专项额度同等适用外资企业。降低外资企业享受优惠政策门槛，鼓励外商来华投资设立研发中心、结算中心、总部基地等。

（三）人才政策

一是吸引外国人才来华工作，出台外国人来华工作各项便利政策，优化外国人来华许可办理流程，推动外国人来华工作许可的审批权下放至更多的区，推广外国人工作、居留"单一窗口"，实现"一表申请""一窗受理""一网通办"和"一站服务"。二是加快培养外向型人才，加大物流院校与国外院校、外资企业合作力度，联合培养国际供应链、国际物流、国际贸易等外向型综合性人才，为外资企业提供人才保障。

三、稳外资环境

（一）审批环境

贯彻落实新版《中华人民共和国外商投资法》，执行外商投资准入前国民待遇加负面清单管理制度，对外商投资企业的新设、变更，实施全程电子化办理，让企业少跑腿，数据多跑路。坚持包容审慎的原则，审慎清理有悖国际规则的产业补贴，深化政府采购、项目招投标、标准制定、公共服务等领域改革。

（二）招商环境

鼓励地方政府在新一轮招商引资中发挥积极性、主动性和创造力，增强各级政府"放管服"的意识和服务外资项目落地的综合能力。创新招商模式，发挥互联网平台优势，整合各类招商资源，推进网上招商。鼓励已落地外资项目引进配套企业、上下游关联企业，实现以商招外资。加强与境外各类商协会等中介组织合作，实现以人才招外资。

（三）服务环境

成立推进服务专班，建立外资项目协同推进机制，实施外商投资"精准服务"制度，对外资项目从项目洽谈、公司设立、外资进入到后续项目建设、运营等全过程提供"一对一""一条龙"服务，加快外资项目落地运营。培育引进市场化的投资服务中介，逐步取代政府部门在招商引资中的主导地位，为外商提供一揽子专业化服务。

（四）应急环境

建立快速响应机制，支持外商灵活便捷的诉求反映方式，对外商投资企业诉求和问题办理情况进行跟踪和协调解决。做到企业吹哨、部门报到，有事服务、无事不扰。

物流助力稳投资

投资是拉动经济增长的"三驾马车"之一，在促进经济增长、优化资源配置、改善民生、扩大就业等方面发挥了重要作用。在我国物流投资持续发力的形势下，"稳投资"既是物流供给侧结构性改革的需要，也是补短板、延链条的需要，同时也是促进产业转型升级、高质量发展的必由之路。

一、稳政府投资，补基础设施短板

近年来，国家连续出台各项政策加大公路、铁路、机场、港口、物流枢纽、骨干冷链物流园区及农村物流基础设施建设，取得了良好的成效。要持续加大政府投资力度，尽快补齐物流基础设施、产业联动、信息网络和应急物流短板，推进经济稳定增长。

（一）基础设施短板

要充分发挥政府作用，着力补齐制约物流业发展的铁路、公路、水运、机场等基础设施和多式联运转运衔接设施建设短板，构建高质量物流基础设施网络体系。加快5G通信、互联网、物联网、大数据、人工智能、工业互联网、智慧供应链等新型基础设施建设，推动物流业智慧化转型升级。加强补短板重大项目储备，加快已纳入规划的重大项目审核进度，积极发挥政府投资引导带动作用，为市场主体创造良好的投资环境。

（二）产业联动短板

加强政府宏观规划和产业引领，形成合理的产业分工体系，实现产业优势互补和协同发展。推动物流业与制造业联动发展，在制造业集聚区投资建设公铁、公水、铁水等多式联运基地，提升物流配套服务能力。加快物流业与商贸流通业融合发展，在商贸集聚区投资建设大型物流园区，引导零担、专线物流企业集约化发展，提高商品流通效率，降低综合物流成本。加强农村冷链物流基础设施和流通网点建设，打通农产品流通"最先一公里"，减少流通环节，降低农产品物流成本。

（三）信息网络短板

加大物流信息化建设投资力度，建立资源共享的物流公共信息平台，推进国家、省、市各级物流公共服务平台间的信息联通，促进铁路、公路、港口、航空等相关部门、园区、企业的物流公共数据互联互通和开放共享。加强物流大数据开发建设力度，为各级物流主管部门提供规划、政策、决策依据。开展社会物流活动全程监测预警、实时跟踪查询，在保障信息安全的情况下，扩大物流相关信息公开范围和内容，为物流企业和制造业企业查询提供便利。

（四）应急物流短板

加大应急物资储备库、储备点等应急物流基础和公共服务设施投资建设，对于社会应急物资储备库给予一定的资金和政策支持。加强应急物流通信设施和应急物流信息平台建设，为应急物流提供技术保障。推动无人机、无人配送车、机器人、智能仓储、自动分拣等智能装备的应用，满足特殊情况下的运输配送和紧急救援需求。

二、稳民间投资，补产业强基短板

随着我国一系列鼓励民间投资、支持民营企业的政策落地实施，民间投资保持良好增长势头，已成为我国投资的主力军。民营物流企业在运输、仓储、配送等各个环节发挥着重要的作用。要持续扩大和鼓励民间投资，提升物流信息化、标准化、智能化和绿色化水平。

（一）智能物流短板

鼓励物流企业加大数字化建设投入，运用信息化管理系统和云计算、人工智能等信息技术，提高物流智慧化水平。支持物流园区和大型仓储企业等应用物联网技术对园区进行智能化升级，建设自动化、智能化立体仓库，加大"信息系统+货架、托盘、叉车"的仓库基本技术配置投资，推动平层仓储设施向立体化网格结构升级。鼓励货运车辆加装智能设备，加快数字化终端设备的普及应用，实现物流信息采集标准化、处理电子化、交互自动化。

（二）绿色物流短板

鼓励物流园区、大型仓储企业以新建或者改扩建方式发展绿色仓储，应用绿色建筑材料、节能技术与装备，以及能源合同管理等节能管理模式。鼓励干线、零担、快递、城市配送等企业逐步用清洁能源车和新能源车辆代替柴油货车，支持物流园区、分拨中心、配送中心等自建或者引进三方企业投资建设充电桩。鼓励企业加大技术投入发展绿色物流，带动上下游企业发展绿色供应链，使用绿色包材，推广循环包装，减少过度包装和二次包装。

（三）设备标准短板

精简货运车型规格数量，严查严处货车非法改装企业。研究制定常压液体危险货物罐车专项治理工作方案，稳步开展超长平板半挂车、超长集装箱半挂车等非标货运车辆治理工作。合理设置过渡期，通过既有政策措施加快淘汰存量非标货运车辆和鼓励应用中置轴厢式货车等标准厢式货运车辆，推动货运车辆市场平稳过渡和转型升级。推动城市配送车辆结构升级，逐步建立以新能源配送车辆为主体、小型末端配送车辆为补充的配送车辆体系。支持集装箱、托盘、笼车、周转箱等单元化装载器具循环共用，以及托盘服务运营体系建设，推动二手集装箱交易流转。鼓励和支持公共"挂车池""运力池""托盘池"等共享模式和甩挂运输等新型运输发展。鼓励企业使用智能化托盘等集装单元化技术，研发使用适应生鲜农产品网络销售的可重复使用的冷藏箱或保冷袋，提升配送效率。鼓励企业使用标准托盘，加快物流信息、物流设施、物流装备等标准对接。

三、稳国企投资，补产业融合短板

我国社会主要矛盾已经转化为人民日益增长的美好生活需要和不平衡不充分的发展之间的矛盾。要持续深化供给侧结构性改革，推进产业融合发展，提升产业基础能力，创新产业链、延长供应链、提高价值链。

（一）产业链短板

产业基础能力薄弱是影响我国产业链韧性、制约产业链现代化的短板。围绕重点国有制造业企业，再造产业基础的创新体系，补齐产业链短板，推进"链式创新"。一是开展全产业链持续创新能力建设，建立上中下游互融共生、分工合作、利益共享的一体化组织新模式，对"断链"逐一"补链"，提升基础产品和技术的供给能力，打通产业链各个环节，形成基础产品和主机产品的互融式创新。二是开展产品全生命周期创新能力建设，以共性技术能力供给为核心，按照基础产品的生命周期进行创新要素布局，打通产学研用阻滞环节，培养企业持续创新能力。三是开展政策全流程创新支撑能力建设，注重科技政策、教育政策和产业政策的协同配合，集中政策的着力点。

（二）供应链短板

发挥国有企业在土地、资金、技术、人才等资源要素优势，发展基于核心企业的"链主型"供应链，将上下游小微企业整合嵌入生产经营过程，强化资源系统整合与优化能力，同时加强物流供应链系统化组织、专业化分工、协同化合作和敏捷化调整的优势，发展符合中国特色的供应链企业，提高生产、流通资源的配置效率，提升企业综合运行效率效益。支持具备条件的企业做大做强，发展基于现代信息技术的"平台型"供应链，重点解决信息不对称问题，提高资源整体配置效率；发展依托专业化分工的"互补型"供应链，实现资源和渠道的优势互补，提高企业协同发展水平；发展基于区域内分工协作的"区块型"供应链，促进区域内企业高效协同和集聚化发展，提升区域整体竞争优势；发展基于存货控制的"共享型"供应链，打通与整合生产、分销等各环节的库存管理，促进供应商与零售商之间的统仓共配。

（三）价值链短板

中国的产业体系在全球价值链中处于低附加值、低盈利、低博弈能力环节。在当前的"双循环"格局下，国有企业应担负起补齐价值链短板，应对全球大变局的系统化冲击的重任，形成多元化、高附加值、层次丰富的产业分工体系和"研发—品牌—制造"的完整产业链条。加大技术投入，抢占研发设计环节，培育一批掌握核心技术、富有科创能力的"头雁"型高新技术企业；加大营销投入，壮大品牌营销环节，培育一批"中国智造"的"国货潮牌"；加大科技投入，强化数字化转型赋能，细化分工、深耕技术，在产业细分领域培育"隐形冠军"企业。

四、稳外商投资，补产业转型短板

在国家持续推进智慧物流发展的同时，中国的物流技术应用得到了快速发展，尤其是大数据、AI、无人化和单元化物流、新零售、快递柜等方面走在了世界前列。但是在物流业的关键核心技术和先进管理模式方面，我国与欧美日等发达国家还存在一定差距，因此应重点围绕补齐产业转型短板，加快引进外资物流、物流科技、信息化等企业。

（一）物流技术短板

着力引进"新技术、新模式、新业态、新产业"的"四新"外资物流企业，加快我国物流业由传统向高端的转型升级步伐。通过引进外资先进物流技术企业或者推动国内物流技术和信息化企业与外资企业的合作，补齐短板，加快我国物流技术创新发展。

（二）管理模式短板

国内物流企业在发展战略、人才管理、核心服务和信息技术等方面远远落后于外资物流企业。因此，要重点引进外资物流规划、咨询、培训等企业和机构，推进其与国内物流企业在管理、人才、技术、信息化、标准化等方面的合作，提升供应链的运作效率和整体水平。

物流助力稳预期

"稳预期"是稳信心、稳经济、稳发展的前提和条件。在世界经济不确定性加剧，贸易保护主义逆流而动，外部环境发生明显变化的背景下，我国经济保持了总体平稳、稳中向好态势，迈向高质量发展的趋势愈加凸显。当前来看，稳预期推动了我国经济秩序的有序恢复，增强了内生动力，持续激发了经济发展韧性。本文从稳顶层设计、稳市场监管、稳红利释放、稳市场主体四个方面，提出物流助力稳预期的思路和措施。

一、稳顶层设计的预期

（一）加强顶层规划的引领性

顶层规划是物流业高质量发展的指引，要科学研判发展形势，因地制宜、因时制宜，增加规划的前瞻性、科学性；要确保一张蓝图绘到底，明确规划变更的"底线"和"红线"，建立健全刚性约束机制；要注重物流产业规划的衔接和延续，加强物流职能部门产业规划的协同。

（二）加强宏观政策的连续性

近年来，国家各部委出台了多项物流业支持政策，为物流业提供了良好的发展环境。要加强宏观政策的连续性，为物流业发展提供稳定的政策预期，增强产业发展的动力和信心；要抓好政策落地，尤其对于物流业高质量发展的重要领域和关键环节，要积极稳妥地推进，一步一个脚印地落实。

（三）加强产业定位的稳定性

物流业是支撑国民经济发展的基础性、战略性产业，将物流业的产业地位提到新的高度，极大地拓展了物流业发展空间。要稳定基础性、战略性定位的预期，长期坚持不变，为有关部门和地方支持物流业发展提供强有力的"尚方宝剑"。

二、稳市场监管的预期

（一）不增加新门槛

物流主管部门进一步简政放权，在现有法律法规之外，不增加新的准入门槛，适时调整政策，适应物流新技术、新模式、新业态、新产业的发展。

（二）降低准入条件

适当降低物流业发展的关键环节，尤其是航空货运、冷链物流、跨境和国际物流、应急物流等物流细分产业的市场准入条件，进一步优化营商环境，加快补齐物流短板。

（三）包容产业新模式

要以培育壮大物流新业态、新动能为目标，坚持鼓励发展、包容审慎、问题导向的原则，对物流业不断涌现出的新模式和新技术，创新监管手段和方式，营造公平便利公正的市场环境，为促进中国物流品质升级、迈向中高端作出贡献。

三、稳红利释放的预期

（一）财税金融红利

深入落实国家支持物流业发展的各项税收金融政策，进一步加大中央预算内投资、地方政府专项债券对国家物流枢纽、国家骨干冷链物流基地等重大物流基础设施的支持力度。对于中小物流企业，鼓励规范发展供应链金融，加强对市场主体的信贷担保支持力度。

（二）物流成本红利

贯彻落实国家关于进一步降低物流成本的实施意见，对政府定价或政府指导价的收费项目，逐步降低收费标准；加强对收费行为监管，进一步为市场主体减负；认真分析"营改增"对物流企业税负的影响，增加进项抵扣目录和范围；规范网络货运平台税收扶持标准，让红利直达企业。

（三）物流项目考核

根据物流产业特点建立行业分类评价机制和综合评价体系，实施资源要素差异化考核，将物流园区列入城市基础设施项目，对补短板、促生产、保民生的物流项目适当降低投资强度、亩产效益考核要求，更多考虑产业带动、区域促动、人口流动等考核指标。

四、稳市场主体的预期

（一）抓大不放小

加大对市场主体的政策扶持力度，支持大企业做实、做强、做优，鼓励小企业做精、做细、做深，逐步形成大企业顶天立地、小企业铺天盖地，全面协调可持续发展的良性发展局面；要创新培育新型市场主体，形成多元化、多层次发展的经济格局。

（二）抓内不放外

对内资、外资企业等各类市场主体一视同仁，营造公平竞争的市场环境；适当放宽外商投资的公路、水运、航空、国际贸易及从事其他物流或物流相关业务的准入条件；鼓励国内物流企业与外资物流企业加强资金、技术、管理、人才方面的合作。

（三）抓新不放旧

加快新技术、智能装备在物流行业的推广应用，创新物流企业经营理念，推动物流业新旧动能转换；要引导和鼓励物流园区、物流企业延伸服务链条，加快资源整合，由传统的运输、仓储、配送等单一运营模式向供应链企业转型。

关于提高国家物流业治理体系和治理能力的思考

推进国家治理体系和治理能力现代化，就是要破除落后的思想观念和体制机制弊端，秉持新发展理念，构建系统完备、科学规范、运行有效的制度体系。物流业是国民经济的支柱性产业，因其地域跨度大、服务行业广、涉及部门多，尚未形成一套适应新发展理念的科学、完备、系统的发展体系。本文针对物流业的特点和趋势，提出提高国家物流业治理体系和治理能力的几点思考。

一、加强国家物流治理体系建设

中国拥有全球最大的物流资源市场，是名副其实的物流大国。但中国物流业的发展历程较短、管理模式较粗放、现代化程度不高、全球竞争力不突出，与物流强国还存在一定差距。提升中国物流业总体实力，亟须建立与现代产业发展相适应的物流治理体系，为物流业向高质量迈进提供体制机制保障。

（一）建立完善的法规体系

目前，我国现有涉及物流的法律法规，主要以铁路、公路、水路、航空等运输法规、地方或者部门行政规章和管理办法为主，现代物流业缺乏系统的法律保障机制。应加强物流领域的立法研究，清理合并相关的行政法规，完善与发展物流法律法规体系。研究出台《物流业促进法》，作为促进物流业发展的基础法律保障；针对物流细分领域出台并形成法规体系，规范物流业；加强物流技术和知识产权保护，在物流技术关键领域及时建立完善的标准体系。

（二）建立畅通的管理体系

我国未设立物流业专门管理机构，实行的是按照不同运输方式划分的分部门管理体制，与物流行业管理有关的国家部委和机构多达十几个。由于各部门管理职责和政策目标不同，在物流企业的认定标准、报表制度、监管要求等方面存在较大差异，增加了企业的管理成本。应在国家层面建立大物流管理体制机制，成立国务院组成部门（专职机构），打破部门分割，自上而下形成科学、顺畅、贯通的现代物流管理体系。

（三）建立独立的产业体系

目前，物流业在我国没有独立的产业分类，现行《国民经济行业分类》中，被归类于交通运输、仓储和邮政业中。国家统计局发布的《社会物流统计调查制度》中，物流业务规模和物流费用率主要采集农业、工业、交通运输、仓储和邮政业、批发和零售业、海关统计等数据综合测算和根据企业物流调查资料加工取得。应在《国民经济行业分类》中对物流业进行独立分类，形成完备的物流统计体系和产业体系。

（四）建立科学的制度体系

以公有制为主体、多种所有制经济共同发展是我国的基本经济制度。在更高起点、更高层次、更高目标上推进我国经济体制改革，也为物流业建立科学的制度体系提供了政策引领。应建立公平准入的竞争制度、建立效率优先的创新制度、建立对外开放的融合制度，为建立双循环新发展格局提供基础支撑，推进我国产业迈向价值链中高端。

二、提升国家物流治理能力

物流治理能力是国家治理能力的重要组成部分，尤其面对自然灾害、事故灾难、公共卫生事件、社会安全事件等突发事件时，物流业在应急物资、生产生活物资保障方面发挥着至关重要的作用。因此，应加快补齐物流业短板，全面提升国家物流治理能力。

（一）提升供应链参与全球整合能力

全球供应链协同化已经成为当前世界经济发展的重要特征，面对发达经济体的跨国公司的全球供应链主导地位，我国要加快供应链体系建设，提升供应链参与全球整合能力。在国家层面，加强顶层设计，将供应链上升至国家战略，围绕供应链创新、供应链安全、制造业供应链、智慧供应链、供应链金融等方面，形成与我国社会经济发展相适应且具有全球竞争力的供应链体系。在企业层面，要加快培育一批产业带动性强、上下游整合能力强、主导全球供应链的龙头企业，推动我国优势产业融入全球供应链体，增强对全球供应链的整合能力。

（二）提升物流设施功能承载能力

当前我国经济发展需要"不失时机畅通产业循环、市场循环、经济社会循环"，构建"以国内大循环为主体、国内国际双循环相互促进的新发展格局"。经济的循环离不开顺畅的物流体系支撑，应加快补齐物流基础设施短板，提升物流基础设施承载能力，形成公、铁、水、管、空互联互通、通达通畅的现代物流网络；加快以智慧物流为代表的新基建建设，支撑国内大循环和国内国际双循环，支撑中国巨大规模的市场，满足人民日益增长的美好生活对于物流的需求；加快物流信息化、智能化、标准化的协同，保障我国产业链、供应链、价值链畅通和稳定。

（三）提升物流与产业融合联动能力

推进物流业与制造业、商贸业、农业等融合发展，形成以物流带动产业发展、以物流加快产业集聚的新局面；加快物流业与金融业融合发展，创新物流金融服务，研发物流金融产品，为物流业畅通运行提供资金交易保障；加快物流业与新业态经济融合发展，探索"物流+新零售""物流+直播电商""物流+跨境电商""物流+工业互联网"新模式，形成跨界融合联动的新产业。

（四）提升物流行业信用能力

深入推进"放管服"改革，发挥信用在创新监管机制、提高监管能力和水平方面的基础性作用，更好地激发市场主体活力。应健全完善物流行业信用体系，研究出台物流行业失信联合惩戒"黑名单"管理办法，明确严重失信企业标准，构建政府层面失信惩戒机制；充分发挥行业组织和社会信用机构作用，组织建立物流企业信用联盟，鼓励开发针对物流行业的信用产品，推动信用信息市场化应用，健全守信激励和失信惩戒机制。

（五）提升物流应急管理能力

完善国家应急管理体系，构建新的风险应对和危机治理的体系与模式。建立政府为主，行业协会、物流企业协同参与的治理主体结构，构建现代应急物流体系，提高国家应急保障能力；依托新一代信息技术和智能装备建立统一调度、统一指挥、统一协调的应急物流平台；建立平战结合的长效机制，加强应急管理部门与民间专业物流公司的合作，有效利用第三方物流资源，促进物资配送、仓储资源和网络的优化。

（六）提升物流高质量发展要素保障能力

《关于构建更加完善的要素市场化配置体制机制的意见》提出土地、劳动力、资本、技术、数据五个要素领域的改革方向和具体举措，部署完善要素价格形成机制和市场运行机制，是推动物流业高质量发展的重大政策利好。创新土地供给方式，对补短板的重点物流项目给予土地优先支持；创新劳动力共享模式，盘活人力资源；创新人才培育方式，以开放包容的制度环境、社会环境和组织环境，引进和培育科技创新人才、创新型企业家、产业领军人才、应用型高技能人才队伍；创新资金筹集模式，引导金融机构创新物流金融产品，设立物流产业发展基金，加大对物流企业的金融支持；创新技术组织管理模式，促进科技成果的推广应用，为企业可持续发展提供重要保障；创新数据开发应用机制，推进政府数据开放共享，提升社会数据资源价值。

跳出物流看物流

物流业是支撑国民经济发展的基础性、战略性、先导性产业。便捷高效的物流体系不仅有助于第一、二、三产业协调发展，更有利于构建新发展格局，形成供需互促、产销并进的国内经济良性循环。要从两个方面正确看待物流业的发展情况：一是从行业和企业内部角度考量物流效率提升、物流流程优化等关键指标；二是从物流服务领域或服务对象（即第一、二、三产业）角度，看其对物流的服务需求和效能评价。跳出物流看物流，是对物流业发展的能力水平最直接、最客观的掌握。本文从制造业、商贸业、农业的角度，精准提出推动物流业发展的若干措施。

一、从制造业看物流

国家发展改革委会同工业和信息化部等部门和单位研究制定了《推动物流业制造业深度融合创新发展实施方案》，在促进实体经济降本增效、供应链协同、制造业高质量发展等方面提出18条重要举措。从制造业来看，实现深度融合、创新发展的重要条件是物流业应适应制造业柔性化、定制化、智能化、绿色化发展趋势，加快业态模式创新，做到三个协同。

（一）协同生产的能力

物流企业应具备为制造业的采购、制造、销售等环节提供专业化、高水平的综合物流服务能力。一是参与制造业企业基础设施建设，为其生产基地规划、厂内设施布局等提供物流合理化解决方案；二是参与制造业企业生产流程优化，为生产制造流程合理配套物流设施设备，量身定做供应链管理库存、线边物流、供应链一体化服务等物流解决方案，增强柔性制造、敏捷制造能力。

（二）协同体验的能力

物流企业应具备为制造业企业提供从工厂到客户的产品配送、安装调试、逆向物流等全流程物流服务能力。一是产品正向物流，分别为标准化、大批量产品和个性化、小批次产品设计不同的物流方案，降低物流成本，提高配送效率；二是末端配送服务，为客户提供最后一米的物流到家服务，为家电、家具等商品提供安装调试服务，提升客户消费体验；三是产品逆向物流，为产品维修、产品退回提供从客户到工厂的物流服务。

（三）协同营销的能力

物流企业应具备为制造业企业新产品研发、销售模式创新、营销渠道拓宽、客户精准挖掘等方面创新物流服务和提供信息数据支撑的能力。一是物流推动销售模式创新，实施"物流+"工程，推出"物流+无人零售""物流+直播电商""物流+私人订制""物流+工厂直销"等物流新模式，满足制造业企业和客户多样化需求；二是物流支撑销售数据采集与大数据分析，提升物流信息化、智能化水平，采集产品销量、流向等基础数据，分析不同区域、不同产品市场偏好度，为制造业企业产品研发设计、工艺改进和销售方式调整提供精准数据支持。

二、从商贸业看物流

商贸流通业是扩大就业、改善民生、促进消费升级和社会经济发展的基石。构建高效、安全、畅通的商贸物流体系，统筹推进现代流通体系建设，培育一批具有全球竞争力的现代流通企业，为构建新发展格局提供有力支撑。物流企业应做到以下三个需求：

（一）满足个性化的需求

商贸业涵盖批发、零售、住宿、餐饮、居民服务等商贸服务业及进出口贸易等多个商业领域和多种商业业态，不同的经济成分、流通渠道、流通业态、经营方式对物流的需求也不尽相同。因此，物流企业应根据商贸业特点合理布局物流园区、配送中心、前置仓等节点网络，整合干线、城配、即配等多种运力资源，满足批发、零售、商超、市场等不同品类、不同时效的商品配送需求。

（二）满足平衡化的需求

商贸业发挥着引导生产和促进消费的双重作用，应着力构建商贸物流一体化的现代流通体系，形成商流、物流相互促进的新局面，保障市场供需基本平衡，维持市场价格稳定。应推动物流业打通"大动脉"、畅通"微循环"，建立"枢纽+通道+网络"的多层级物流运行体系；应构建生产生活物资和应急物资储备体系，保障人民群众生产生活安全，维护社会和谐稳定。

（三）满足品质化的需求

随着人们消费能力的日益提高，个性化、品质化、高端化、体验化逐渐成为新消费趋势。在消费方式上，消费者既习惯于便捷高效的线上购物，也享受线下实体店带来的愉悦和满足。在商品品类上，生鲜产品刚需极强，频次极高。因此，物流企业应具备服务消费转型升级的能力，创新服务方式，提供闪电送、当日达、次日达等多种配送方式，为消费者打造更快更近的便利渠道；应加快构建安全、可追溯的冷链物流体系，满足不同生鲜产品的品控需求，打造高品质生鲜物流新生态。

三、从农业看物流

应精准对接农村与城市、菜园子与菜篮子、农民致富与市民减负，做大做强农业物流，以"三个做到"提升物流服务"三农"的能力。

（一）做到资金流要快

创新物流金融模式，开发农村代收货款、代发代付等服务农业的低成本的物流和金融产品；依托线上支付平台，整合多种支付手段，实现农产品销售资金的即时到账，有效解决资金流问题；建立健全多元化的农村金融体系，可有效破解农村电商融资难的问题。

（二）做到信息流要准

加强农村信息化建设，对农村现有推广服务业态进行电商化升级改造，实现农产品线下展示、线上交易及产销对接等功能；引导农户开展订单生产，发展原产地、无公害、绿色农产品的直销、直供、分销及预售等新型农产品流通模式。

（三）做到商品流要畅

加强农村物流基础设施建设，不断完善县、乡、村三级节点服务网络，努力提高农村物流网络覆盖率和整体服务水平；整合农村物流资源，加快农村物流场站资源共享、运力资源共用，畅通农村物流"小动脉"，构建农村物流新体系。

AEO认证塑造物流新格局

世界海关组织通过构建海关与企业合作关系，对符合条件的企业提供本国和互认国海关的通关便利措施，保障供应链安全和贸易便利。"经认证的经营者"（Authorized Economic Operator，以下简称"AEO"）是经中国海关认证的企业。中国海关依法开展与其他国家或者地区海关的AEO互认，并给予互认AEO企业相应通关便利措施。

一、AEO认证对物流行业的积极影响

AEO认证对物流行业的影响是积极的，将有助于降低企业通关成本、提高物流安全性、增强企业竞争力、促进物流行业转型升级和推动国际贸易便利化。物流企业需要积极配合海关进行AEO认证申请和审核工作，建立完善的风险管理制度和内部控制体系，提高物流信息化水平；加强与海关的沟通与合作，共同推动物流行业的健康发展。

（一）降低企业通关成本

AEO认证企业可以享受海关提供的便利措施，如快速通关、减少查验频次等，大大降低企业的通关成本，提高物流效率。

（二）提高物流安全性

AEO认证企业获得海关的风险管理和内部控制的指导，提高物流安全水平，减少货物被盗、损坏等风险，保障企业的利益。

（三）增强企业竞争力

AEO认证企业获得更多的市场机会和优惠政策，提高企业在国际市场上的竞争力，有利于企业的高质量发展。

（四）促进物流行业转型升级

AEO认证推动物流行业向更高水平发展，促进物流企业向智能化、信息化、数字化方向转型升级，提高物流行业的整体水平。

（五）推动国际贸易便利化

AEO认证企业更好地遵守国际贸易规则和标准，提高贸易便利化水平，促进国际贸易的发展。

二、AEO认证对物流行业的挑战

（一）提高供应链透明度

AEO认证要求企业提供详细的供应链信息，包括供应商、运输商和贸易伙伴等。这要求企业不仅要有良好的内部记录系统，还要有与供应链伙伴建立互信关系的能力，以确保供应链的透明度和可追溯性。

（二）增强风险管理能力

AEO认证要求企业评估供应链中的风险，并采取相应的风险管理措施。这需要企业有完善的风险管理制度和流程，同时要有较强的风险识别、评估和应对能力。

（三）提高供应链管理能力

AEO认证标准对企业的供应链管理能力提出了更高的要求，包括对物流过程的优化、对运输和仓储环节的精确控制，以及对物流数据的准确记录等。

（四）强化数据安全保护

AEO认证要求企业加强数据安全保护，确保供应链数据不被泄露或滥用。这需要企业建立完善的数据安全管理制度，并加强数据加密和备份等措施。

（五）适应海关监管要求

AEO认证标准涉及海关监管方面的要求，企业需要了解并遵守相关规定，同时要与海关部门建立良好的沟通与合作关系。

三、物流行业面对AEO认证应采取的对策

（一）跨门槛

充分认识AEO认证对企业降低物流风险、提升管理水平和促进经济发展的重要作用。

（二）健体系

健全企业治理结构，优化生产流程，明确岗位职责，加强协调配合，形成高效的生产经营运行体系；建立完善的风险管理制度和流程，确保供应链的透明度和可追溯性；加强数据安全保护，确保数据不被泄露或滥用。

（三）严管理

严格按照AEO认证的标准对企业的现场进行规范，包括作业现场货物堆放整齐、分类存放、有明确的标识等；建立监督检查机制，定期对企业的各项管理工作进行自查和整改，确保各项管理措施得到有效落实。

（四）强信息

根据AEO认证的要求，加强企业的信息化建设，建立信息管理系统，实现物流信息的实时跟踪和管理；利用先进的信息技术手段优化物流过程，提高运输和仓储环节的精确控制能力，同时加强数据记录和提升报告的准确性。

（五）重培养

建立和完善人才培训机制，提高员工的专业素质和管理水平，确保企业能够满足AEO认证的各项要求。

（六）研政策

密切关注国家和地方各级政府关于AEO认证的政策和措施，积极争取享受相关的优惠政策；了解并遵守海关监管要求，积极与海关部门沟通合作，共同维护供应链的安全和稳定。

AEO认证对物流行业来说是一项重大的挑战，也是一个良好机遇。通过积极应对这些挑战并采取相应的措施，物流企业可以提高自身的竞争力和管理水平，从而在激烈的市场竞争中获得更大的发展优势。

打开物流业高质量发展的制度空间

制度空间为在国家、地区或组织的制度框架内，允许进行自主决策、政策调整和创新的一种相对自由的空间。

一、制度空间的主要内涵

制度空间通常受到法律、政策、规章制度等要求和限制，但在这些规定的框架内，仍然存在一定的自主权和灵活性。不同的国家、地区或组织的制度空间大小会有所不同，取决于其制度设计、政策倾向及发展需求。制度空间可以包括以下几个方面：

（一）政策调整空间

在制度框架内，根据当前的经济、社会和环境状况，制定、调整和执行政策的自主权。政府可以根据需要进行政策调整，包括税收政策、产业政策、金融政策等方面的调整，以推动经济发展和社会进步。

（二）法律灵活性空间

在法律框架内，实现法律的解释和执行的弹性和适度。法律制度应该具备一定的灵活性，以适应不同的社会变革和发展需求。在制度空间内，政府或立法机关可以根据实际情况进行法律的解释和调整。

（三）组织创新空间

在组织内部，允许创新、试验和改革的自主权。组织可以根据发展需要，自主设计和实施内部管理制度，推进业务流程的优化和创新，提高工作效率和质量。

（四）社会参与空间

在制度框架内，鼓励和支持公民、企业和各种利益相关者参与政策制定和决策过程的空间。通过积极的社会参与，能够更好地反映多元利益、增加决策的合法性和可接受性，促进制度的民主性和公正性。

二、物流业发展需要什么样的制度空间

根据产业的本质特征和发展趋势，按照经济社会发展需求和进一步发挥物流产业的作用，从以下四个方面考虑：

（一）上下贯通的制度空间

主要从物流业是支撑国民经济和社会发展的战略性产业考虑，解决产业地位制度空间。一是明确上下统一的管理体制。全国各级党委系统设立物流委员会，统筹物流产业发展。政府物流管理部门赋予相应权力并承担委员会办公室职能，实施职能整合，解决多头管理问题。二是调整国民经济行业分类。单独设立物流产业为独立大类，强化物流统计支撑。三是制定物流法规。目前物流法尚未形成一个独立的法律部门和完善的体系，应尽快启动各项立法工作，形成完备的法律法规体系。

（二）区域协同的制度空间

主要从物流业是支撑国民经济和社会发展的基础性产业考虑，解决空间格局制度空间。一是空间格局。按照城市群、都市圈发展实际，依托国家重大战略，合理布局重大物流载体，构建中国物流新版图。二是设施联通。以国家物流枢纽为核心支点，示范物流园区、骨干冷链基地、多式联运基地为重要节点，通过综合交通运输体系连接物流中心、港口码头、机场货站、铁路货场、公路场站等，形成全国一盘棋，支撑物流高效运转，构建互联互通的实体通道。三是网络覆盖。围绕天网、地网多个维度，将产业链、供应链联结起来，打造一张面向全国、覆盖全球的物流大网，形成大循环、大协同、全覆盖的网络体系。

（三）产业联动的制度空间

主要从物流业是支撑国民经济和社会发展的先导性产业考虑，解决支撑格局制度空间。一是认知能力空间。物流业不是三次产业的附属产业、从属产业，它既是实体经济的重要组成部分，也是新兴产业、未来产业发展的重要内容。二是释放物流需求。实体企业特别是制造业企业，全力释放采购、仓储、运输、配送等物流功能，精干主业，强化企业核心竞争力。第三方物流企业嵌入式参与制造业企业的产业链，提高经济运行质量，降低全社会物流成本。三是包容审慎监管。在与制造业、商贸业联动发展中，会大量出现并采用物流新模式、新业态，对"四新"要采取积极稳妥的监管模式，形成产业联动发展的环境空间。

（四）集群发展的制度空间

主要从物流产业本身特征和发展趋势考虑，解决适配合理制度空间。一是物流产业集群。主要是指供应链物流功能组合完备的物流集群，需要突破传统物流与现代物流规模融合发展的制度框架。二是物流生态集群。主要是指供应链、产业链安全稳定、自主可控的产业集群。重点解决资源有效配置的保障制度。三是物流环境集群。主要是指物流与环境协调、协同发展，共同打造绿色生态环境产业集群。

三、创新物流业发展制度空间需要关注的几个问题

（一）政策支持和调整空间

政府应该提供积极的政策支持，为物流业的高质量发展创造良好的条件。一方面，政府制定相关的产业政策，鼓励物流企业的技术升级、创新发展和市场拓展；另一方面，政府应灵活调整政策，根据行业发展需求，调整税收政策、贸易政策等，推动物流业的可持续发展。

（二）法律法规灵活适用空间

物流业需要在合理的法律框架内进行运营。制定健全的法律法规，明确物流企业的权益和义务，规范市场秩序和竞争环境，保护消费者权益。同时，也需要法律体系具备一定的灵活性，能够适应行业发展的快速变化。

（三）市场机制维护调整空间

物流业的高质量发展需要公正的市场准入和竞争机制。政府应确保市场准入的透明和公平，避免不合理的准入壁垒和垄断行为。同时，要加强反垄断执法，维护市场竞争秩序，促进物流市场的健康发展。

（四）数据共享机制保障空间

物流业需要实现信息的流通和共享，以提高运营效率和服务质量。政府应推动各部门、各环节的数据共享机制建设，促进信息的互联互通。同时，也需要加强对数据安全的保护，确保信息的合法、安全、可

靠的传输和使用。

（五）创新资源支撑体系空间

物流业在高质量发展过程中应注重绿色环保和可持续发展。政府应制定相关的环境政策和标准，鼓励物流企业采用清洁能源、低碳技术和绿色物流模式，推动物流业向高效、低碳、环保的方向发展。另外，要在人才供给、税收政策、资金规模、土地要素、网点布局等方面提供高质量的资源支撑，促进持续的创新和进步。

物流业高质量发展需要政府提供积极的政策支持和调整空间，制定健全的法律法规，保障市场准入和竞争机制的公正性和公平性，推动数据共享与信息安全，以及支持绿色环保和可持续发展。在这样的制度空间下，物流业能够充分发挥潜力，提供更高质量的服务，推动经济的健康发展。

打造中国物流宜商环境新高地

营商环境是指市场主体在准入、生产经营、退出等过程中涉及的政务环境、市场环境、法治环境、人文环境等有关外部因素和条件的总和，主要包括影响企业活动的社会要素、经济要素、政治要素和法律要素等方面，是一项涉及经济社会改革和对外开放领域的系统工程。

一、物流营商环境与宜商环境的主要区别

物流营商环境是指一个国家或地区的政策、法律、监管体系、市场竞争等因素对物流企业经营和发展所产生的影响。它涉及政府的政策支持、市场准入、税费负担、行业规范及监管、知识产权保护、融资渠道等方面。

物流宜商环境则更侧重于一个地区或目的地对于不同类型的物流企业和从业者的友好程度。它强调在物流运作过程中，地方政府、物流管理部门、海关和其他相关部门对企业的支持、配合和服务，如办理许可证、快速通关、优惠政策、信用管理等。

物流营商环境主要关注政府的政策和制度环境对整个物流产业的影响，包括政策支持、市场竞争情况等；而物流宜商环境则更注重在物流运作中与政府和相关部门的合作与沟通，以及企业在地方政府和相关部门中的声誉和信用等因素。物流营商环境与物流宜商环境两者相辅相成，共同影响物流业的发展。

二、为何要从物流营商环境转变为物流宜商环境

新形势下，从物流营商环境建设转变为物流宜商环境建设主要有以下几个方面的考虑：

（一）更加强调以企业为中心

物流宜商环境关注的是企业的需求和利益，强调政府、相关机构和企业之间的合作与沟通。这样能够更好地满足物流企业的发展需求，提供便利、高效、可靠的服务，促进企业的创新和发展。

（二）更加注重服务质量和效率

物流宜商环境建设注重提供优质的服务，包括快速通关、便利的审批程序、高效的物流运作等。通过提升服务质量和效率，降低物流成本，提高企业的竞争力，促进经济的发展。

（三）更加增强投资吸引能力

一个良好的物流宜商环境可以吸引更多的国内外投资者，促进资本流动和技术转移。具有良好宜商环境的地区可以吸引更多物流企业投资兴业，带动相关产业链的发展，提高地区的经济发展水平。

（四）更加增强国际竞争力

在全球化背景下，物流宜商环境的建设可以提高国家或地区的国际物

流竞争力，吸引更多的跨国物流企业和项目，促进国际物流合作与交流。

（五）更加注重推动可持续发展

物流宜商环境建设更加注重可持续发展的要求。通过推动绿色物流、低碳物流等发展，进一步提高企业的社会责任感，改善生态环境，实现经济效益和环境效益的双赢。

三、促进物流高质量发展需要什么样的宜商环境

促进物流高质量发展需要打造一个良好的宜商环境，主要包括以下几个方面：

（一）政策环境

政府应制定有利于物流业发展的政策，促进物流企业的快速发展。一是依据国土空间规划，重点保障物流枢纽、物流基地、物流园区、分拨中心等重大物流基础设施的合理用地需求，加大物流末端网点物流用地支持力度，确保物流用地规模、土地性质和空间位置长期稳定。创新物流用地模式，推动物流用地统一规划和科学布局，提升土地空间集约节约利用水平。二是落实深化税收征管制度改革有关规定，推进现代物流领域发票电子化。三是鼓励社会资本按市场化方式发起成立物流产业相关投资基金。发挥各类金融机构作用，按照市场化、法治化原则，加大对骨干物流企业和中小物流企业的信贷支持力度。四是推动建立国际物流通道沿线国家协作机制，加强便利化运输、智慧海关、智能边境、智享联通等方面合作。

（二）法治环境

政府应建立健全相关法律法规，确保物流企业的合法权益得到保

障。一是制定完善的物流法律法规。建立与物流业发展需求相适应的法律法规体系，包括物流行业管理法规、运输法规、仓储法规，以及相关的经济法规等。这些法律法规应为物流企业提供明确的操作指南和各项保障。二是加强行业监管和执法力度。建立健全物流监管机制，加强对物流领域的监测与调控，防止不正当竞争和市场乱象的发生。同时，积极引导物流企业遵守法律、规章制度，推动行业规范化发展。三是强化知识产权保护。加强对物流企业的知识产权保护，鼓励企业技术创新和研发投入。建立健全知识产权法律保护体系，加强知识产权的审查、维权和惩处机制，提高知识产权的保护力度。四是提供司法保障和争议解决机制。物流领域的争议解决机制包括建立物流仲裁机构和专门处理物流纠纷的法院。加强对物流争议案件的审理力度，提高司法公正性和效率，保障企业的合法权益。五是加强行业自律与规范。物流行业面临的法律风险多种多样，企业应加强法律意识，建立健全法律合规体系，并根据不同的风险采取相应的应对措施，以降低法律风险对企业的影响。

（三）人才环境

一是设立专业教育和培训机构。建立物流专业教育和培训机构，提供针对物流从业人员的专业化培训和教育服务，满足物流企业对高素质人才的需求。二是深化产学研结合。加强与高校、科研机构的合作，建立行业联合实验室、科技创新中心等平台，促进理论研究和实践应用相结合，培养适应物流行业发展需求的人才。三是引进国际化人才。吸引具有丰富经验和领先技术的国际物流管理人才，引入先进的管理理念和经验，提升物流人才队伍的整体水平。四是创新优质职业发展环境。建立良好的职业发展环境，为物流人才提供广阔的职业发展空间和机会，激励人才的积极性和创造性，实现个人与企业的共同发展。五是加强行业组织与交流。加强物流行业组织的建设与交流，搭建人才交流平台，促进物流人才的交流与互动，提高人才的专业素养和行业认同感。六是鼓励创新创业精神。营造鼓励创新创业的氛围，支持物流人才创业和创新项目。提供创业孵化器、风险投资和政策支持等，为有创新创业意愿的人才提供全方位的支持，激发创新创业的活力。

（四）技术环境

目前，物流技术高速发展，已经形成以信息技术为核心，以运输技术、配送技术、装卸搬运技术、自动化仓储技术、库存控制技术、包装技术等专业技术为支撑的现代化物流装备技术格局，其发展趋势表现为信息化、智能化、系统化、集成化。特别是数字化技术不断被广泛应用，大数据、物联网、云计算、区块链、智能机器人等新技术及装备作为新物流发展的根基，越来越广泛地被应用于物流产业，在整个新智慧物流体系框架中起到关键的支撑作用。物流行业迫切需要在设备连接性升级、平台数据融合升级、合作盈利模式升级、供应链整合升级等方面做好文章，以提高物流运作效率和质量。一是建立健全物流技术环境所需要的完善的信息化基础设施，注重优化安全防护措施，保障信息的安全性和可靠性。二是加强物流设施建设，整合供应链上的资源，建立起高效的物流网络。合理安排物流节点设施，提高供应链的整体运作效率。三是鼓励物流行业的技术创新和研发。政府和企业加强合作，共同推动物流技术的标准化、规范化和普及化，降低技术应用的门槛，打造一个高效、智能且可持续发展的物流技术环境。

（五）文化环境

物流产业需要良好的企业文化，企业文化在物流企业经营管理过程中发挥着凝聚、导向、激励与约束等作用。物流文化环境建设可以提高物流企业的凝聚力和向心力，可以为物流企业在激烈的市场竞争中提供正确的发展方向，可以为企业创造高价值的回报。政府应该加强对物流文化建设的支持和引导，推动物流产业建立健康、积极、向上的企业文化。一是倡导专业精神。专业精神是建立在专业能力和专业素养基础上的，是对工作极其热爱和全身心投入的品质。专业精神应该体现在对物流工作精益求精的追求上、勇于创新的拼搏上。二是倡导工匠精神。"物流强国"需要工匠精神。弘扬执着专注、精益求精、一丝不苟、追求卓越的工匠精神，要坚持系统观念，加强前瞻性思考、全局性谋划、战略性布局、整体性推进。培养和弘扬工匠精神需要久久为功。从职业精神的培养，到职业教育的改革，再到荣誉体系的激励，以及文化土壤的培育，多管齐下形成合力。三是倡导团队精神。团队精神引导人们产生共同的使命感、归属感和认同感，有利于提高组织整体效能。要营造相互信任的组织氛围，建立有效的沟通机制，配套从业者业绩、学习和发展的制度建设，形成整体利益和个体利益的有机统一。

促进物流高质量发展需要打造一个良好的宜商环境，这个环境包括政策、法治、人才、技术和文化多个方面，需要政府和社会各界共同努力，为物流业的发展提供有力的支持和保障。

低利率时代对物流业影响与对策

随着全球经济的复苏，低利率时代已经悄然来临。这个时代的经济特征与以往大不相同，它更注重的是可持续性和稳定性，而不是过去的过度追求增长和繁荣。

一、低利率时代经济的主要特征

（一）资金流动性增强

由于利率下降，投资者对高风险的投资不再那么热衷，转而寻求更为稳定的投资渠道。这使得金融市场变得更加活跃，各种投资工具层出不穷。同时，这也为中小企业提供了更多的融资机会，有助于推动经济的增长。低利率时代通常伴随着货币政策宽松，央行通过降低利率和放宽货币政策来刺激经济增长，导致货币供应的增加，促使更多的资金进入市场。

（二）投资和消费增加

低利率鼓励企业和个人进行投资和消费。企业可以以较低成本融资，促进投资项目的实施和扩大生产规模；而个人则可以借贷资金用于购买房屋、汽车等大宗消费品。

（三）房地产市场活跃

低利率会推动房地产市场的活跃。由于利率下降，购房者可以以较低的利息获得贷款，从而提高购房的吸引力。这可能导致房地产市场的价格上涨和房屋销售量增加。

（四）金融市场更加成熟

投资者不再盲目追求高收益，而是更加注重风险管理。金融产品的设计也更加复杂和多样化，以满足不同投资者的需求。此外，金融监管也更加严格，以保护投资者的利益。

（五）资产价格上涨

低利率环境下，投资者倾向于寻求高回报率的投资机会，这可能导致股票、债券和房地产等资产价格上涨。然而，这也可能导致资产泡沫的风险。

（六）通货膨胀压力

低利率环境下，经济活动和消费增加可能导致通货膨胀压力上升。中央银行可能需要采取调控措施，通过加息等手段来遏制通货膨胀的风险。

低利率时代是一个充满机遇和挑战的时代。需要注意的是，低利率时代的经济特征可能因国家和时期而有所不同。此外，低利率对不同经济体的影响也具有一定差异。

二、低利率时代对物流经济的利弊分析

低利率时代对物流经济既有利也有弊。物流企业需要灵活应对，

充分利用低利率带来的机会，同时也要注意防范和化解其带来的风险。

（一）有利方面

1. 投资环境优化

低利率时代，贷款和融资成本较低，这为物流业提供了更多的资金来源。企业可以加大投资、扩大规模、提高技术、更新设备、优化物流网络，从而增强自身的竞争力。

2. 融资成本降低

低利率使得物流企业更容易获得贷款，对于需要大量资金投入物流设施建设和运营的企业来说是一个重要的利好。低利率降低了企业的负债成本，有助于减轻企业的财务压力，使企业有更多的精力投入物流运营中。

3. 拓宽市场占有率

低利率可以促进消费者信贷需求增加，刺激购买力的增长。这对物流企业来说意味着更多订单和业务机会。

（二）不利方面

1. 市场竞争加剧

低利率会有更多的资金涌入物流市场，加剧了行业的竞争，一定程度上导致企业间的价格战，压缩物流企业的利润空间。低利率促进企业投资扩张，可能导致资源浪费和重复建设。

2. 投资风险加大

由于资金充足，投资者会寻求高回报的投资机会，导致物流企业面临更高的投资风险。低利率环境下，货币供应增加，如果通胀超过预期，物流企业会面临原材料和劳动力成本上涨的局面，运营压力增大。

3. 价格波动风险

低利率可能导致通货膨胀，原材料、能源价格上涨会对物流企业的盈利能力产生不利影响，造成物流企业的运营效益下降。

4. 创新压力增加

在低利率环境下，物流企业面临更大的创新压力。为了保持竞争力，需要不断探索新的物流技术和模式，需要投入更多的资源和精力。

三、低利率时代的物流经济发展策略

随着全球经济的不断发展，低利率时代已经来临。在这个时代背景下，物流经济作为经济发展的重要组成部分，面临着新的机遇和挑战。为了应对这些挑战，物流经济发展需要采取一系列有效的策略。

（一）创新物流模式

在低利率时代，物流企业需要不断创新物流模式，以适应市场变化。凭借先进理论、思维方法、经营管理方式和科学技术手段，对传统物流格局中的商流、物流、资金流和信息流进行全面改造和提升，全面、系统、大幅度地提高物流的效能。

（二）优化供应链管理

低利率时代为物流企业数字化转型提供了机遇。物流企业通过优化合作伙伴关系、优化库存管理、优化物流网络、优化信息系统、优化质量控制、优化风险管理等关键环节，实现供应链的优化和协同，提高供应链的响应速度和灵活性，提升综合竞争能力。

（三）加强金融合作

在低利率时代，物流企业需要加强与金融机构的合作，以获得更多的融资渠道和支持。同时，物流企业通过与金融机构的合作，提高自身的信用等级和风险管理能力，降低经营风险。

（四）提高服务质量

在低利率时代，服务质量成为物流企业竞争的关键因素之一。物流企业应将更多资源投入提升服务品质上，满足客户个性化需求，提供更高质量的物流服务。强化服务的快速响应、精确配送、信息透明等，提高客户满意度和忠诚度，扩大市场份额。

（五）拓展国际市场

低利率环境下，物流企业有机会加大海外市场拓展力度。可以积极寻求跨境合作和投资，推动物流国际化发展。同时，通过与国际物流巨头合作或建立全球物流网络，提高全球物流资源整合能力，提供更具竞争力的物流解决方案。

非经济因素对物流韧性的挑战与对策

经济因素主要包括微观经济因素和宏观经济因素，是经济发展状况、经济结构、经济体制、经济发展水平、物价变动水平、金融、证券市场发育及完善程度等具体因素的总和。

非经济因素是相对于经济因素而言，指经济以外的其他各种因素。这些因素包括但不限于政治、文化、教育、科技、卫生、军事、外交等方面，以及企业内部微观层面的因素。非经济因素对经济活动的影响通常不是由经济活动本身直接产生的，而是通过其他途径和机制对经济产生影响。

一、非经济因素的主要特点

（一）多样性

非经济因素涵盖了广泛的领域，如政治、法律、文化、心理、制度、教育等。这些因素在不同地区、不同社会群体和不同历史时期可能表现出极大的差异。

（二）综合性

非经济因素之间存在复杂的相互联系和相互影响。它们共同构成了一个非经济因素的网络，对经济发展产生综合性的影响。

（三）动态性

非经济因素会随着社会、历史和文化的发展而变化，这些变化会影响经济发展的方向和速度。

（四）相对性

非经济因素的影响程度因地区、社会群体和经济发展阶段的不同而存在差异。在某些情况下，非经济因素可能对经济发展产生积极的推动作用，而在其他情况下，可能又成为经济发展的制约因素。

（五）长期性

部分非经济因素对经济发展的影响具有长期性。如文化传统、教育水平等，可能在长期内持续影响一个地区的经济发展。

（六）主观性

非经济因素往往受到人们主观意识和价值观念的影响。不同个体和群体对同一非经济因素有不同的理解和评价，从而影响其对经济发展的看法和行动。

（七）不可逆性

某些非经济因素一旦形成，往往难以改变。例如，一个地区的自然资源、地理位置等，这些因素对经济发展具有长期的影响，很难在短期内实现根本性的改变。

（八）不可量化性

相较于经济因素，非经济因素往往难以量化，这使得它们在研究和分析经济发展时容易被忽视。然而，非经济因素对经济发展的影响不容忽视。

非经济因素在经济发展中具有多样性和系统性，它们相互作用、相互影响，共同塑造着国家经济发展的轨迹和特点。

二、非经济因素对物流韧性的挑战

（一）政策法规

政府政策的变化，如税收政策、贸易政策、环保政策等，影响物流业的稳定发展和战略规划，影响物流企业的运营成本和效率，从而影响物流的韧性。

（二）自然环境

地震、洪水、台风等自然灾害和气候变化会对物流设施、运输线路和供应链造成破坏，影响物流网络的可靠性和弹性。

（三）社会环境

社会事件如政治冲突、社会骚乱等，导致物流网络受阻，影响物流供应链的稳定性，降低物流韧性。

（四）技术因素

虽然技术在提升物流效率方面具有巨大潜力，但快速的技术变革也可能带来挑战，特别是对于那些无法迅速适应新系统的物流企业。技术变革对物流企业的管理和调度带来新的挑战。

（五）文化差异

在国际物流中，文化差异会导致沟通障碍、误解和争议，增加物流管理的复杂性和不确定性。

（六）人资能力

物流行业的人力资源状况会影响其韧性。如果缺乏对物流从业人员足够的专业培训和教育，物流企业可能难以应对复杂多变的市场需求和技术进步。

总的来说，非经济因素对物流韧性带来严峻的挑战，需要物流企业不断调整和优化自己的运营和管理策略，提高物流的韧性。

三、非经济因素影响下，增强物流韧性的主要对策

（一）实施多元化供应链策略

建立多元化的供应链网络，减少对单一供应商或市场的依赖，提高抵御非经济因素冲击的能力。强化合作伙伴关系，与供应商、承运商和客户建立稳固的合作关系，共享信息和资源，共同应对非经济风险。

（二）建立风险管理框架体系

定期评估潜在的非经济风险，制定相应的风险管理计划，如备份方案、应急预案等。建立监控非经济因素系统，快速响应市场变化，及时调整物流策略。购买足够的保险覆盖潜在的风险，保留足够的流动资金以应对突发事件。

（三）实施创新与技能双提升

引入先进的物流技术，如自动化、机器人等，提高运营效率，降低人工差错率。通过跨职能培训，使员工具备多种技能，以适应不断变化的物流环境和业务需求。

（四）敏锐关注政策趋势

物流企业高度关注全球政策变化情况，分享变化趋势，采取积极措施，确保企业的运作符合所有相关的法规，以避免因不合规造成的额外成本和风险。要采取环保措施，如优化运输路线、使用清洁能源等，帮

助企业应对潜在的供应链中断和环境问题。

（五）强化区域合作能力建设

鼓励物流企业加强国际、区域间合作，参与当地物流基础项目建设，强化供应链体系韧性，提高企业在当地的影响力，增强对抗非经济因素的能力。

物流企业需要采取灵活的策略，积极应对非经济因素带来的挑战，增强物流系统的韧性和适应性，在复杂多变的市场环境中保持竞争力。

构建更高水平社会主义市场经济下的新物流经济

市场有效、政府有为是高水平社会主义市场经济体制的内在本质，系统完备、成熟定型是高水平社会主义市场经济体制的外在呈现，与时俱进、动态调整是高水平社会主义市场经济体制的必然要求。高水平体现在推动有效市场与有为政府更好结合，体现在消费对经济发展的基础性作用，体现在以问题为导向，建立国内统一大市场需要着力解决痛点、难点、堵点问题上。高水平社会主义市场经济体制是充满活力的体制，是"产权有效激励、要素自由流动、价格反应灵活、竞争公平有序、企业优胜劣汰"的体制。这要求市场经济主体不断变革生产组织方式、创新生产技术水平、提高产品和服务质量，持续满足人民群众个性化、多样化的需求，使市场供需在更高水平上达到动态平衡。

一、高水平市场经济的特征和内涵

（一）充分竞争

高水平市场经济的特征之一是市场充分竞争，没有垄断力量可以操纵价格或市场份额。

（二）自由市场

高水平市场经济的经济体系是基于自由市场原则运作的，即政府干预较少，市场资源的配置主要通过供求关系来决定。

（三）私有产权

高水平市场经济鼓励私有产权的存在和保护。私有产权使个人和企业能够拥有、控制和运营生产资料，并从中获得合法的收益。

（四）价格机制

高水平市场经济中的价格是通过市场供求关系来决定的，价格反映了商品和服务的稀缺性和价值。

（五）自由贸易

高水平市场经济鼓励国际贸易的自由化，通过开放的国际贸易体系促进资源和产品的有效流动。

（六）创新活力

高水平市场经济鼓励创新和企业活力，通过竞争促使企业不断改进产品和服务，提高效率和质量。

（七）保护权益

高水平市场经济重视保护消费者的合法权益，鼓励公共信息透明度和信息公开，以确保消费者能够做出明智的购买决策。

这些特征和内涵共同构成了高水平市场经济的基本框架，促进经济的发展和国家或地区的繁荣。

二、高水平市场经济下新物流经济的形态

新物流经济以新知识为基础、以新技术为支撑、以新组织形态为动能、以新模式和新业态为核心，是指在数字化、网络化和智能化的背景下，以物流为核心的经济形态和运作模式。基于互联网、物联网、人工智能、云计算等信息技术的深度应用，并与传统物流的机械化、自动化、标准化相结合，从而满足用户的个性化需求、充分调动资源潜力，具有透明、柔性、协同、即时反应等特征，以实现高效、绿色、安全运行的物流发展方向。

（一）数字新经济

数字化经济是指利用数字技术和互联网等信息通信技术，推动经济发展和创新的一种经济形态。数字化经济的核心是数字技术的应用，包括人工智能、大数据、云计算、物联网、区块链等技术，这些技术的应用带来更高效、更便捷、更智能的生产和服务方式。数字化经济可以提高生产效率、降低成本、创造新的商业模式，可以促进经济全球化和跨境贸易，打破地域限制，促进资源优化配置和流动。新物流经济借助信息技术和互联网平台，实现物流信息的数字化和实时化管理。通过物流大数据分析，优化资源配置、提高效率，为企业决策运营提供准确的依据。

（二）网络新经济

网络经济是基于互联网所产生的经济活动的总和，是知识经济的一种具体形态，表现为经济主体的生产、交换、分配、消费等经济活动。这种新经济形态正以极快的速度影响着社会经济与人们的生活。与传统经济相比，网络经济具有七个显著的特征：快捷性、高渗透性、自我膨

胀性、边际效益递增性、外部经济性、可持续性和直接性。新物流经济通过互联网的应用和融合，构建起全球范围内的物流网络。

（三）智能新经济

智能经济是以效率、和谐、持续为基本坐标，以物理设备、电脑网络、人脑智慧为基本框架，以智能政府、智能经济、智能社会为基本内容的经济结构、增长方式和经济形态。新物流经济运用物联网、人工智能等新兴技术，实现物流流程的自动化、智能化和供应链协同，提高物流作业效率和准确性。

（四）绿色新经济

绿色经济是以市场为导向、以传统产业经济为基础、以资源节约型和环境友好型经济为主要内容、以经济与环境和谐共融为目标的新经济形式，是产业经济为适应人类环保与健康需要而产生并表现出来的一种发展状态。绿色经济引导产业结构的优胜劣汰，是一种平衡式经济。新物流经济注重节能减排和资源循环利用，推动绿色物流的发展。

（五）原创新经济

原创化物流经济重点研究更高市场经济水平下畅通物流双循环，构建物流命运共同体，转变物流经济发展方式，促进物流规模经济，融合经济的方式、方法、路径和发展趋势。新物流经济注重满足消费者个性化需求，提供定制化的物流服务，通过精细化管理，提升用户体验。

（六）产业新经济

产业经济以市场为导向，以提质降本增效为核心，依靠科技创新，对物流经济实行区域化布局、专业化运作、一体化经营、社会化服务，形成贸工农一体化、产加销一条龙的物流生产方式和产业组织形式。新物流经济是一个复合型系统，涉及体制、组织、管理、系统运行等方方面面。在这个大跨度系统中，新技术、新组织业态发挥着重要作用，系统的整合、组织、管理、运作是基础条件。

三、新物流经济发展的主要模式

在高水平市场经济下，新物流经济发展主要依靠技术创新，提高物流效率和降低成本。同时，需全方位加强合作与协同，构建完善的供应链网络，满足不断变化的市场需求。这些模式的发展，推动物流业转型升级，提升物流效率和服务质量，促进高水平市场经济的发展。

（一）网联模式

随着互联网、物联网的发展，物流企业通过在线平台，对供应链各环节进行信息化和数字化管理，实现物流流程的透明化和效率的提升。

（二）低碳模式

绿色物流注重减少能源消耗和碳排放，将广泛采用节能、环保技术和手段。高水平市场经济下，绿色物流成为新物流发展的重要方向。绿色物流模式主要包括使用低碳交通工具、优化货车配载、推广节能设备等措施。

（三）链式模式

主要包括两个方面：一是供应链金融模式。将金融服务与物流业务相结合，通过物流数据和交易信息分析，为企业提供融资、保险、结算等金融服务，提高供应链的效率和稳定性。二是区块链物流模式。通过物流信息的安全存储和共享，提高物流过程可追溯性和透明度。通过智能合约等功能，实现物流环节自动化和信任机制的建立，降低交易成本和风险。

（四）嵌入模式

第三、四方物流与生产企业、销售企业建立嵌入合作关系，提供供应链一体化服务，助力企业专注于核心业务，提高运营效率。

（五）电商模式

随着电子商务快速发展，电商物流成为新兴物流模式。电商物流实现了商品从生产到消费全程可追踪和快速配送，具有灵活性强、效率高、成本低等特点。跨境电商物流通过国际供应链网络建设，实现商品跨国快速交付。这种模式涉及海关清关、支付结算、跨国运输等环节，需要各方协同合作。

四、新物流经济发展的主要路径

（一）信息网络化

新物流经济借助信息技术，实现物流信息的实时监控和共享，更加高效管理货物运输、仓储和配送等环节，提高运输效率和服务质量。通过网络平台，供应链上下游各环节实现信息共享和合作，降低交易成本和库存风险。网络平台为物流企业提供新的商机，推动物流经济的发展。

（二）跨界融合化

新物流经济鼓励物流企业与其他行业进行跨界合作，通过整合资源，实现物流服务创新与升级，满足不同行业的需求。

（三）绿色低碳化

绿色可持续发展已成为新时代物流经济发展的重要路径之一。传统物流模式中存在着大量能源消耗和环境污染等问题，而绿色物流通过采用清洁能源、优化运输路线和节约包装材料等措施，实现对环境的保护和资源的有效利用。

（四）合作开放化

全球化背景下，国际贸易和跨境电商的快速发展推动了全球物流网络的建设和完善。物流企业通过合作与开放，共享资源和市场机遇，提高国际物流服务水平。同时，国际合作促进了物流技术、标准和管理经验的交流与创新。

（五）市场包容化

政府应加大对新物流经济的政策支持力度，维护公平竞争的市场环境。

五、新物流经济推动经济高质量发展

新物流经济推动经济高质量发展具有以下几个方面的作用：

（一）提高生产效率

新物流经济更加高效的协同运作和资源优化，提高了生产效率，更好地协同供应链各环节，推动经济高质量发展。

（二）降低运营成本

新物流经济通过优化物流网络、精细化管理、集约化运输和自动化配送等手段，有效地降低运营成本，提高企业的竞争力。

（三）优化供应链管理

新物流模式提供了更加灵活多样的供应链管理方式，使企业能够更好地适应市场变化和需求。

（四）拓展市场空间

借助新物流经济及其科技创新，企业能够快速进入新兴市场并拓展更广阔的销售渠道。

（五）推动产业升级

新物流经济依托新技术应用和创新，推动物流行业的转型升级。同时，新物流经济的发展也将带动相关产业的发展，推动产业结构的优化和再造，促进经济高质量发展。

激活中国物流生命力

物流生命力是指物流系统在不同市场环境和条件下，持续保持竞争力和应变力，不断创新和发展的能力。

一、物流生命力的主要内涵

（一）适应力

物流生命力要求物流系统能够快速调整运作方式、流程和网络结构，以适应市场需求的变化和复杂多变的环境。

（二）创新力

物流生命力要求物流系统不断推动技术、管理和服务创新，以提高效率、降低成本、增加价值，满足经济社会发展的需求。

（三）协同力

物流生命力要求物流系统能够与供应链中的各个环节进行有效的协调和合作，实现资源共享、信息共享和风险共担，提高整体运作效益。

（四）持续力

物流生命力要求物流系统在经济、环境和社会三个方面实现平衡发展，注重资源节约、环境保护和社会责任，以实现长期可持续发展。

（五）驱动力

物流生命力要求物流系统能够充分运用大数据、人工智能和物联网等技术，进行数据分析和决策支持，提高运营效率、精细化管理和服务质量。

（六）导向力

物流生命力要求物流系统始终以客户需求为中心，提供个性化的物流解决方案和优质的服务体验，满足客户多样化的需求。

二、激活物流生命力的重要意义

（一）能够提高物流竞争力

通过灵活性、创新能力和客户导向能力的提升，物流系统快速适应市场需求变化，不断改进服务品质，提供差异化的物流解决方案，从而在竞争激烈的市场中脱颖而出。

（二）能够提高物流的运作效率

通过协同合作能力的发展，物流系统可以实现资源优化配置，降低成本。同时，通过数据驱动能力的提升，强化精细化管理和决策支持，进一步提高效率和效益。

（三）能够更好地应对风险

具备适应性和协同性的物流系统快速调整运作方式和网络结构，应对市场需求的变化、供应链的调整及突发事件带来的不确定性，保证物流运作的稳定和可持续发展。

（四）能够推动物流的创新与发展

通过引入新技术、新模式和新服务，推动物流领域的转型升级。同时，注重可持续发展能力的培养，促进以环保、节能、社会责任为导向，推动智慧低碳物流的发展。

（五）能够提升用户的体验价值

根据客户需求提供个性化的物流解决方案和优质的服务体验，增加用户的满意度和忠诚度，建立良好的口碑和品牌形象。

三、中国与国外物流生命力的主要区别

（一）基础设施不同

中国的物流基础设施形成了较为完善的物流网络。相比之下，国外一些国家的基础设施存在不平衡问题，物流基础设施无法与中国相提并论。

（二）政策环境不同

中国政策环境为物流业的发展提供了强有力的支持。相比之下，国外一些国家的政策环境虽然也给予了一定支持，但是力度和覆盖面有很强的局限性。

（三）市场规模不同

中国是全球最大的物流市场，规模巨大，吸引了众多物流企业进入市场，为物流业的发展提供了更多的机会和挑战。国外一些国家虽然也有一定的市场规模，但是竞争激烈程度相对较低，市场空间相对较小。

（四）技术侧重不同

中国物流注重技术创新和数字化转型。这些技术的应用为物流业带来了更加高效、精准、智能化的服务，为企业带来了更多的商机。国外一些国家更注重物流商业模式和盈利模式，对新技术的应用相对保守和滞后。

四、激活中国物流生命力应坚持的原则

（一）激活中国物流生命力需坚持的原则

1. 创新驱动原则

科技是推动物流业发展的关键因素。加大物流科技领域的投入和研发，通过引入先进的物流技术，提升物流系统的信息化水平和智能化程度。通过技术创新、管理创新和服务模式创新，提高物流效率、降低成本、提高服务质量，激活中国物流的生命力。

2. 协同合作原则

物流业是一个涉及多个环节和多个主体的行业，需要各方之间的合作和协调。通过建立良好的合作关系、建立供应链中各个环节的紧密合作和协调机制，促进资源共享，实现优势互补，激活中国物流的生命力。

3. 和谐共生原则

注重资源节约和环境保护，加强回收利用和循环经济。建立可持续发展的评估和监测机制，制定相应的政策和标准，推动物流业向低碳、环保和社会责任型转变，走好人与自然和谐共生的现代化道路，激活中国物流的生命力。

（二）激活中国物流生命力的发展方向

1. 数字化加速

数字化加速转型为物流经济发展提供了强有力的支撑。物流业应积极应对数字化转型的新形势，通过大数据、云计算和人工智能等技术，提高物流数字产业化水平。

2. 智能化升级

物流业智能化已是确定性的发展趋势，通过加快数据标准化建设，搭建智慧物流信息管理平台，健全末端智能服务体系，引入智能设备和技术，提高物流运作的自动化和智能化水平，提升效率和服务质量。同时，智慧物流系统建设带动相关产业的融合发展，推动整个社会的产业升级。

3. 数据化决策

加强对物流数据的管理和分析，深入挖掘数据价值，提供决策支持和方案优化。企业需要建立完善的数据采集、整合、分析和应用体系，通过数据驱动，实现精细化运营和智能化决策，同时注重数据质量和隐私保护。只有这样，物流大数据才能真正发挥其潜在的价值，为企业带来持续的竞争优势。

4. 绿色化转型

充分整合和合理运用物流资源，实现物流管理和作业中的低碳化和绿色化发展目标。通过采用低碳能源和低消耗设备，发展节能技术和低碳技术，降低作业对于生态环境的污染，构建绿色物流发展体系，加快物流行业的转型与升级，以实现生态环境建设与经济发展的共赢。

5. 全球化协同

随着全球化的进程，物流业应积极拓展国际市场。要建立物流企业之间的协同合作、国际贸易中的协同合作、物流与供应链中各环节之间的协同合作。通过建立国际物流网络，提高国际物流服务水平，增强国际竞争力。

激活中国物流的生命力需要持之以恒、久久为功，这是物流业与供应链未来发展优先考虑的重要战略问题。

建设跨里海国际运输走廊
需注意的几个问题

跨里海国际运输走廊从内陆城市驶出，通过霍尔果斯铁路口岸出境，横穿哈萨克斯坦，在港口城市阿克套换至船运，横穿里海抵达阿塞拜疆阿利亚特港，最后通过铁路到达巴库。班列在途运行时间20天左右，比传统海运方式节省约三分之一。此条通道的开通，丰富了中欧班列的新航线，开启了海铁联运的新篇章。跨里海国际运输走廊采用"国际铁路+水运"的多式联运方式，是中国与欧洲之间的主要贸易走廊之一。

里海是世界上最大的咸水湖，位于欧洲和亚洲的内陆交界处。里海拥有与海洋相似的生态系统，海运业发达。

一、里海两大自然特征

（一）高盐性

因为水分大量蒸发，盐分逐年积累，里海含盐量极高。北部湖水较浅，有伏尔加河等大量淡水注入，所以北部湖水含盐度低，为0.2‰，而南部含盐度高达13‰。

（二）灾害性

里海北部位于温带大陆性气候带，而整个里海中部（及南部大部分区域）则位于温热带。西南部受副热带气候影响，东海岸以沙漠气候为主，从而造成多变的气候。

二、里海两方面因素对国际物流通道的影响

综合以上两方面因素对物流通道的影响主要表现在以下几个方面：

（一）成本上升

由于里海地区的盐度较高，导致物流通道中运输的一些货物，特别是食物类极易发生变质或损耗，货损增加的风险较大。盐度高的水域容易导致船舶、箱体的腐蚀和损坏，影响船舶的寿命和运营效率，需要更高的维护成本。极端天气下，由于北部水域结冰期导致水上运输中断，增加物流成本。

（二）效率降低

盐度高的水域会导致船舶的航行速度降低，影响物流通道的效率。由于盐度问题，对船只类型和尺寸有一定限制，一些船只无法进入某些港口或水域。海流风暴导致的运输中断和延误会延长物流时效，从而影响货物的及时送达。

（三）潜在风险

里海地区政治局势的稳定性、法律和法规健全程度、贸易规则的一致性、基础设施建设匹配度、语言和文化差异等方面都对国际物流通道的安全性和稳定性造成影响。

三、主要对策建议

跨里海国际运输走廊在提供便利运输条件、促进贸易发展、提供多元化运输方式，以及促进沿线区域经济一体化等方面发挥了重要作用，有助于推动物流业的健康发展和区域经济的增长。畅通跨里海国际运输走廊主要可以从以下几个方面考虑：

（一）强设施建设

加强里海沿岸国家的物流基础设施建设，特别是海铁联运相关设施，提高货物运输能力和效率。采用先进的物流技术和管理方法，提高物流智能化水平。

（二）畅物流网络

加强里海地区各国的物流合作，构建完善的运输网络，打通里海北中南三条海铁联运通道，连接里海沿岸国家与其他欧亚大陆的物流节点，确保货物的顺畅流动，提高物流服务水平。

（三）促标准统一

推动沿线国家统一物流技术标准，如集装箱尺寸、铁路轨距等，以实现无缝对接和互联互通。建立统一的物流信息平台，实现信息共享，提高物流信息的透明度和准确性。

（四）优贸易便利

优化海关和税收政策，简化通关手续，提高通关效率，为国际物流提供便捷的服务支持。各国政府应出台有利于国际物流发展的政策措施，为企业提供良好的发展环境。

（五）保安全保障

加强国际物流服务过程中的安全保障，强化与通道国家气象部门、应急部门、轮船及集装箱维护部门的协同，防范安全风险，确保货物的安全运输。

（六）建合作机制

加强沿线国家的国际合作与交流，共同推动跨里海国际运输走廊的建设与发展。培养具有国际视野和物流专业知识的复合型人才，为国际物流发展提供有力的人才保障。

通过沿线国家的共同努力，有效提升跨里海国际运输走廊的畅通度，促进亚欧大陆经济的繁荣与发展。

日本核污染水排海局势下的物流对策

自日本将核污染水排入海洋后，整个物流业面临着严峻挑战。在这样充满不确定性的背景下，物流业需要变挑战为机遇，积极寻求对策。

一、日本核污染水排海对全球物流业的影响

（一）海洋生态

核污染水对海洋生态系统造成负面影响，包括海洋生物的死亡或迁徙，这会对渔业和海产品等食品供应链产生影响。海洋生态系统受到破坏，会导致渔业资源减少，从而影响全球的海产品供应。

（二）跨国贸易

核污染水排入海洋后，引发国际贸易伙伴对日本产品的担忧。一些国家会对来自或进入区域的产品进行更严格的检测和限制，导致国家贸易萎缩，进而影响全球物流链。

（三）港口运营

核污染水对日本港口运营产生负面影响，其他国家也会对日本港口

的安全性产生严重担忧，导致船只货物的检查和延误，影响全球物流的流动性和效率。

（四）远洋航运

核污染水排海导致航运公司面临更多的限制和监管，增加运输成本和时间，影响全球物流业的运作。

需要注意的是，以上只是一些可能的影响因素，具体的影响程度取决于核污染水的排放量、海洋环境的承载能力，以及国际社会的反应。物流业需要密切关注并采取必要的措施降低潜在的风险。

二、日本核污染水排海给物流业带来的机遇和挑战

（一）主要机遇

1. 废物处理需求增加

核污染对环境影响的治理需要特殊设备和技术，物流企业积极参与废水、废物处理设施的建设和运营，提供相关供应链服务。

2. 社会物流需求增加

核污染处理需要大量运输和配送，物流企业可以为相关行业提供运输服务，满足核污染处理所需的物流需求。

3. 技术合作机会增加

核污染处理是一个复杂的系统过程，需要涉及多个领域的专业知识和技术，更需要供应链一体化运作。物流企业可以与科研机构、技术公司等合作，共同研发和应用新的技术，推动核污染领域物流新模式的创新发展。

4. 绿色物流内涵增加

核污染处理是环境保护的重要任务，物流企业可以通过提供环保运

输解决方案、大力发展绿色物流，积极参与并拓展环境保护市场物流体系建设。

5. 转口贸易格局变化

由于一些国家或地区对日本产品和日本港口信任度大幅降低，国际贸易会呈现向东南亚其他港口中转趋势，转口格局变动，转口需求增加。物流企业应重新评估和优化供应链，提高供应链的弹性和应对能力。

（二）主要挑战

1. 环境风险

核污染处理和运输可能带来环境风险，需要采取严格的安全措施和监管措施，以确保不会对环境和人类健康造成进一步的危害。

2. 舆论风险

核污染处理和排放是一个敏感的话题，会引发全球公众的担忧和争议。物流企业应积极应对舆论和声誉问题，以保护自身形象和业务利益。

3. 监管风险

核污染处理和排放受到法律和监管的限制。物流企业在提供供应链服务时应严格遵守相关法规，确保符合环保标准和相关要求。

三、日本核污染水排海后，物流业需要采取的对策

（一）加强安全管控

在核污染排放的背景下，消费者对产品安全的关注度会大幅提升。因此，物流企业应该加大检测力度，确保产品达到国家环保标准和相关

质量要求，确保健康安全。只有这样，我们才能重塑消费者对物流业的信任。

（二）优化物流网络

在排海压力下，物流企业需要主动优化物流网络，提高物流配送效率。引入智能物流系统，利用先进的技术手段，对货物的运输和配送进行精准化管理，最大程度地减少时间成本和人力资源消耗。只有提高物流效率，才能应对激增的运输需求。

（三）参与设施建设

物流企业应积极参与核污染处理设施建设和运营，投资和合作开发更先进的技术和设备，以降低核污染对全球供应链、产业链的影响。

（四）推行绿色物流

物流企业应积极采取环境保护措施，主动承担环保责任，降低物流链对环境的影响。大力推广可持续发展运输方式，推广回收再利用的理念，减少排放物的产生，同时加强废物分类和处理工作，助力物流业的高质量发展。

（五）创新应急物流

核污染水排海引发紧急情况，倒逼应急物流打破常规，创新发展。物流企业参与建立和管理应急物资储备中心，确保物资的及时供应和分配。强化快速响应能力，优化运输路线，通过使用风险评估工具、建立灾害预警系统等方式，加强灾害风险管理，及时做出应对决策。利用信息技术和物流管理系统，提高信息的采集、分析和共享能力，以支持应急物流的协同和执行。积极参与行业组织、政府机构等的合作，建立跨界合作机制，提高应急物流的整体效能。

（六）强化公众沟通

物流企业应加强与政府相关部门、服务企业及公众之间的沟通与协调，共同关注核污染运输和处置情况，提高公众对物流业应对措施的理解和支持。

总之，核污染水排海给物流业带来了巨大的挑战，也暴露物流业存在的不足。通过这次危机，物流业必须以积极的态度去应对，寻找有效解决方案，做好充足准备迎接未来的考验。

三线城市物流发展模式与路径

三线城市是根据城市建成区规模、城市人口数量、经济发展水平和 GDP 总量等多个指标综合评估的具有战略意义、经济较发达、经济总量较大的城市。

大部分三线城市的中心城区非农业人口在 100 万人以上，城市基础设施、商业配套设施和交通设施相对比较完善，居民拥有一定消费能力，城市拥有一定支柱产业，产业结构相对比较合理，对大型企业具有一定的吸引力，但城市综合竞争力仍需进一步提高。

近几年，我国消费结构升级带来了生活性物流潜力释放，消费对物流增长的贡献较大。其中，电商物流、冷链物流、快递快运等生活性物流快速增长，成为物流业发展的新动力源。生活性物流更加强调小批量、多批次、个性化和灵活性。由于企业发展空间受限，服务型产品更新速度缓慢，无法满足新需求变化，同质化白热化竞争挤压了企业利润空间。现有生产性物流和服务主要呈现大批量、少批次的特征，物流用地成本逐年增加。因此，一二线城市物流企业为了成本与机会，逐渐向三线城市延伸，为三线城市物流业发展带来新的机遇。

一、三线城市物流业存在的主要问题

目前，三线城市物流业快速发展。物流网络、物流通道、物流设施、物流业态、物流服务等呈现多元化和多样化的后发优势，市场前景广阔，但存在一些明显制约。

（一）基础设施滞后

1. 交通设施滞后

交通网络相对较弱，缺乏高效的快速公路、铁路、水路等交通网络支持，影响物流运输链效率。机场规模小、等级低，跑道长度和航线数量有限，不能容纳大型货机的停靠和起降，吞吐量相对较低。

2. 技术设施滞后

物流技术装备水平落后，自动化系统、管理软件等先进的信息技术应用率较低，无法满足现代物流业的要求。

3. 仓储设施滞后

大部分仓库设施陈旧，中高等级仓库、专业仓库比例明显偏低，现代化仓储体系建设仍处于起步阶段，没有统一的行业标准。

4. 配套服务滞后

缺乏货运代理、金融、报关、保险等物流配套服务，物流成本高，降低了对外竞争力。

（二）人力资源匮乏

1. 人才供给不足

相对于一二线城市，由于经济发展水平相对较低，三线城市的人才储备较少，吸引和培养物流人才的机会和条件有限，导致人才供给不足。

2. 教培体系不健全

三线城市的教育和培训机构相对较少，物流专业教育和培训的资源匮乏，物流人才的培养存在困难。

3. 城市吸引力不足

三线城市经济发展竞争力偏弱，物流行业工作机会和发展空间相对较少，难以吸引并留住物流人才。

4. 薪资待遇不高

三线城市物流行业的薪资待遇相对较低，使得物流企业在人才引进与管理方面存在难度。

（三）发展环境不佳

1. 运输成本高

交通设施不完善、有效衔接不足，导致运输成本上升，给物流企业带来了巨大的压力。

2. 服务水平低

三线城市物流企业普遍存在配送时间延迟、货损率高、价格不透明、服务质量参差不齐等现象。物流市场长期缺乏统一、规范的市场标准和监管，不仅影响物流企业的声誉，还降低了客户的满意度，不利于物流高质量发展。

3. 行政审批繁

因政策不明、部门职责不清等原因，物流企业在行政审批时需要耗费更多的时间和精力，给企业的发展带来了不小的阻碍。

4. 政策支持弱

特别是在减轻物流企业税收负担，强化土地支持力度，促进物流车辆便利通行，整合物流设施资源，鼓励物流技术创新和应用等方面缺乏扶持政策，限制了物流企业的发展空间。

二、三线城市对物流的主要需求

三线城市的物流业正处于快速发展期，伴随双循环战略的逐步推进，生活性物流、生产性物流需求高速增长，物流业呈现出蓬勃发展的态势。

（一）高效的运输服务

随着全国统一大市场和城市群、经济圈（带）融合发展，越来越多的企业需要通过物流体系将商品输送到全国各地。因此，便捷高效的货运服务是三线城市物流最基本的需求。

（二）健全的供应链管理

市场竞争加剧，三线城市企业迫切需要健全、完善的供应链管理来提高企业运作效率、降低成本，以及提高客户服务质量。

（三）高质量的仓储支撑

高效仓储设施是企业资源有效配置和物流资源充分整合的手段和途径，可以不断满足客户多元化需求，实现生产与消费者需求的有机结合。

（四）专业化的解决方案

三线城市企业对物流服务具有很强的个性化需求，在解决方案方面需要更多的个性化设计，以满足不同行业领域、不同规模企业的物流需求。

（五）综合性的物流服务

三线城市中小企业数量较多，需要综合性物流服务的支持，包括仓储、配送、信息管理、货运代理、第三方物流、供应链物流等多项服务，而非单一的物流运输服务。

三、三线城市物流业发展的路径

（一）强化物流顶层设计

1. 完善物流生态

加快制定和完善相关物流政策法规，优化营商环境，简化审批流程，提升政府服务水平。构建完善稳定的市场环境，支持发展新兴业态，鼓励企业创新。规划要突出三线城市实际需求，注重基础设施建设，优化物流网络布局，推广应用信息技术，提高物流效率和服务质量，形成完善的三线城市物流生态圈。

2. 突出发展重点

要根据三线城市的产业结构和市场需求，重点考虑农产品、特色商品和电子商务等领域的物流发展。同时，注重公共服务配套，提供便捷的物流空间和信息平台，为物流企业提供全方位保障。

3. 强化政策支持

政府要配套出台扶持物流业发展政策，加强对物流企业的扶持和引导，增强企业的发展信心和动力。注重引进龙头企业，提高行业品质，设立物流人才培育基金，积极探索适合三线城市的物流业发展模式，为物流业健康发展创造良好的营商环境。

（二）建设现代物流基础设施

1. 强化枢纽建设

着力打造联通一二线城市的国内国际双循环的对外物流枢纽，构筑内外通联、区域协同的物流通道体系。

2. 创新建设模式

加强物流基础设施立体化复合化建设，提高土地集约利用水平。在一二线城市工业用地指标逐年下降、地价逐年攀升情况下，结合重点片区开发和城市更新，强力推进物流基础设施建设，打造现代城市物流设施体系。

3. 完善投融资体系

完善"政府引导、市场主导、多元筹资"的投融资模式，促进基础设施投资主体的多元化。着重提升国内物流干线运行效率，畅通跨区域高质量物流干线通道，完善末端物流配送"微循环"。

4. 打造专业化体系

以基础设施合理布局引导城市货运配送组织模式创新，着重打造以商贸物流为主的高品质冷链和城乡配送体系，构建安全可靠、快速高效的应急物流体系，进一步完善口岸物流体系。

（三）增强企业创新力和竞争力

1. 提升效率和质量

引进先进的物流技术和设备，提高智能化程度和信息化水平。建立完善的物流网络，加强与供应商、第三方物流企业的合作，提高物流运输效率和服务质量。

2. 建立新型配送体系

依托先进配送技术和设备设施，大力发展城市配送、城乡配送、城市共同配送等集约化配送模式，满足客户需求，提高配送质量和效率。

3. 拓展业务领域

运用互联网思维和技术，开拓电子商务等新领域，提高物流服务的综合竞争力。同时，大力发展物流金融、物流保险、跨境物流等，完善物流产业的发展链条，形成物流企业核心竞争力。

4. 加强软实力建设

加强现场管理制度化、现代化、标准化、人性化"四化"建设，加快物流业向生产型、知识型、创新型高端化转型，强化物流企业品牌影响力，增强产业可持续发展能力。

（四）加强人才培养

1. 制定专业人才培养方案

结合三线城市的物流业发展现状，制定针对性强、实用性强的人才培养体系，加大对人才培养、人才选拔、人才激励等方面的投入。培训内容以产业发展需要、市场需求，以及三线城市物流企业的发展为导向，重点培养物流管理、物流技术、物流规划等方向人才。着重完善职业资格认证制度，发展职业教育，强化在职人员的在岗培训，提高物流从业员素质。

2. 加强与教育机构合作

建立三线城市物流企业与高校、职业技术学院等教育资源的战略合作，共同开展物流人才培训。通过"请进来""走出去"等方式，加强与一二线城市物流教育与培训机构的联合，学习先进城市物流技术及物流管理经验，加快培养一批职业化、现代化、国际化的物流企业家，建立一支物流职业经理人队伍。

3. 强化人才流动与共享

完善人才激励机制，加大人才选拔力度，创新人才流动方式，建立三线城市物流行业人才信息共享平台，及时掌握物流人才需求信息，促进人才有效匹配，为优秀人才提供更广阔的职业发展空间。

为强国建设贡献更大物流力量

深化认识并准确把握我国物流经济的本质和发展路径，统筹推进经济和物流高质量融合发展，切实为推进中国式现代化、为强国建设贡献物流力量。

一、不断深化对物流经济本质的认识

物流经济的本质是通过协调和管理物流活动，实现物品、信息和价值的流动，以达到提高效率、降低成本、增加价值的目标。物流经济在现代经济体系中具有重要地位和作用，它连接了生产者与消费者之间的供应链，促进了商品的生产、分销和销售，涵盖了各个产业领域和经济主体。通过优化物流流程，物流经济提升生产效率、降低交易成本、提供更好的服务质量，推动经济的发展。

（一）动态流动

物流经济是一个由各个环节相互联系、动态流动的系统。物流经济的核心是高效将产品从供应商送达消费者手中，以满足客户的需求。

（二）价值创造

物流经济通过加工、转移和交付产品，为商品赋予经济价值，促进价值的实现和交换。

（三）资源配置

物流经济通过合理配置，实现资源最优利用。包括优化物流网络设计、库存管理、运输方式选择等方面，以最小化成本实现提高效率和减少浪费。

（四）供需平衡

物流经济在满足消费者需求的同时，需要协调供应链中各个环节之间的关系。需要预测需求、协调供应商和分销商之间的合作关系，以确保供应链的安全稳定。

（五）市场竞争

只有通过市场竞争，提供高质量、高效率的物流服务，才能提升全产业链的竞争优势。物流产业没有竞争，就没有经济的高质量发展。

深化对物流经济本质的认识有助于我们更好地理解其重要性、特点和影响因素，从而为实现物流经济的可持续发展提供更有效的决策。

二、不断深化对物流经济发展道路的认识

对物流经济发展道路的认识是指理解和探索物流经济在未来发展中的方向和路径。

（一）基础设施建设与数字化转型

物流经济的发展离不开高效的基础设施，基础设施包括交通运输网络、仓储设施、信息系统等。物流经济的发展需要加大对物流基础设施

的投资和建设，提高物流环境的整体水平。随着信息技术的迅速发展，物流业也越来越重视数字化转型。数字化转型有助于提高运输效率、降低成本，并为供应链管理和决策提供更准确的支撑。

（二）绿色低碳与可持续发展

物流强国需要注重环境保护和可持续发展，绿色可持续发展已成为一个重要的趋势。通过采用清洁能源、优化运输路径、减少空载和减少包装废弃物等措施，降低碳排放，提高资源利用效率，走出一条物流友好型发展的新路径。

（三）供应链整合与产业融合发展

供应链整合和协同将成为物流业发展的重要方向。通过建立紧密的合作伙伴关系、共享信息和资源，实现供应链各环节的有效协调和协同。通过供应链流程再造，实施产业融合，促使产业链、价值链逐步走向中高端。

（四）平台建设与区域协调发展

随着全球分工和国际贸易的发展，高等级物流枢纽建设将变得更加重要。发展枢纽经济可以促进物流服务的集聚和集约化，提高跨区域协同能力，为区域经济发展带来新的机遇。

（五）规模化运营和专业化分工

物流产业逐渐向规模化运营和专业化分工发展，企业通过扩大规模和提高专业化水平，提升资源的优化配置和运作效率。同时，加强产业链的协同合作，形成物流产业集群，推动物流产业的健康发展。

三、明确建设物流强国的具体内涵和实践路径

物流强国是指在全球范围内具有强大的物流实力和竞争能力的国家。

（一）从具体内涵上看

物流强国需要建设世界一流的物流基础设施，提升物流效率和能力，为强国建设提供载体支撑。需要建立高效、便捷的物流服务体系，提高全球竞争能力，为强国建设提供能力支撑。需要积极推动数字化转型，提升产业链价值，为强国建设提供产业支撑。需要积极参与国际合作，高标准对接国际经贸规则，积极融入国际分工，为强国建设提供规则支撑。需要培养具备国际视野和创新能力的物流队伍，为强国建设提供人才支撑。

（二）从发展实践路径上看

做到五个坚持：坚持人才战略、坚持创新驱动、坚持绿色发展、坚持转型升级、坚持产业融合。

做到六个围绕：围绕国家重大战略，部署物流基础设施；围绕切实保障民生，建立新型物流系统；围绕提升产业链价值，重塑供应链体系；围绕规模化发展，打造物流产业集群；围绕资源配置，培育世界一流物流企业；围绕提质降本增效，培育物流发展新动能。

我们有理由相信，扎实推进物流高质量发展，一定可以为构建美好的社会贡献更大力量！

物流是国家核心竞争力的重要组成部分

物流业是支撑国民经济发展的基础性、战略性、先导性产业。物流高质量发展是经济高质量发展的重要组成部分，也是推动经济高质量发展不可或缺的重要力量。一个国家的物流能力强弱直接影响到该国在全球化竞争中的地位和竞争优势。

一、怎样理解物流是国家核心竞争力的重要组成部分

要全面理解物流是国家核心竞争力的重要组成部分，需要从以下几个方面进行分析：

（一）物流在产业链中的作用

物流是产业链中的重要环节，对整个产业链的效率和运作效果具有重要影响。高效的物流体系可以提高产业链的协同配合能力，降低成本，实现资源优化配置，从而增强国家产业的竞争力。

（二）物流在创新链中的作用

物流在创新链中发挥着关键的作用。创新链包括创新的各个环节，

如研发、设计、生产、销售等。物流作为促进信息流、物流和资金流畅通的纽带，将创新成果快速转化为市场实践，推动科技创新与产业发展，提升国家的创新能力和核心竞争力。

（三）物流在资金链中的作用

物流在资金链中具有重要的作用。物流活动需要投入大量的资金，如采购、运输、仓储、配送等环节都需要资金支持。一个高效的物流系统可以降低物流成本，提高资金周转效率，减少资金占用，为企业和国家释放更多的资金，支持实体经济高质量发展。

（四）物流在人才链中的作用

物流发展需要具备高素质的人才支撑。物流人才涉及多个领域，如运筹规划、供应链管理、信息技术等。拥有专业性强、熟悉国际物流规则和操作流程的人才，可以提升物流系统的运行效率和品质，提高物流服务水平，增强国家在全球供应链中的话语权和竞争力。

物流作为国家核心竞争力的重要组成部分，在实现产品的高效流动、创新能力的快速转化、资金的优化配置及人才的培养和引进等方面推动国家经济的发展和提升国家的整体竞争力。

二、如何提升物流的国家核心竞争力

提升物流的国家核心竞争力应采取以下措施：

（一）底盘稳——建设完善高效便捷的基础设施

国家应加强与交通基础设施配套衔接的物流基础设施建设。布局和完善一批具有多式联运功能、支撑保障区域和产业经济发展的综合物流枢纽，提升物流网络的覆盖率和连通性，构建完善的双循环物流网络体系。

（二）动力足——强化技术创新与应用

技术创新是提升物流核心竞争力的关键因素之一。国家应加大对物流技术研发的投入，努力在基础研究与应用、关键核心技术、前沿性技术方面取得新突破。坚持上下游产业链协同发展，全面推动物流业数字化转型升级。立足物流多学科交叉特点，积极推动大数据、人工智能等前沿技术深度融合应用。鼓励智慧物流技术与模式创新，促进创新成果转化，拓展智慧物流商业化应用场景，促进自动化、无人化、智慧化物流技术装备及自动感知、自动控制、智慧决策等智慧管理技术应用。加快高端标准仓库、智慧立体仓储设施建设，研发推广面向中小微企业的低成本、模块化、易使用、易维护智慧装备。通过技术创新和模式创新，培育一批具有国际竞争力的现代物流企业，提升一体化供应链综合服务能力。

（三）基础牢——加强物流标准和质量控制

制定和推广物流标准，加强物流质量控制和服务评估。强化物流领域国家标准和国际标准的规范指导作用，促进国内国际物流标准接轨，推动基础通用和产业共用物流技术标准优化升级，建立物流标准实施评价体系，培育物流领域标准领跑者，发挥示范带动作用。坚持质量第一价值导向，持续提高产品、服务的质量和品牌影响力，推动我国产业链价值链向中高端延伸，更深更广融入全球供给体系。

（四）支撑强——强化人才培养和引进

物流人才是物流业的核心资源。培养具有创新精神和实践能力的物流人才，是提升物流竞争力的关键。进一步变革物流人才培养模式，构建国际化物流人才教育平台，拓展物流人才的国际化市场。加强物流人才培养体系建设，提高物流从业人员的专业素质和综合能力。

（五）合作深——深化国际合作与交流

以"一带一路"倡议促进更高水平对外开放，持续深化"一带一路"合作伙伴的合作交流，探索推进多式联运标准规则之间的有机衔接，加快整合安全高效的国际贸易物流信息平台，建立健全物流网络节点有序对接的法律法规体系，全力建成具有世界聚合力的开放枢纽。加强与国际物流组织和行业协会的合作与交流，参与全球供应链建设，拓展物流业的国际市场和合作伙伴。

（六）信息通——加强物流数据开放共享

推进公路、铁路、航空、水运等领域相关单位的物流数据开放共享，为企业和组织开展物流活动提供便利。深入开展物流大数据应用示范，为提升物流资源配置效率提供基础支撑。推广应用电子运单、电子仓单、电子面单等电子化单证，推动实现各物流载体之间信息联通兼容。

（七）底色亮——发展绿色物流

环境保护已经成为全球关注的焦点之一，国家需加强对物流行业的环境监管，鼓励企业使用清洁能源和低碳交通工具，推广节能减排的物流模式。同时，加强废物回收利用，优化包装设计，减少对环境的污染。

三、提升物流的国家核心竞争力需要突破的重大问题

（一）设施联通

提升物流基础设施的联通水平至关重要。需要解决交通网络有而未联的瓶颈问题，强力推进陆、海、天、网"四位一体"互联互通，为全球互联互通、共同发展注入新活力。

（二）信息互通

信息互通融合是企业发展的重中之重。需要解决资源共享难、互联互通难、业务协同难等瓶颈问题，不断提升行业数据的信息服务能力。

（三）环境创新

营造良好的创新创业环境，需要解决资金支持、知识产权保护、市场准入等问题，激发物流业的创新活力。

（四）合作务实

积极参与国际物流合作与分工，提升国家在全球供应链中的地位和竞争力。坚持平等性、开放性、包容性，不设合作门槛，不设附加条件，最大程度凝聚共识。坚持共同发展、合作共赢的原则。

（五）规则统一

强化市场基础制度规则统一，推进市场设施高标准连通，打造统一的要素和资源市场，推进商品和服务市场高水平统一，推进市场监管公平统一。制定实施有利于物流业发展的法律法规，解决物流业发展过程中的制度性障碍和短板，为物流业提供良好的发展环境。

突破以上重大问题是提升物流的国家核心竞争力的关键，需要社会各界的共同努力，加强合作与协同，以创新思维和务实举措推动物流业的全面发展。

物流业成为"类海外"环境建设的重要推动力量

"类海外"环境是在非本国国土上，具有与本国类似或相近的地理、文化、社会、经济等特征的特定区域。指为吸引和留住国际人才，特别是在海外有生活和工作经验的人才，而创造的一种类似于海外的环境和条件。这种环境通常包括文化氛围、法律法规、教育医疗资源、生活方式等方面，旨在让国际人才在国内也能享受与在国外相似的生活和工作体验。

一、"类海外"环境的主要内涵

"类海外"环境是一个综合性的概念，它不仅包括自然环境的近似，更包括文化、生活、社会、经济等多方面的相似性。这种环境对于吸引海外高层次人才，具有重要的意义。

（一）自然环境相似性

"类海外"环境可能拥有与本国相似的自然地理特征。"类海外"环境更加注重次生环境的营造和改善，如大气、水、土壤等污染治理情况等。

（二）文化传承相近性

在文化方面，"类海外"环境可能拥有与本国相似的历史景观、文化传统、风俗习惯等，使人们在这些地方能够感受到家的温暖和亲切。

（三）社会结构相似性

在社会结构方面，"类海外"环境可能拥有与本国相似的制度体系、教育体系、医疗体系等，为海外人才提供相对熟悉的生活环境。

（四）经济水平相仿性

在经济方面，"类海外"环境可能拥有与本国相近的经济发展水平、产业结构等，为人们提供了相似的经济环境和商业机会。

二、物流业在"类海外"环境建设中的重要经济价值

在"类海外"环境建设中，物流业扮演着至关重要的角色，具有不可估量的价值。

（一）促进国际贸易与产业合作

物流业是连接国内外市场的重要桥梁，它通过高效的运输和配送系统，促进国际贸易的顺利开展。在"类海外"环境中，物流业为高层次人才有效对接国际市场产业需求，提供国内外货物便利化服务。因此，物流业在加强海外与"类海外"产业发展上有着得天独厚的优势。

（二）保障供应链安全与稳定

在"类海外"环境下，供应链的稳定性和安全性对于企业的运营至关重要。物流业通过其专业服务，确保了供应链的连续性和可靠性。同时，物流业通过先进的信息技术和风险管理手段，有效应对各种潜在的风险和挑战，为"类海外"产业链供应链安全稳定起到保驾护航的作用。

（三）推动产业升级与转型

随着全球经济的不断发展，产业升级和转型已成为必然趋势。物流业作为连接产业链上下游的重要环节，能够为产业升级和转型提供有力的支持。通过在"类海外"环境项目中引入先进的物流技术和设备，优化物流流程和管理模式，提高物流效率和服务质量，推动"类海外"相关产业的升级和转型。

（四）促进就业与经济增长

在"类海外"环境中，物流业的发展创造了大量的就业机会，物流业同时需要更多的高层次外籍人才和技术支持，进一步推动相关教育和培训的发展。同时，物流业的繁荣也带动了"类海外"中相关产业的发展，为经济增长注入了新的动能。

三、物流业在构建"类海外"环境应采取的措施

加强软硬件建设，积极参与"类海外"配套资源和环境建设，推动"类海外"环境建设高质量发展。

（一）宜业"类海外"环境

物流业既是劳动密集型产业，更是资金、技术密集型产业，可以分为多个细分产业和领域。鼓励在国家重点物流枢纽、国际陆港等产城融合项目中，合理布点建设更多涉外服务港，为创新创业的国际人才工作提供便利条件。随着"一带一路"倡议的深度实施和国际物流通道的开通，物流领域"类海外"宜业环境逐步形成。

（二）宜居"类海外"环境

依托物流产业园区和物流集聚区，重点利用园区周边高新产业集

聚、专业技术人才汇集的特点，高标准打造适宜创新创业海外人才生活的国际人才社区。布局完善物流配送、特色餐饮、智能快递箱（站）、国际邮件等公共配套设施，助力优化外籍人才居住环境。

（三）宜学"类海外"环境

发挥物流业在供应链体系建设方面的经验和能力，积极参与构建全方位、多层次、宽领域的国际教育合作交流体系，在引进国际优质物流教育资源、开展中外合作办学，在搭建国际合作与交流平台、提供国际人才创新创业等方面发挥重要作用。

（四）宜医"类海外"环境

按照"国际化、高端化、特色化"定位，完善医院国际化物流配套服务。优化智慧型院内物流系统，提高就诊效率，提升医疗品质。利用国际物流通道，为"类海外"医院及时准确高效配送医疗设备和设施，打造国际医疗物流服务新模式。

（五）宜乐"类海外"环境

在高端优质文娱业态集聚区，布局建设前置仓，提供海外化、个性化、品质化物流服务。在高端物流集聚区，打造物流旅游精品线路和场景，为海外人才提供拓展国际物流文化交流功能区，形成跟着物流去旅游的新模式。从物流角度探索海外人才夜间消费新场景，打造多元、立体的夜间经济模式。

物流在"类海外"环境建设中发挥着不可或缺的作用，为海外人才提供国际化、高品质的生活和工作环境，促进"类海外"环境品质的提升，推动地方经济的国际化发展。

物流业高质量发展不充分问题破解之道

物流业高质量发展不充分是指物流行业在效率、质量、成本、品控和信息透明度等方面存在失衡，导致其无法达到价值创造能力最佳潜力的一种状态。

一、物流业高质量发展不充分的主要表现

物流业作为现代经济的重要支撑和公共服务领域，在高质量发展方面存在一些问题。

（一）物流效率低下

不少地区物流网络建设滞后，物流基础设施不完善，供应链出现瓶颈现象，导致物流效率低下。

（二）服务质量不稳

物流企业之间服务质量参差不齐，部分企业缺乏管理和技术支持，导致服务质量不稳定。客户面临延迟交货、货物损坏或丢失等问题，影响了物流服务的可靠性和可信度。

（三）物流成本居高

物流成本是企业经营的重要组成部分，包括运输成本、仓储成本、人力成本等。由于物流环节中各种成本全部挤压到物流企业身上，所以并没有解决全产业链降本增效的问题。

（四）技术创新偏弱

物流业对于创新和技术应用相对滞后，缺乏高效的信息管理系统、物联网技术、大数据分析等前沿技术的应用，严重制约物流业价值释放能力，不能满足客户多样化需求。

（五）绿色发展不足

在环保方面，物流业仍存在一些问题。例如，能源消耗高、排放量大、资源浪费严重等。物流业缺乏绿色物流和可持续发展的实践，没有建立起环境友好型的物流体系。

（六）信息透明度不高

信息共享不畅，企业与企业之间、企业与客户之间缺乏及时准确的信息共享平台，导致信息不对称和不透明，影响物流链的高效运作。

二、物流业高质量发展不充分的主要原因

物流业是现代经济活动中不可或缺的一环，尽管物流业在过去几十年中取得了巨大进步，但导致其高质量发展不充分的瓶颈问题没有完全解决。

（一）基础设施建设滞后

高效的物流服务需要健全的交通运输网络、现代化的仓储设施和先进的信息技术系统等基础设施支持。一些地区基础设施建设滞后且不完善，制约了物流业充分发展和提升。

（二）市场包容度限制

一些地区对物流业实施过度管制和限制，市场包容度低，阻碍了市场竞争和创新能力的发挥，使得物流业充分发展受到限制。

（三）复合型人才短缺

高质量的物流服务需要专业化、技术化和复合型的人才支持。目前物流行业的人才培养不足，人才队伍整体素质相对较低，特别是在新技术应用和管理方面的能力相对欠缺，制约了物流业的充分发展。

（四）可持续发展约束力增强

物流活动涉及能源消耗、空气污染、噪音等环境问题，对可持续发展产生了一定的负面影响。在全球环境保护意识不断增强的背景下，物流业需要更加关注环境友好和低碳减排的发展方式，以提高其社会形象和可持续性。

（五）标准化与规范化滞后

物流行业的标准化和规范化程度不高，导致服务质量参差不齐，难以实现高质量发展。

三、解决物流业高质量发展不充分的建议

（一）加强基础设施建设

加大物流基础设施的投资力度，包括交通运输网络、仓储设施和信息技术系统等，以提高物流效率和服务质量。

（二）推动信息共享和透明度

建立信息平台和标准，促进物流信息的共享和有效传递，提高供需双方的信息对称性，降低交易成本，增强物流市场的透明度。

（三）加强人才培养和引进

加大物流领域人才培养的投入，完善教育体系，培养复合型、技术型和专业化的物流人才。鼓励引进国际化的物流专业人士，促进人才的交流和合作。

（四）关注环境保护和可持续发展

推动物流业向绿色、低碳方向发展，采用环保技术和设备，减少能源消耗和排放，提高资源利用效率。加强环境监测和管理，倡导可持续的物流发展理念。

（五）加强合作与创新

促进物流企业之间的合作，形成集约化、规模化的物流服务网络，提高整体竞争能力。鼓励物流企业与新兴科技企业合作，推动物流与科技的融合创新，提升物流服务质量和效率。

（六）加大政府支持力度

政府加大对物流业精准宽松政策的支持，搭建良好的发展平台，不断提升政府监管包容程度，引导更多的社会资本参与物流业发展。放宽物流业准入限制，推动物流服务的开放和竞争，打破行业壁垒，提升市场活力。简化物流相关手续和流程，提高审批效率。

物流业强力支撑中部地区崛起

中部地区包括山西、安徽、江西、河南、湖北、湖南六省。中部地区承东启西、沟通南北，覆盖全国十分之一的土地，贡献全国五分之一的经济总量。

一、物流业在推动中部地区崛起发挥着重要作用

（一）促进区域经济发展

物流业是中部地区经济发展的重要支撑，通过提供高效、便捷的供应链一体化服务，促进区域内外的贸易往来和商品流通。

（二）推动产业结构升级

物流业是支撑国民经济和社会发展的基础性、战略性、先导性产业，与制造业、农业等其他产业密切相关。通过物流业的转型升级，可以有效促进产业融合和联动，推动中部地区产业结构优化升级。

（三）提高资源配置效率

物流业通过建立高效的物流网络和流通体系，提供高效的物流服务

和增值服务，能够加强生产要素的流通和优化配置，降低企业成本，提高市场竞争力。

（四）促进就业和创业

物流业是一个劳动密集型产业，需要大量的从业人员。通过创造更多的就业机会，促进就业率增长，同时也有利于吸引更多的人才来到中部地区创业。

（五）推动区域一体化发展

物流业是区域经济一体化的重要纽带。通过加强区域内的物流合作和信息共享，可以促进中部地区各城市之间的经济联系和协作，推动区域一体化发展。通过物流的支持，不同地区的商品迅速流通和销售，促进区域间的经济互联互通，实现优势互补，推动区域经济协调发展。

物流业在更高起点上扎实推动中部地区崛起的重要作用不容忽视。为了更好地发挥物流业在中部地区崛起中的作用，需要加强政策引导和支持，推动物流业转型升级，加强区域内的物流合作和信息共享，提高物流业的整体素质和水平。

二、以物流业为纽带，推动中部地区崛起和与其他重大发展战略的有效衔接

以物流业为纽带，加强与京津冀、长三角、粤港澳大湾区等区域的深度对接，以及与长江经济带发展、黄河流域生态保护和高质量发展的融合联动，对于推动中部地区的崛起具有重要意义。

（一）加强与京津冀、长三角、粤港澳大湾区的深度对接

中部地区通过积极参与国家区域合作战略，与京津冀、长三角、粤

港澳大湾区建立紧密合作关系，包括建立物流联盟、共享物流资源、合作开展跨区域物流体系建设等，以实现物流信息的互联互通、流程的优化和效率的提升。

（二）推动与长江经济带发展的融合联动

中部地区加强与长江经济带发展战略的衔接，发挥物流在连接黄金水道上的重要作用。通过优化港口、航运、物流等设施的布局，提高物流效率，促进经济要素的跨区域流动和优化配置。

（三）促进与黄河流域生态保护和高质量发展的融合联动

中部地区应紧密结合黄河流域生态保护和高质量发展战略，推动物流业向绿色、低碳方向发展。推动绿色物流技术的应用，减少物流活动对环境的不良影响，同时加强物流在资源调运、能源利用等方面的优化和协同。

三、新时代推动中部地区崛起的物流对策

（一）制定支持政策

政府制定一系列激励政策，鼓励物流企业在中部地区投资兴业，支持物流业与其他战略的有效衔接。提供税收优惠政策、土地使用优惠政策、融资支持等，吸引更多的物流企业进入中部地区，推动中部地区快速崛起。

（二）加强基础设施建设

政府应加大对中部地区物流基础设施建设的投入力度，包括加强港口、航空、铁路、公路等交通基础设施的建设和改造，提升物流能力和效率。在物流网络的布局上充分考虑与其他战略地区的衔接需求。

宏观物流篇

（三）推动信息化建设

加强中部地区物流业信息化建设，建立统一的物流信息平台，实现物流信息共享、多方联动和高效协同。提供智能化物流管理系统，提升物流效能和服务质量。

（四）建立多元合作机制

地方政府、企业、高校等建立多元化的合作机制，共同推动中部地区物流业的发展，促进物流企业与其他领域的联动合作，实现资源共享和优势互补。

（五）加强人才培养和科技创新

政府加大对物流人才培养和科技创新的支持力度，通过设立物流专业学院、推动物流相关科研项目等，培养更多的物流人才和推动物流科技创新，为中部地区崛起提供物流人才和技术支持。

（六）优化发展环境

政府加强对物流企业的服务和支持，提供审批流程、物流重大设施建设和管理、市场准入等方面的便利化措施，降低物流成本，提高服务水平，加强中部地区物流环境的优化和改善。

推动中部地区崛起的物流对策应该着眼于打好"组合拳"，推动中部地区质量变革、效率变革、动力变革，实现综合实力、内生动力和竞争力的进一步增强。

物流业先立后破，增强经济发展韧性

物流业先立后破一是要先构建新机制、新体制，破除原有的机制、体制；二是培育新动能、新产能，淘汰落后产能和供应链体系；三是推动传统物流产业升级，实现物流业的持续创新和发展。先立后破需要建立一个稳定、健康的物流服务体系，为经济增长提供重要支撑。在先立后破的过程中，关键是把握好先立和后破的节奏和平衡，不能只重视建立新体系而忽视打破旧体系，也不能急于求成、草率行事。无论是"先立"还是"后破"，都应注重人的因素，充分调动参与者的积极性、主动性和创造性，确保改革的顺利进行和成功实施。

一、物流业先立后破需要坚持的原则

（一）系统思维原则

物流业是由多个环节和参与方组成的系统，需考虑整个物流体系的协同运作，注重优化整体效益。各环节之间要有高效的衔接和协调，以实现资源配置的最大化利用。

（二）目标导向原则

物流服务体系的先立后破需明确目标和导向，通过设定明确的指标，以评估物流服务经济发展的效果，并为推动相关产业创新提供指引。

（三）创新驱动原则

物流业先立后破创新发展需要不断进行技术创新和模式创新，鼓励物流企业应用新技术、新模式，以提升物流效率和服务质量。

（四）持续发展原则

物流业的发展应注重环境保护和社会责任，推动绿色物流，促进循环经济，努力实现可持续发展目标，增强经济发展的韧性。

（五）参与共享原则

各利益相关方应积极参与物流先立后破改革的全过程，建立多方合作协同机制。

二、物流业先立后破需要构建的新体制

（一）建立物流业发展要素跨区域流动新体制

建立一种全新的物流业发展要素跨区域流动体制，为物流业的发展注入新的活力。一是土地资源的优化配置新体制。随着城市化进程的加速，土地资源变得日益稀缺，如何有效地利用土地资源成了物流业发展面临的一大挑战。要建立土地资源共享机制，通过区域合作、政府引导、企业参与等方式，将物流业发展所需的土地资源进行统筹规划，合理布局，以实现土地资源的最大化利用。二是数据资源的共享与利用新体制。随着物联网、大数据、人工智能等技术的广泛应用，数据已经成为物流业的核心资产。通过建立数据共享平台、制定数据使用规范、加

强数据安全保护等方式，促进数据资源的共享和利用，为物流业先立后破提供技术支撑。三是人才培养与引进新体制。人才是物流业发展的关键要素之一。随着物流业的不断深化升级和转型，对人才的需求也在不断变化。物流业需要建立一种适合经济发展的全新人才培养和引进的新体制，培养具有创新能力和实践经验的物流人才，为物流业的先立后破注入新的活力。四是跨区域合作的新体制。物流业需要建立一种跨区域合作的新体制，以促进区域合作和协同发展。通过构建区域物流枢纽、推动基础设施的互联互通、加强区域间的合作与协调等方式，打破地域限制，实现资源共享和优势互补。

（二）建立物流业带动区域经济协调发展新体制

物流业作为经济发展的重要支柱，在区域经济发展中扮演着至关重要的角色，正逐渐成为带动区域经济协调发展的新动力。为了应对新的挑战和机遇，需要构建一个适应新形势下的物流业带动区域经济协调发展的新体制。一是构建高效协调的物流体制。物流业是区域协调发展的关键环节，构建高效协调的物流体制是带动区域协调发展的基础。要优化物流基础设施，提高物流设施的信息化和智能化水平。要推进物流企业间的合作，实现资源共享、信息互通，提高物流效率。要推动物流与制造业、农业等产业的深度融合，实现物流业的转型升级。二是构建技术融合的创新体制。技术创新是推动物流业发展的关键，要加大对物联网、大数据、人工智能等先进技术的研发和应用力度，提高物流的智能化和信息化水平。要推动区域间物流企业的技术合作，实现技术共享和升级，提高企业的核心竞争力。要加强区域间的产业合作，实现可持续发展。要加强区域间的生态环保合作，实现绿色发展。三是构建适用稳妥的制度体制。积极参与国际物流规则的制定，推动全球物流网络的构建。高标准对接国际经贸规则，推进物流产业制度型开放。建立健全国内物流法规和标准体系，规范市场秩序，为物流业先立后破提供制度保障。

（三）建立物流业高水平安全发展新体制

建立一套新的物流业高水平安全发展体制，需要深入研究物流安全的规律，更加重视供应链、产业链安全稳定和自主可控，引入先进的技术和理念，实施严格的质量控制，制定完善的规章制度，以及培训专业的人才等。只有这样，我们才能建立一个满足现代经济社会发展的物流业高水平安全发展体制。一是健全法律法规体系。加强以供应链体系为主的相关法律法规建设，制定并完善供应链安全标准和规范。建立健全供应链监管机制，加强供应链、产业链协同安全机制。推动供应链的技术创新和发展，提高供应链的安全性和效率。二是建立信息共享和协同机制。建立供应链、产业链信息共享平台，促进信息的透明和共享，提高产业链的自主可控能力。三是强化素质提升机制。加强物流从业人员的培训和教育，提高其安全意识和应急处置能力。建立健全物流从业人员的职业资格认证制度，提高整体从业人员的安全意识和素质。

三、物流业先立后破需要构建的新机制

（一）建立全国统一大市场物流设施高效联通新机制

为全国统一大市场提供更有力支持，不仅需要基础设施的完善，更需要一系列新机制的建立。一是物流基础设施硬联通。持续优化互联互通布局，聚焦关键通道、关键节点、关键项目，持续增强国内交通枢纽运转及辐射带动能力，推动区域枢纽协同发展。二是物流基础设施软联通。建立共享平台，把物流枢纽、物流节点、物流基地等载体的物流信

息实时共享，解决物流基础设施适配性问题。三是提升物流网络效能。协调推动运输工具、装载单元、换装转运设备、作业流程、安全规则、服务规范、信息数据等标准对接，提高物流网络的效率。

（二）建立物流业与产业融合发展的新机制

实现产业深度融合，需要构建一种新的机制，以确保各方的合作与协同，共同推动产业的创新和发展。这种融合并不是简单的物理连接，而是需要各方的信任、协同和规则制定。一是构建协同平台。建立物流与产业协同平台，通过数据共享、信息交换和实时沟通，实现物流与产业的深度融合。这个平台应该包括物流企业、生产商、分销商、消费者等各方参与者，形成一个多元化的利益共同体。二是推进标准化建设。为提高物流与产业融合的效率，需要建立相关的标准，包括物流技术标准、服务质量标准、信息共享标准等，以保障各方的利益和权益。三是强化政策引导。政府应出台相关政策，如税收优惠、财政补贴等，鼓励物流业与其他产业的深度融合。同时，政府还应加强对物流业的监管，确保其合规经营。四是加快人才培养。为适应物流业与产业融合的发展需求，需要培养一批既懂物流又懂产业的专业人才。高校、企业和社会组织应共同参与，提高人才的综合素质和技能水平。

（三）建立物流业防范化解风险的新机制

随着物流业的快速发展，风险也随之而来。为了应对这些风险，建立防范化解风险的新机制显得尤为重要。一是加强风险管理意识。物流企业应加强对员工的培训，提高员工的防范风险意识，建立风险管理制度，确保风险管理工作得到有效落实。二是建立风险评估体系。风险评估体系包括全供应链环节的风险评估，以及对物流企业的整体风险评估。通过风险评估，企业了解自身存在的风险点，并采取相应的措施进行防范和化解。同时，企业应定期对风险评估体系进行更新和优化，确保体系适应不断变化的市场环境。三是加强信息安全管理。信息安全是物流企业面临的重要风险之一，企业应建立完善信息安全管理制度，规范信息处理流程，防止信息泄露和滥用。企业应积极采用先进的信息技术手段，提高信息安全防护能力。四是建立应急预案体系。为了应对突发事件和不可抗力事件带来的风险，物流企业应建立应急预案体系。该体系应包括对各种突发事件和不可抗力事件的应对措施和预案，以及相应的应急救援队伍和资源。通过应急预案体系的建立，降低突发事件和不可抗力事件对企业的影响和损失。

四、先立后破需要培育物流新动能

通过培育新动能和新产业，推动物流业向着智能化、绿色化、高效化和可持续发展方向转型，提升我国物流业的核心竞争力，为经济增长注入新动力。

（一）物流产业数字化

是指通过应用信息技术，实现物流全过程的数字化、网络化、智能化，以提高物流效率、降低成本、优化供应链管理。面对物流产业痛点，传统的提升规模、扩大网点布局等做法已经难以满足市场的需求，数字化转型成为解决物流行业发展道路阻碍的新动能。

（二）物流产业智慧化

智慧物流是以信息化为依托并广泛应用物联网、5G、大数据、人工智能等技术，在物流价值链的基本环节中，实现系统感知、数据采集及传输的现代综合智能型物流系统。物流方式变革是提高企业能级的重要方式，物流产业智慧化转型成为推动物流行业高质量发展的重要动能。

（三）物流产业绿色化

绿色物流已成为国家提升国际竞争力的重要动能。绿色物流聚焦低碳主题，目标是形成物流运输方式、物流运输结构、物流组织模式、物流网络、物流系统等综合性现代绿色物流体系。

（四）物流产业集群化

物流产业集群化发展是指通过区域内的物流企业和相关产业之间的紧密合作与协同，形成一个相互依存、互补发展的集群。集群化发展有助于提高物流效率、降低成本、促进创新和提升竞争力，是经济高质量发展的新动能。通过空间布局优化、产业链延伸和协同发展等措施，物流产业集群化发展最大程度地发挥区域内物流企业和相关产业的优势，促进区域经济的发展和产业转型升级。

五、先立后破需要培育壮大物流新产业

物流行业的新产业是指在当前经济和技术环境下，随着市场需求和技术创新的变化，涌现出的与传统物流业务不同或具有创新性的产业。

（一）新质生产力物流服务业

新质生产力物流服务业是指借助信息技术和物流网络优化，提供高效、智能、个性化的物流服务的产业。随着科技的发展和数字化转型的推进，新质生产力物流服务业不断涌现出一系列以物流为核心的新技术和新模式，围绕新兴产业和未来产业的新物流，为传统物流行业注入了新的活力。新质生产力物流服务业的发展对于促进经济增长和提升产业竞争力具有重要意义。

（二）新基建物流服务业

新基建物流服务业是指国家在推进新型基础设施建设的过程中，重点发展和支持的物流服务领域。在新基建物流服务业发展过程中，围绕七大关键领域作为物流服务的重点，政府需要出台相关政策支持，引入资本和技术力量，激发企业的创新活力，推动物流服务业与新基建各产业的深度融合。

（三）乡村振兴物流服务业

乡村振兴物流服务业是指以满足农村地区农产品、农村生活物资等需求为主要目标的物流服务产业，在乡村振兴战略中发挥着重要的作用，旨在推动农村经济的发展和农产品的流通。乡村振兴物流服务业主要包括农产品供应链建设、农资供应保障、农村电商物流支持、乡村生活物资配送、农村物流信息化建设等，它可以加强农产品流通、增加农民收入、改善农村居民生活条件、推动农村地区的产业升级和就业增长。此外，乡村振兴物流服务业也有助于促进城乡融合发展，缩小城乡发展差距。

（四）新型城镇化建设物流服务业

新型城镇化建设物流服务业指的是在城镇化建设过程中，为了满足城市发展所需的商品和服务的物流活动。随着城镇化进程的推进、城市的发展和人口的增加，物流服务业的需求不断增长。在新型城镇化建设中，物流服务业将承担重要的角色。

六、物流业先立后破需要破除的几个错误认识

在发展物流新动能、新产业的同时，逐步淘汰落后低效的物流网络、

传统的仓储设施、信息闭塞和不透明的供应链体系、低水平的物流服务提供商与高能耗和高排放的物流装备等。同时，在淘汰落后产能过程中，确保产业链供应链稳定安全，着力打造自主可控、安全可靠的产业链供应链体系，为构建新发展格局、推动高质量发展提供有力保障。

（一）物流业不是实体经济

实体经济是指直接从事生产和提供产品或服务的实体部门。物流业作为生产性服务业属于实体经济的一部分，承担着产品流通、仓储、配送等工作，为实体经济的顺利运行提供了必要的支持。

物流业作为生产性服务业与实体经济密切相关。它不仅为实体经济提供了物流基础服务，还通过提供供应链管理、物流技术和信息化解决方案等，帮助企业降低成本、提高效率、增强市场竞争力。

物流业的发展水平和效率对实体经济具有重要影响。优化物流业的发展，可以减少商品流通中的时间成本、空间成本和资金成本，提高整体生产效率，促进实体经济的增长和发展。

物流业的发展对于保障生产要素的流动和产品的供需平衡尤为重要。加强对物流业的支持和推动，不仅有利于实体经济的发展，也有助于提升整体经济的竞争力和稳定性。

（二）降低物流成本就是降低物流企业的成本

供应链中的每一个环节都与物流密切相关，因此，改善供应链的效率和降低成本可以带来整体的成本优势。进一步优化物流网络，提高物流运作的精确性和效率，减少不必要的资源浪费。优化仓储管理，减少库存周转时间。推动物流业务流程再造，强化物流企业之间的合作，实现物流企业之间的资源共享，在规模经济上获得成本优势。

降低物流成本需要供应链各个环节的协同努力，通过持续改革和创新，不断寻求提高效率和降低成本的方法，实现供应链整体成本的降低，从而降低全社会的物流成本。

（三）物流高水平安全是传统意义上的安全生产

物流高水平安全主要侧重于供应链和产业链的安全稳定和自主可控，为经济社会的持续发展提供坚实的支撑。坚持底线思维，不断夯实物流经济发展的根基、增强发展的安全性稳定性，才能更好实现高质量发展和高水平安全的良性互动。建立完善的供应链风险管理体系，包括风险评估、监控和预警机制，及时识别和应对供应链中可能出现的风险。加强物流信息安全系统的建设，保障物流数据的机密性、完整性和可用性。采取合适的防护措施，防止信息泄露、篡改和丢失，确保物流运作的安全和可信度。加强物流企业与供应链中各个参与方的合规意识，确保各方都按照相关法规履行自己的职责和义务。鼓励建立健全的责任追究机制，对违规行为进行惩处和追责。

物流以创新策略落实"双碳"承诺

"双碳"目标是指中国将在2030年前实现"碳达峰",二氧化碳排放量达到峰值后不再增长;2060年前实现"碳中和","排放的二氧化碳"与植树造林等形式"抵消的二氧化碳"相等。

一、物流业落实"双碳"目标创新策略的着力点和发力点

(一)技术应用创新

随着科技的发展,特别是物联网、大数据、区块链、人工智能等技术的应用,物流业效率和效益得到极大提升。下一步着力点是在应用场景的广度和深度上做文章,切实从传统的运输、仓储和配送,逐渐扩展到更多领域和更广范围,实现物流全领域、全流程、全覆盖的节能减排。

(二)链式协同创新

供应链整合与协同创新已成为企业取得竞争优势的关键因素。供应链的整合不仅仅是物理供应链的整合,还包括信息、物流、库存、生

产、采购等各个环节的整合，从而实现供应链整体效益的最大化。供应链的整合需要企业具备强大的战略规划能力、跨部门协作能力及良好的沟通能力。在实践中，要打破部门间的壁垒，建立有效的信息共享平台，确保各部门之间的信息畅通，从而促进供应链的协同创新，实现全供应链、全产业链节碳目标。

（三）发展模式创新

物流发展模式创新需要从数字化转型、智能化升级、绿色化发展等方面入手。物流发展模式的创新不仅可以提高物流效率，降低成本，还可以减少对环境的影响，减少碳排放和资源消耗，实现可持续发展。

（四）服务能力创新

物流服务能力创新是促进"双碳"目标完成的重要推动力。物流服务能力通过提高运输效率、绿色包装、智慧仓储、绿色能源应用和绿色供应链等方面的创新，为双碳目标的实现贡献力量。

（五）管理思维创新

物流管理思维创新在促进"双碳"目标实现中具有重要作用。物流管理思维通过普及绿色物流理念、应用数字化技术、实现循环经济及获得政策支持与行业自律等方面的努力，更好地推动物流行业绿色发展，为实现"双碳"目标贡献力量，提升物流业的环境友好度。

二、物流业以创新促进"双碳"目标实现的主要路径

（一）网络优化促"双碳"

通过采用物联网、大数据、人工智能等技术手段，实现对物流全过

程的实时监控和管理，提高能源利用效率，减少能源浪费。通过智能路线规划和调度系统，优化运输路径，减少二氧化碳排放。

（二）设备替代促"双碳"

推广使用电动车辆和其他新能源设备，减少排放，降低能源消耗。同时，大力布局充电设施和加氢站点，提供便捷的能源补给服务，鼓励物流企业转型升级。大力发展太阳能、风能和其他可再生能源，鼓励企业应用分布式可再生能源。

（三）绿色设计促"双碳"

通过优化物流基础设施布局和节能改造，减少能源的使用和废弃物的产生。在包装设计上，采用可循环利用的包装材料，并进行轻量化设计，减少能源消耗和废弃物的排放。

（四）政策法规促"双碳"

研究制定物流领域"双碳"法律法规，以规范碳市场和减排行动。物流企业通过采购绿色能源、推广碳交易市场等方式，积极参与碳中和和碳抵消项目，减少自身的碳排放。此外，通过投资和合作，帮助供应链上的企业实现减排目标，共同推动低碳发展。

（五）产业协同促"双碳"

加强与供应链各环节的合作，推动供应链上下游企业共同参与绿色物流的实践。通过信息共享、协同规划和资源整合，优化供应链的运作效率，降低整个供应链的碳排放。

物流业以创新促进"双碳"目标实现需要物流企业、政府、科研机构等多方合作，形成良好的创新生态系统，共同促进可持续发展。

三、物流业以创新促进"双碳"目标实现对其高质量发展的主要启示

（一）重视节能减排

低碳经济已成为全球经济发展的趋势，物流企业应重视节能减排。通过技术创新和管理创新，提高能源利用效率，减少二氧化碳排放，为物流业的可持续发展做出贡献。

（二）推动绿色转型

发展绿色物流已成为全社会共识，物流企业应积极推动绿色转型，采用清洁能源和环保技术，优化物流基础设施和运输车辆，减少对环境的不良影响。同时，通过绿色供应链管理，与上下游企业共同推进绿色物流，形成良好的生态链条。

（三）加强技术创新

物流业在推进"双碳"目标实现过程中需要依靠科技创新，应加大对技术创新的投入，提高管理和服务的智能化水平，优化物流供应链的运作效率，提升整体竞争力。

（四）提高运营效率

物流企业应注重提高运营效率，通过合理规划路线、优化车辆利用率等措施，降低能源消耗和碳排放。同时，加强仓储和配送管理，实现快速高效的物流服务，满足客户需求，提升市场竞争力。

（五）强化合作共赢

推进"双碳"目标实现需要社会各界的共同努力。物流企业应积极参与政府的政策引导和产业合作，共同推动低碳发展和绿色转型。同时，物流企业还要加强与其他产业的深度融合，形成共赢的合作关系，共同实现可持续发展。

物流业在经济以进促稳中勇当排头兵

物流业在经济以进促稳中扮演着不可或缺的角色，将在未来继续发挥其独特优势，当好排头兵，推动经济高质量发展。"稳"是大局和基础，"进"是方向和动力。

一、物流业在经济以进促稳中的重要作用

（一）促进产业链供应链畅通

物流业是连接生产和消费的桥梁，通过提供高效、便捷的供应链服务，保障产业链的自主可控和安全稳定。物流业的发展对于促进产业链供应链的畅通具有重要的推动作用。

（二）推动实体经济降本增效

物流业通过提供高效、安全、可靠的物流服务，持续推进物流和制造业、商贸业融合发展，为实体经济创造出更广阔的市场空间，扩大经济规模，创造经济价值，实现降低实体经济的物流成本，从而更好地推动高质量发展。

（三）推动消费提质升级

物流业的发展不仅为消费者提供了更便捷、多样化的消费方式，而且创新了消费产业模式。这有利于发挥消费基础性作用、倒逼产业结构转型升级、提升人民生活质量、稳定和扩大就业、实现经济社会协调发展。

（四）提升资源配置能力

物流业在经济以进促稳中通过优化供应链管理、优化运输网络、优化布局节点、优化信息技术支持等方面发挥配置资源的重要作用，促进经济的稳定增长。

（五）促进区域经济发展

物流业的发展促进区域经济的融合和协调发展。随着物流网络的完善，不同地区间的商品和服务流通更加便利，实现了资源和产业的跨区域流动与合作，推动了区域经济的发展。

二、物流业以进促稳中需要破解几个重点问题

（一）物流网络建设不足

物流网络的覆盖范围、运输能力和服务质量仍存在差距。需要加大对物流基础设施建设的投资力度，加强物流网络规划和布局，提高物流网络的完整性和连通性。

（二）产业信息共享不畅

物流信息化水平相对滞后，信息孤岛和信息不对称问题导致物流运作效率低下。需加强物流信息化建设，推动信息技术在物流业的应用，实现物流信息在产业链全链路的共享和实时交互。

（三）效率与可持续矛盾

传统物流模式存在能源消耗大、污染物排放多的问题，与绿色可持续发展目标相冲突。需要加强绿色物流技术研发和推广，推动物流企业采取节能、减排、循环利用等措施，提高物流效率和降低环境负荷。

（四）成本与质量不稳

物流运营成本较高，结构不合理，服务质量不稳定。需要推动全产业链降低物流成本，改善服务质量，提供更加稳定、优质的物流服务。

（五）监管与竞争失序

物流市场存在监管不完善、竞争秩序混乱等问题，部分企业违规操作或涉及价格垄断行为。需要加强对物流市场的监管，规范市场竞争秩序，维护公平竞争环境，保障市场正常运行和企业合法权益。

破解以上重点问题，需要社会各方共同努力，加大投资力度，推动技术创新，加强监管力度，建立健全市场机制，发挥物流业在经济高质量发展中以进促稳的作用。

三、物流业以进促稳需要在以下方面做好促进和稳定

（一）促进网络建设

物流业的基础设施建设是物流业稳定运行的关键。在以进促稳的经济环境下，物流业需要加强基础设施建设，包括提高物流设施的信息化水平、建设现代化的物流园区等，从而提高物流效率和服务质量。

（二）促进科技创新

物流标准化和规范化是物流业稳定发展的基础。物流业需要加强物流标准的实施力度，规范物流操作流程，提高物流服务质量和效率。加

大对物流科技研发的支持力度，推动物流业应用新技术、新模式，促进经济发展。

（三）促进降本增效

物流业推动国家物流枢纽网络建设，大力发展多式联运，推广标准化托盘带板运输模式。大力发展第三方物流，支持数字化第三方物流交付平台建设，推动第三方物流产业科技和商业模式创新，培育一批有全球影响力的数字化平台企业和供应链企业。

（四）稳定市场秩序

"稳"并不是要限制市场竞争，而是以进促稳，立足实际，加强物流监管，保障公平竞争环境，统筹行业发展质量的有效提升和务量的合理增长，稳定经济发展的预期环境。

（五）稳定产业协同

物流业是供应链体系的重要组成部分，它涵盖了从原材料采购到最终产品送达消费者的整个过程。保持供应链的顺畅运转是物流业的关键。推进物流业和制造业深度融合，与制造业形成共生共荣的一体化生态系统，稳定增强畅通国民经济循环的支撑能力。

（六）稳定产业政策

通过各项政策工具切实加大金融部门对物流行业的支持力度，助力国民经济循环畅通、产业链供应链稳定，促进物流与经济社会协调可持续发展。多出有利于稳预期、稳增长、稳就业的政策，充分发挥超大规模市场和强大生产能力的优势，使国内大循环建立在内需主动力的基础上，稳定提升国际循环的质量和水平。

新物流是中国创新的典范

新物流是指在传统物流基础上借助互联网和物联网等新兴技术，重新构建和优化物流业务模式、流程和服务体系的一种发展趋势。它通过数字化、网络化和智能化的手段，提高物流效率，降低成本，同时满足多样化、个性化的客户需求。

一、新物流的主要特征

（一）信息化和数字化

通过互联网等技术，实现物流信息的实时、准确、可追踪的传递和共享，使物流过程更透明、可控性更强，降低信息不对称引起的风险。

（二）网络化和互联互通

构建物流协同网络，实现多方参与、多环节协同配送和集约化运输。通过物流平台和电子商务平台，实现供应商、承运商和客户之间的无缝连接和快速响应。

（三）智能化和自动化

应用物联网、人工智能和大数据分析等技术，实现物流操作的智能化和自动化。例如，利用无人机、自动驾驶车辆和机器人等设备进行货物运输和仓储操作，提高效率和准确性。

（四）高效灵活和个性化

通过数据分析和智能算法，优化物流路线、货物配送和仓储布局等决策。根据不同客户需求提供个性化的物流服务，提高客户满意度和忠诚度。

新物流的发展趋势推动了物流行业的变革和转型，带来了许多创新的业务模式和服务方式。企业需要不断更新技术和加强管理能力，适应新物流发展的需求，提高运营效率和竞争力。

二、怎样理解新物流是中国创新的典范

（一）巨大市场需求

中国拥有世界上最大的人口和快速增长的中产阶级，对物流服务的需求日益增长。新物流通过应用互联网等技术，能够更好地满足多样化、个性化的客户需求，提供更高效、便捷的物流服务。

（二）数字化转型推动

中国政府提出了"互联网+物流"的战略，鼓励传统物流企业进行数字化转型和创新，推动物流行业的升级。这种政策支持和推动为新物流的发展提供了机遇和条件。

（三）技术创新引领

中国在物流科技领域取得了重要的进展，包括物联网、云计算、大

数据、人工智能等方面。这些前沿技术的应用，推动了新物流的发展，带来了许多创新的业务模式和服务方式。

（四）创业激情和创新精神

中国创业者和企业家具有强烈的创业激情和创新精神，愿意投入资源和精力来探索和实践新物流的模式和技术。他们积极探索和应用新技术，不断推动新物流的发展。

（五）地理位置和基础设施优势

作为全球制造业中心和世界第二大经济体，中国拥有广阔的市场和完善的基础设施网络，包括高速公路、铁路、水运、航空等，这为新物流的创新和实施提供了良好的基础。

综上所述，中国新物流之所以被认为是创新的典范，是因为它在满足市场需求、政策支持、技术创新、企业家精神和基础设施优势等方面取得了突出的成就。这种创新为中国物流行业的发展注入了新的活力和动力，也有助于提升整个产业链的竞争力和效率。

三、新物流作为中国创新的典范，对世界物流发展的启示

（一）技术创新驱动

新物流在借助互联网、物联网和人工智能等新兴技术的基础上，实现了物流业务的数字化、网络化和智能化。这表明技术创新是推动物流行业发展的关键因素，其他国家和企业可以借鉴中国的经验，积极应用新技术来提升物流效率和服务质量。

（二）客户需求导向

新物流注重满足多样化、个性化的客户需求，通过数据分析和智能

算法，提供定制化的物流解决方案。这提示其他国家和企业要更加关注客户需求，从客户角度出发，提供更加灵活、便捷的物流服务。

（三）信息共享与合作

新物流强调信息的共享和协同，通过物流平台和电子商务平台，实现多方参与、多环节协同配送。这强调了物流伙伴间的合作和数据共享的重要性，在全球范围内建立更加紧密的合作关系，提高整体物流效率。

（四）环境可持续发展

新物流倡导绿色和可持续的物流运营，通过优化路线、减少运输中的空载率、推广清洁能源等方式，降低对环境的影响。这对于其他国家和企业来说是一个重要的参考，应该注重环保和可持续性，在物流活动中采取更多的环境友好型举措。

（五）创业精神和开放合作

中国新物流的成功离不开创业家和企业家的创新精神和敢于接受新思想的态度。这提醒其他国家和企业要鼓励创新创业，秉持开放合作的态度，借鉴和吸收各地创新实践经验，共同推动全球物流发展。

总之，中国新物流作为创新的典范，为世界物流行业提供了许多有益的启示。其他国家和企业可以通过学习和借鉴中国的经验，推动自身物流行业的发展和升级，实现更高效、可持续发展和创新的物流服务。

四、新物流作为中国创新的典范，对世界物流产生的主要影响

（一）提高物流效率

传统物流可能需要几天或几周的时间来完成一个运输过程，而新物

流通过采用先进的物流技术和智能管理系统,可以将这个时间大幅缩短到几小时或几天,大大提高了物流效率,减少了企业的运营成本。

(二)推动全球供应链优化

新物流能够实现全球范围内的快速、准确的货物运输,使得企业能够更好地管理其供应链,减少了库存成本,提高了供应链的灵活性。这使得全球供应链变得更加高效,也更加环保。

(三)促进绿色物流发展

新物流采用了环保的运输方式,如采用电动车、氢能源车等环保车辆进行运输,减少了碳排放,有利于环境保护。同时,新物流还采用了智能化的包装技术,减少了包装材料的浪费,有利于资源的节约和循环利用。

(四)促进国际贸易发展

新物流的发展为中国与其他国家的经济交流提供了更多的机会,使得中国的商品能够更快、更便捷地进入其他国家。同时,新物流也吸引了更多的外资企业来到中国投资,促进了中国经济的发展。

综上所述,新物流作为中国创新的典范,已经对世界物流产生了深远的影响。它提高了物流效率,推动了全球供应链优化,促进了绿色物流的发展,为中国与其他国家的经济交流提供了更多的机会。这些影响不仅有利于企业的发展,更有利于整个世界的进步。

新型物流化的本质特征和发展路径

新型物流化是指在互联网、大数据、人工智能等技术的支持下，物流行业促进区域间、产业间、供应链之间的协同，实现资源的高效配置，降低成本，提高效率的一种新型经济发展模式。

一、新型物流化的内涵特征

（一）信息化和智能化

新型物流化强调信息技术的广泛应用，如物联网、大数据、人工智能等，以提高物流的透明度和效率。同时，智能化也是新型物流化的重要特征，包括智能调度、智能配送、智能追踪等。

（二）绿色化和可持续化

新型物流化强调绿色化和可持续化，通过采用环保技术和措施，减少物流过程中的环境污染和资源浪费，实现可持续发展。

（三）共享化和协同化

新型物流化强调资源的共享和协同，通过建立共享平台和协同机制，实现资源的优化配置和高效利用。

（四）定制化和柔性化

新型物流化强调根据客户需求提供定制化和柔性化的物流服务，以满足不同客户的需求。

（五）创新化和市场化

新型物流化强调创新化和市场化，通过技术创新和制度创新，推动物流业的发展，使其适应市场经济的需求。

这些特征将有助于提高物流业的效率和质量，推动物流业的转型和升级。

二、新型物流化"新"的主要表现

（一）新发展目标

新型物流化要求产业链、供应链自主可控、安全稳定，产业竞争能力大幅提升，推动产业迈向价值链中高端。

（二）新发展要求

新型物流化要求现代物流体系更加完善，通达全球的物流服务网络更加健全，对区域协调发展和实体经济高质量发展的支撑引领更加有力。

（三）新发展模式

新型物流化坚持创新驱动，发挥创新在建设新型物流化中的引领作用，促进物流业与制造业深度融合，强化物流数字化科技赋能，推动绿色物流发展，培育枢纽经济、通道经济等物流经济新形态。

（四）新发展动能

数字化技术、绿色物流、智能物流、共享经济和供应链协同是新型物流化发展的新动能。

（五）新发展潜力

新型物流化健全完善国际物流服务体系，加快补齐农村物流发展短板，全面提升冷链物流发展水平，培育铁路快运物流新市场，提升专业物流和应急物流能力。

（六）新发展成效

新型物流化促进了市场导向规模化、设施联通高效化、产业融合嵌入化、降本增效系统化、绿色低碳价值化、结构优化精细化、服务质量高端化，并将成为激发产业升级的新活力。

三、新型物流化发展的主要路径

推进新型物流化是实现中国式现代化的必然要求，是构建大国竞争优势的迫切需要，是实现经济高质量发展的战略选择。

（一）强化数字化转型

随着互联网、物联网、人工智能等技术的发展，物流行业需要积极拥抱数字化转型，通过大数据、云计算等技术提高物流运作的效率和质量，实现数字化的物流体系。

（二）加强基础设施建设

加大对物流基础设施的投资，包括仓储设施、配送中心、交通枢纽、场站等，提高物流基础设施的现代化水平。

（三）推进绿色物流发展

推广利用环保、节能、低碳的物流技术，如新能源车辆、智能交通系统等，减少物流活动对环境的影响。以产业"含绿量"提升发展的

"含金量"。

（四）推动智能物流升级

智能化是物流行业未来的发展趋势，利用人工智能、机器学习等技术手段，提高物流过程的智能化水平，实现物流资源的优化配置和高效调度。

（五）改进标准化建设

制定统一的物流标准，包括货物的分类、标识、包装、装卸搬运、仓储、配送等方面的标准，积极对接高标准经贸规则，提高物流运作的规范性和效率。

（六）促进产业间协同

鼓励物流企业之间的合作与协同，打破地域、行业和领域的限制，实现资源共享和优势互补，形成产业链上下游的协同效应，提高整个物流系统的效率和效益。

（七）提升供应链整合

物流企业需要加强供应链整合，通过优化供应链管理，提高物流运作的效率和质量，降低成本。物流企业需要不断创新服务模式，以满足客户的需求，提高客户满意度。

新型物流化是我国经济发展的重要引擎，对于实现高质量发展具有重要意义。新型物流化发展需要从多个方面入手，推动物流业的转型升级，提高物流效率和服务质量，促进经济的可持续发展。

以供应链创新推动经济全球化新业态

供应链创新是指通过改进供应链的运作方式、优化供应链管理方法、引进新的技术和工具等方式，来提高供应链的效率和效益，从而实现供应链的整体升级和发展。通过供应链创新，提升了企业的竞争力和盈利能力，推动经济全球化朝着开放、包容、普惠、均衡的方向发展。

一、供应链创新的主要内涵

（一）模式创新

改变原有的供应链运作模式，通过数字化手段提高供应链的透明度和协同性，降低供应链成本和风险。

（二）技术创新

引入新技术和新方法，通过自动化和智能化技术、云计算和大数据技术等，提高供应链的效率和质量。

（三）组织创新

优化供应链的组织结构和运营模式，通过扁平化组织、柔性生产等，提高供应链的响应速度和灵活性。

（四）管理创新

建立开放的合作伙伴关系，共享信息和资源，共同探索创新解决方案。建立符合创新需求的文化氛围，激发员工工作积极性，培养员工之间的合作意识和创新能力。

二、经济全球化新业态发展的趋势

（一）数字化和智能化

随着互联网、大数据、人工智能等技术的发展，数字化和智能化成为经济全球化新业态的重要趋势。这些技术正在改变传统的商业模式，推动企业向数字化和智能化转型，提高生产效率和服务质量。

（二）绿色化和可持续化

随着环保意识的提高，绿色化和可持续化成为经济全球化新业态的重要趋势。企业积极探索绿色生产方式，推广低碳、环保、可持续的产品和服务，以满足消费者对环保和健康的需求。

（三）融合化和整合化

经济全球化新业态正在不断跨界融合和创新，形成新的商业模式和产业链。企业通过跨界合作、创新研发、共享经济等方式，整合资源，提高竞争力，满足消费者多样化的需求。

（四）区域化和全球化

随着全球化的深入发展，经济全球化新业态正在区域化和全球化的融合中发展。企业通过跨国合作等方式，拓展市场，提高品牌影响力，实现全球化的发展。

这些趋势将推动企业向更高层次、更广领域发展，为经济发展注入新的动力。

三、以供应链创新推动经济全球化新业态发展的对策

（一）向开放方向发展

1. 加强供应链设施建设

加强供应链基础设施建设，包括物流基础设施、信息基础设施、金融基础设施等，提高供应链的运作效率和服务水平。加强对供应链风险的识别和管理，建立健全的风险应对机制和供应链风险评估体系，防范供应链风险，保障供应链的安全和稳定。

2. 培育新型供应链人才

加大对供应链管理人才的培养力度，培养具有国际视野、创新能力和跨文化沟通能力的供应链人才，为经济全球化新业态发展提供人才支持。

3. 强化供应链国际合作

加强国际合作，促进供应链全球化发展。积极参与国际供应链合作项目，推动国际供应链标准互认，提高我国供应链的国际竞争力。同时，加强与跨国企业的合作，引进先进技术和管理经验，提升我国供应链的整体水平，共同推动经济全球化新业态的发展。

（二）向包容方向发展

1. 降低交易成本

通过采用先进信息技术，实现供应链信息共享，提高供应链的透明度和可追溯性，降低交易成本，提高效率，促进新业态发展。

2. 加强供应链协同

鼓励企业之间合作与协同，共同开发新产品和服务，提高供应链的整体竞争力。通过建立跨企业的创新中心、产业联盟等方式，推动产业链上下游企业的深度合作，提升新业态能级。

3. 发展绿色供应链

推动供应链向绿色、环保、可持续发展方向转型，通过采用环保材料、节能技术等手段，降低供应链对环境的影响，提高新业态质效。

（三）向普惠方向发展

1. 政策相通

政府应出台相关政策，鼓励供应链创新，支持企业进行技术创新和模式创新，推动供应链与互联网、大数据、人工智能等新技术的深度融合，提高供应链的智能化水平。同时，政府应加大对供应链创新企业的扶持力度，共同维护新业态公平竞争的发展环境。

2. 设施联通

加强国际供应链合作，促进区域一体化发展。通过加强跨境物流通道建设、推动贸易便利化和关税减免等政策措施，降低跨境贸易成本，促进全球供应链的畅通和互联互通，打破新业态发展的制度瓶颈。

3. 优化布局

根据全球市场需求和资源配置，优化供应链布局，提高供应链的灵活性和应对风险的能力。通过多元化供应商、多地域生产等方式，降低单一供应链的风险，实现新业态发展的资源共享。

（四）向均衡方向发展

1. 推进数字化转型

加强对供应链技术创新的投入，推动数字化、智能化的供应链建设。利用物联网、大数据、人工智能等先进技术，实现供应链各个环节的实时监控、数据分析和智能化决策，提高供应链的灵活性和响应速度，为新业态创新提供高质量的供应链服务品质。

2. 优化供应链管理

优化供应链管理模式，推进企业间合作，形成互利共赢的供应链合作关系。鼓励企业通过数字化技术，实现供应链协同化、智能化、绿色化发展，提高供应链的整体效益，为新业态发展降低全过程物流成本。

3. 完善供应链金融

发展供应链金融业务，为企业提供融资、保险等金融服务，降低企业运营成本，提高企业抗风险能力，为新业态创新提供金融支持。

4. 促进跨境电商发展

跨境电子商务是经济全球化新业态的重要表现形式。发展跨境电商业务，应简化通关手续，提高通关效率，降低物流成本，为新业态创新发展提供便利条件。

以供应链创新发展，提升全球供应链的效率和竞争力，促进经济全球化新业态的繁荣。

以物流服务增强全球经济活力
和世界经济发展韧性

服务业是国际经贸合作的重要领域，为推动经济全球化、恢复全球经济活力、增强世界经济发展韧性注入了强大动力。以物流服务开放推动包容发展，以物流服务合作促进联动融通，以物流服务创新培育发展动能，以物流服务共享创造美好未来，促进世界经济实现高质量发展。

一、物流服务开放：助力包容发展的新引擎

近年来，全球经济的快速发展和国际贸易的深度融合，将物流服务推上了前所未有的高度。作为支撑现代经济体系的重要组成部分，物流服务的开放与包容发展紧密相连。

（一）物流服务开放的重要性

1. 促进经济发展

一是物流服务的开放使得跨国（境）货物运输更加高效，降低物流成本，促进贸易的发展。通过降低进出口关税、缩短通关时间和提高物流配送效率，能够有效地促进贸易往来和商品流通。二是物流服务的开

放能够激发产业链的全球整合，实现资源优化配置，提高生产效率。

2. 促进区域间的经济合作与交流

开放的物流网络能够构建起各国之间的互联互通，推动区域间的商贸合作。这种开放将各国纳入统一的物流体系中，使得货物能够以更低的成本、更高的效率进行国际流转，实现经济的互利共赢。

（二）物流服务开放的发展趋势

实现全球范围内物流服务开放面临诸多挑战，包括不同国家之间的法规差异、海关手续的复杂性、物流基础设施的不完善等。物流业要积极应对挑战，推动物流服务的全球开放。

1. 加强政府间合作

制定统一的法规标准，打破贸易壁垒。通过加强国际协调与合作，制定更为开放和便利的国际贸易法规。此外，简化海关手续，提高通关效率，降低物流成本。

2. 加大对物流基础设施的投资力度

包括改善港口、公路、铁路、航空等重要基础设施，建设更为完善的物流网络，提高货物运输能力和效率，提升物流服务的便利性和效率。

3. 加强技术创新与信息共享

利用物联网、大数据和人工智能等先进技术，实现物流信息的全程跟踪和监控，提高物流配送效率和安全性，提升物流服务的智能化和可追溯性。

物流服务开放将成为推动全球包容发展的新引擎。通过推动物流服务的全球开放，促进全球经济的繁荣与包容发展，实现各国的互利共赢。

二、物流服务合作：促进联动融通的新利器

物流服务合作成为推动国际贸易和产业链发展的重要手段。物流服务合作不仅有助于提高物流效率和降低成本，更能够促进各地区之间的联动融通。

（一）物流服务合作的重要性

1. 实现商品在不同地区间的流通

通过合作共享物流资源和网络，不同地区的货物能够更加便捷和高效地运输，从而促进产业链的联动发展。

2. 提升供应链的可视化和透明度

通过建立跨地区的信息平台和互联网技术的应用，企业更好地掌握市场需求、优化计划和协调资源，实现供应链的精细化管理和快速反应能力。

3. 促进跨境电商发展和国际贸易的便利化

通过合作建设海外仓储和配送网络，跨境电商企业更好地满足消费者需求，提供更快、更可靠的物流服务。

（二）物流服务合作的方向趋势

1. 推动共享服务

通过整合各方资源和优势，实现物流服务的高效整合和协同发展。

2. 注重智能化和创新技术的应用

物联网、大数据和人工智能等技术将被广泛应用于物流服务中，提升物流效率和管理能力。

3. 注重可持续发展和环境保护

通过推动绿色物流、低碳运输和循环经济等措施，实现物流服务的

可持续发展。

4. 联动融通作用进一步增强

通过加强各地区之间的合作与协调，实现物流资源的共享和信息流通，推动产业链的联动发展和国际贸易的便利化。

三、物流服务创新：培育发展的新动能

随着全球贸易的不断扩大和供应链的日益复杂化，物流服务创新成为推动经济发展和提升竞争力的关键。物流服务创新通过培育新发展动能，推动经济可持续发展。

（一）物流服务创新的重要性

1. 提高物流效率和降低成本

通过引入先进的技术和管理模式，如物联网、大数据和人工智能等，物流企业能够实现更加精确的运输计划和货物跟踪，减少运输时间和损耗，提高效率和准确性。

2. 提供更多元化的服务和增值功能

通过创新解决方案，如仓储管理、保险服务和定制化配送等，物流企业能够满足客户个性化的需求，提供更全面、灵活和高质量的物流服务。

3. 推动产业链协同发展和创新驱动的经济增长

通过建立开放的合作平台和数据共享机制，物流企业能够与其他相关产业进行深度融合，促进产业创新和实现产业高质量增长。

（二）物流服务创新的发展趋势

物流服务创新将持续推动行业的变革和升级，并向着更加智能化、可持续化和数字化的方向发展。

1. 加强对新技术的运用

物流企业加强对新技术的研发和应用，如物联网、区块链和人工智能等，以提高运作效率和安全性。

2. 关注环境可持续发展

通过推动绿色物流和低碳运输等措施的落地，减少对环境的影响。

3. 深入利用数据资源

建立更加开放和智能的物流网络，实现全球供应链高度协同和智能化管理。

四、物流服务共享：打造美好未来的关键一步

物流服务共享正在成为推动经济发展和实现可持续发展的重要趋势。通过共享物流资源和与合作伙伴间的关系，企业能够创造更多的社会价值。

（一）物流服务共享的重要性

1. 提高物流效率和降低成本

通过共享物流设施、车辆和人力资源，企业能够更加灵活地满足市场需求，提供快速和可靠的物流服务。

2. 减少资源浪费和碳排放，实现环境可持续发展

通过共享信息和数据，企业能够更好地预测需求、优化运输计划和协调供应链各环节的活动，提高整体运作效率和服务质量。

3. 带来更多社会价值

物流服务共享通过提供灵活就业机会和支持区域发展，促进社会和谐发展。

（二）物流服务共享的发展趋势

物流服务共享改变了传统物流服务提供商的市场格局，将继续向着更加智能化、可持续化和数字化的方向发展。

1. 更加注重技术为支撑

通过引入人工智能和物联网等技术创新解决方案，物流服务共享能够实现更高效的资源配置和物流管理。

2. 更加注重环境保护和社会责任

通过推动绿色物流和循环经济等措施的落地，物流服务共享能够为社会、环境和经济的可持续发展做出贡献。

3. 更加注重用户体验和服务质量

通过提升持续创新的能力和提供个性化物流解决方案，物流服务共享能够满足消费者不断变化的需求。

通过各国政府、企业的共同努力，物流服务共享将打造一个包容和可持续发展的美好未来。

增强国家物流枢纽一体化能力

国家物流枢纽一体化是指在一定区域内，通过高效、便捷的物流网络和先进的物流技术手段，将各种物流活动进行有机整合和优化，实现物流资源的共享和协同，提升整个国家物流枢纽的运行效率和效益。

一、国家物流枢纽一体化的主要内涵

（一）整体性

国家物流枢纽一体化强调从整体上考虑物流系统的运行，注重各环节之间的衔接和协调，以实现物流活动的无缝对接。

（二）协同性

通过共享物流资源、信息和技术，实现不同物流活动之间的协同，提高物流运作的效率和效益。

（三）信息化

利用现代信息技术手段，如物联网、大数据、云计算等，实现物流信息的实时共享和交换，提高物流活动的智能化水平。

（四）标准化

制定统一的物流标准和规范，推动物流设施、设备、技术等方面的标准化，提高物流活动的规范性和效率。

国家物流枢纽一体化的实施，有助于优化资源配置，提高物流效率，降低物流成本，促进区域经济的协调发展。同时，也有利于提升国家的整体竞争力和可持续发展能力。

二、国家物流枢纽一体化的主要瓶颈

（一）设施建设不均衡

近年来我国在物流基础设施建设方面取得了显著成就，但仍存在区域间发展不均衡的问题。部分地区物流基础设施相对落后，制约了物流枢纽一体化的进程。

（二）标准化程度不足

物流枢纽一体化需要实现各环节的无缝衔接，但当前我国物流行业在标准化方面还存在不足。例如，不同地区、不同企业使用的物流设备、信息系统等存在差异，导致物流效率低下，影响了枢纽一体化的推进。

（三）信息化有待提高

随着互联网技术的发展，信息化已经成为物流行业发展的重要趋势。当前我国物流行业的信息化水平还有待提高，部分地区和企业的信息系统建设不完善，导致信息传递不畅、数据共享困难，影响了物流枢纽一体化的进程。

（四）协调机制不健全

物流枢纽一体化涉及多个部门、多个地区的协同合作。当前我国在跨部门、跨区域协调机制方面还存在不足，导致政策制定和执行过程中存在诸多障碍，影响了物流枢纽一体化的推进。

推动国家物流枢纽一体化发展，需要加强基础设施建设，提高标准化和信息化水平，完善跨部门、跨区域协调机制等方面的工作。

三、增强国家物流枢纽一体化的主要对策

（一）建设基础设施

加强物流基础设施建设，包括港口、铁路、公路和机场等，形成高效、便捷、安全的物流运输网络。建设现代化、智能化的仓储设施，提高仓储效率，满足不同类型货物的存储需求，以提高货物运输能力和效率。

（二）优化物流组织

完善物流标准体系，制定统一的物流标准，推动各环节的衔接和协同，提高物流整体效率。加强物流企业合作，实现资源共享、信息互通，提高物流服务水平。构建和优化完善的运输网络，连接国家物流枢纽与其他物流节点，确保货物的顺畅流动。

（三）统一技术标准

推动统一物流技术标准进程，实现无缝对接和互联互通。推广多式联运，实现海运、陆运、空运等多种运输方式的有机衔接，提高货物运输的灵活性和效率。

（四）实施智能升级

通过大数据、云计算、物联网等技术手段，实现物流信息的实时共享和交换，提高物流效率。在仓储、搬运、包装等环节推广使用智能装

备，提高物流作业的自动化和智能化水平。加强区域级合作与交流，共同推动国家物流枢纽的建设与发展。

国家物流枢纽一体化的实施，有助于优化资源配置，提高物流效率，降低物流成本，促进区域经济的协调发展。同时，也有利于提升国家的整体竞争力和可持续发展能力。

中国式物流现代化的路径

现代化是不发达社会发展为发达社会的过程和目标。作为过程，其首要标志是用先进科学技术发展生产力，生产和消费水平不断提高，社会结构及政治意识形态也随之出现变化。作为目标，它一般指以当代发达社会为参考系的先进科学技术水平、先进生产力水平及消费水平。各国现代化并无统一模式，中国的现代化是社会主义现代化，具有中国特色。

一、中国式物流现代化的战略意义

中国式现代化是人口规模巨大的现代化，是全体人民共同富裕的现代化，是物质文明和精神文明相协调的现代化，是人与自然和谐共生的现代化，是走和平发展道路的现代化。

实现中国式现代化需要构建现代流通体系，提升现代流通竞争力，其重中之重是构建现代物流体系，提升现代物流质量。加快推进我国现代物流体系能力建设，进一步发挥现代物流的先导性、基础性和战略性作用，支撑中国经济长周期健康发展。

物流现代化是支撑我国经济长周期韧性发展、弹性发展及可持续发展的基础性力量；是支撑以国内大循环为主体、国内国际双循环相互促进的新格局发展的基础性力量；是支撑我国制造业大国产业链、供应链安全稳定的基础性力量；是培育我国完整内需体系，充分发挥我国超大规模市场优势的基础性力量；是我国实体经济走创新驱动之路，实现前沿科技研发与应用的基础性力量。

二、中国式物流现代化的战略支撑

中国式物流现代化的战略支撑是指通过整合现代化科技手段和创新管理模式，实现物流系统的升级和优化，以支撑国家经济发展和提升物流效率的战略举措。

（一）创新支撑

创新是中国式物流现代化的动能支撑。重视运用物联网、大数据、人工智能等先进科技优化物流网络、提升物流效率和服务质量。鼓励企业加大研发投入，推动物流技术和管理模式的创新。通过建立和完善物流信息平台，实现物流信息的实时采集、传输和共享，提高物流信息透明度和准确度，降低物流成本和运营风险。

（二）设施支撑

物流设施建设是中国式物流现代化的基础支撑。加大对物流基础设施的投资力度，包括港口、公路、铁路、航空等交通运输设施的建设和改造，以及仓储、装卸、分拣等物流设施的升级和扩建。通过提升物流设施的现代化水平，提高物流运输能力和效率，满足日益增长的高质量的物流需求。

（三）人才支撑

人才是中国式物流现代化的智力支撑。加强物流人才培养和引进，提高物流从业人员的专业素质和管理能力，培养一支适应现代物流需求的高素质人才队伍。

（四）政策支撑

政策支持是中国式物流现代化的环境支撑。制定和完善物流相关政策，加大对物流业的扶持力度，推动物流市场的开放和竞争，营造公平竞争的市场环境。同时，加强与相关部门的协调合作，形成物流发展的良好政策环境和产业生态。

三、推进中国式物流现代化的战略路径

（一）推进物流体系现代化

1. 构建通道＋枢纽＋网络的布局体系

重点把国家物流枢纽和骨干冷链基地打造成为中国式物流现代化的先行区、示范区。在通道建设上，重点抓好"一带一路"和RCEP物流基础设施布局；在枢纽建设上，重点抓好要素流动、信息互联、标准协同；在网络建设上，重点抓好物流组织网络、基础设施网络、物流信息网络建设，推动现代物流业提质降本增效，服务经济社会高质量发展。

2. 构建供应链＋产业链＋创新链的产业体系

在全球产业链加速重组的背景下，着眼于提升产业链供应链现代化水平，加快构建现代产业体系，积极整合调动供应链要素资源，推动产业链优化升级。坚持需求牵引，促进"三链"精准对接；强化系统思维，推动"三链"协同发展；聚焦重点发力，实现"三链"深度融合。

3. 构建载体＋主体＋业态的结构体系

这种体系是指以载体为支撑，以市场主体为组织主力，以物流业态为业务模式，构建起来的完整的物流结构体系。通过合理规划布局和打造物流载体，组织各类物流主体的协同合作，培育和支持物流业态的创新发展，满足不同行业、不同地域的物流需求，提高物流效率，降低物流成本，促进经济快速发展。目前，全力推动市场主体扩数量、提质量、增效益、优结构，以市场主体加速推动经济扩量提质。

4. 构建金融＋人才＋法治的环境体系

构建物流环境体系可以提供稳定的融资渠道和风险管理工具，支持物流企业发展。培养专业化、国际化和创新意识的人才，推动物流行业的创新和升级。健全的法律和规章制度可以保护物流企业和消费者的合法权益，维护行业的公平竞争和秩序。通过构建金融、人才、法治的物流环境体系，实现物流行业的可持续发展，促进经济增长和国际贸易的繁荣。

（二）推进物流高质量发展现代化

1. 推进物流"六化"转型升级现代化

绿色化：加快推动现代物流绿色低碳转型发展，实现"双碳"目标，培育经济发展新动能，保障和改善民生福祉，重点是推进运输结构优化调整。智慧化：是更高形态的物流系统，充分发挥大数据时代给物流企业带来的发展机遇，在高层决策、商业模式、方案规划和人力成本等方面进行全方位部署，为物流业务运营提供有力支持。集群化：是中小企业发展的重要组织形式和载体，推动企业专业化分工协作、有效配置生产要素、降低创新创业成本、节约社会资源、促进区域经济社会发展。国际化：国际化发展带来巨大的物流需求，同时也倒逼物流服务向端到端全方位的供应链服务转型，加速提升物流效率，创造高端价值，构建更加紧密的物流命运共同体。融合化：制造业是国民经济的主体，是全社会物流总需求的主要来源。推动物流业制造业融合发展，是深化供给侧结构性改革，推动经济高质量发展的现实需要。专业化：重点是大力推动物流供应链一体化服务，推动专业化物流发展。围绕行业，着力发展第三、四方物流，提供定制化和专业化服务。

2. 推进物流"四新"经济现代化

新技术：重点是推进智慧物流系统、智慧仓储设备和智慧物流配送设备等方面提档升级。新产业：重点是加快逆向物流服务、供应链管理服务、物流大数据服务等物流服务经济的发展。新业态：围绕物流企业运营的高效化、专业化、精细化，做大做强做优物流金融、物流信息系统、物流规划与咨询管理、物流人才培训等更多物流衍生服务业态。新模式：重点发展物流总部经济和平台经济，依托网络效应，进行价值创造、价值增值、价值转换与价值实现。

3. 推进物流短板建设现代化

主要包括产业物流和民生物流两个方面。产业物流方面重点补齐物流基础设施空间布局不平衡、物流标准不统一、行业创新动力不足、运营管理模式落后、融合度较低等短板。民生物流方面重点做大农村物流、做强冷链物流、做优电商快递物流。

（三）推进物流文明现代化

文明如水，润物无声。物流文化是物流经济活动创造的物质财富和精神财富的总和，以文明交流超越文明隔阂、文明互鉴超越文明冲突、文明包容超越文明优越，倡导弘扬物流共同价值观，以物流文明的高质量发展支撑中国物流现代化发展。

1. 树立物流自信

树立物流自信需要从多个角度全面考虑，包括加强培训与教育、建立团队氛围、推崇专业素养、建立反馈机制、强化品牌意识、增强风险意识等方面。通过这些措施，提高物流人员的技能水平、团队合作能力和问题解决能力，从而树立起物流自信，为物流行业的发展奠定坚实的基础。树立物流自信是企业创造之力、品质之诚、文化之光，也是中国物流经济的底气与韧性所在。

2. 建设物流文化

建设物流文化是指在物流行业中，通过各种手段和措施，推动物流企业和从业人员形成一种共同的文化氛围和价值观念，以提高物流服务质量和效率，促进物流行业的可持续发展。物流核心价值观主要应涵盖"功成不必在我，功成必定有我"的勇气；人享其行、物畅其流的活力；风雨无阻、勇于担当的情怀；逢山开路、遇水架桥的精神。

3. 打造物流生态

打造物流生态是指建立一个高效、协同、可持续发展的物流体系，以满足现代社会和经济发展的需求。这个生态系统包括了物流基础设施、物流服务、物流技术、物流管理和物流人才等多个方面。

中国式物流现代化推动经济发展质量变革、效率变革、动力变革，努力实现创新成为第一动力、协调成为内生特点、绿色成为普遍形态、开放成为必由之路、共享成为根本目的的高质量发展之路。

中国物流持续发展的动能

物流业发展动能是指物流业在发展过程中各种要素所具有的能量状态，是物流业发展的重要驱动力。它通过改变物流业的内部结构及其运行方式，优化资源配置，提高产业的竞争力和效益，推动经济增长和社会进步。

一、规模巨大的消费市场是物流发展的强大动能

规模巨大的消费市场为物流发展提供了强大的动力。物流业不断发展壮大，提供更高效、便捷的物流服务，促进经济的繁荣和社会的进步。

（一）消费需求高速增长

我国人口众多，居民收入水平不断提高，消费需求快速增长。随着城镇化进程的加快，对商品和服务的需求不断增加。消费需求的持续增长促使物流业服务能力的生成。

（二）拉长短板持续加力

我国区域经济发展不平衡，东部沿海地区相对发达，而中西部地区

相对落后。随着区域经济一体化政策的陆续出台，推动物流业向中西部地区拓展和发展，物流业在地域覆盖和服务网络建设方面迎来巨大潜力和需求。

（三）新兴市场空间巨大

我国农村市场潜力巨大，随着农村经济的发展和农民收入的提高，农村市场的消费需求不断增长。物流业在农村市场的覆盖和服务水平提升方面具有重要作用，通过快速、安全的物流网络，畅通农产品上行和工业品下行双渠道，带动"三农"健康发展。

（四）电子商务迅速崛起

随着互联网技术的广泛应用，电子商务取得迅猛发展，成为推动消费市场增长的重要驱动力。作为电子商务的支撑，电商物流迅速崛起。

二、空间浩大的投资热土是物流发展的强大动能

随着全球化进程的加速和经济的快速发展，物流行业面临着巨大的机遇和挑战。在这个过程中，投资市场扮演着重要角色。

（一）投资市场为物流转型升级提供充足的资金支持

物流业在产业融合和转型升级中需要大量的资本用于设备购置、仓储建设、技术研发等方面。许多跨国物流公司在国内设立分支机构，与本地企业合作，共同打造高效的供应链管理体系。通过吸引投资者参与，提升其运营能力和竞争力，推动物流业的快速发展和现代化转型。

（二）投资市场为物流服务能力提供更多的发展机会

随着电子商务、跨境贸易等领域的快速增长，物流需求不断扩大。

在空间广阔的投资市场上，物流企业可以获得更多合作伙伴和客户资源，拓展业务范围，实现规模化运营。

（三）投资市场为物流迭代发展提供必要的基础支撑

在竞争激烈的市场环境下，物流企业需要不断推出创新产品和服务来满足客户需求，而投资市场提供了丰富的资金和资源，可以支持物流企业进行技术研发和创新实践，推动行业的进步和发展。

三、潜力无限的贸易市场是物流发展的强大动能

随着全球贸易的不断增长和国际贸易格局的变化，物流行业也面临着前所未有的机遇和挑战。高水平的贸易活动需要一个可靠、高效的物流体系来支持，物流业将持续迎来更大的发展机遇。

（一）贸易增长创造物流需求

随着全球化加速和新兴市场的崛起，全球贸易量持续增长，这为物流行业提供了巨大的市场空间。跨境电商为消费者提供了更多的购物选择，也为物流业开辟了新的业务领域。

（二）贸易便利化推动物流优化

通过简化行政程序、降低贸易壁垒等政策措施，吸引更多的外国投资和商品进入中国市场。中国积极开展国际合作，推动互联互通和跨境物流的便利化，促进贸易的畅通。

（三）市场多元化改变物流供给

随着贸易市场的多元化，物流服务需求也在不断发生变革。从传统的运输、仓储到现代的供应链管理、物流信息平台等，物流企业需要提供更加多元化的服务，以满足高水平对外开放的需求。

（四）产业链引领供应链整合

为适应国际贸易发展趋势，促进产业链逐步走向国际市场中高端，倒逼供应链进行优化再造，确保产业链安全稳定和自主可控。为提高运营效率和降低成本，物流业抢抓合作机遇，促进供应链整合和优化。

四、门类齐全的工业体系是物流发展的强大动能

门类齐全的工业体系为物流发展提供了强大的动能，有望推动我国物流业实现更高质量、更具竞争力的发展。

（一）规模优势

我国建成门类齐全、独立完整的现代工业体系，工业经济规模跃居全球首位，成为世界第一制造业大国，为物流业提供了巨大的市场需求，推动了物流业的快速发展。

（二）集群效应

我国各地区产业发展呈现出明显的区域特色，形成了一批具有国际竞争力的产业集群。这些产业集群为物流业提供了丰富的货源和广阔的市场空间。发展细分行业供应链体系与产业集群的深度融合，有利于降低物流成本，提高物流效率。

（三）创新能力

我国在高速铁路、公路、航空、港口等基础设施建设方面取得了举世瞩目的成就，为物流业的发展提供了有力的支撑。同时，我国在物联网、大数据等领域的发展也为物流业的智能化、绿色化、高效化提供了技术保障。

（四）人资优势

中国拥有庞大的劳动力资源，为物流业提供了充足的人力保障。随着教育水平的提高，中国物流从业人员的整体素质也在不断提升，为物流业的高质量发展奠定了基础。

（五）市场潜力

我国经济持续快速增长，人民生活水平不断提高，消费结构不断升级，为物流业提供了巨大的市场潜力，推动物流业持续发展壮大。

五、持续释放的发展红利是物流发展的强大动能

在过去的几十年里，我国取得了举世瞩目的经济成就。通过不断改革开放和创新，为物流行业带来了巨大的发展空间和机遇。

（一）基础设施红利

各级政府高度重视基础设施建设，特别是交通、能源、通信等领域。近年来，高速公路、铁路、航空、水运等基础设施的快速发展，为物流行业提供了便利的交通条件，降低了物流成本，提高了物流效率。

（二）政策扶持红利

国家出台了一系列政策措施，支持物流行业的发展。例如，降低物流企业的税收负担、优化物流基础设施布局、推动物流业与制造业深度融合、提供贷款贴息支持、简化行政审批程序等。这些政策措施为物流企业创造了良好的发展环境，激发了市场活力。

（三）结构调整红利

我国正在从工业大国向服务业大国转型，物流业作为服务业的重要组成部分，得到了快速发展。随着制造业向中高端迈进，物流企业需要

提供更加精细化、个性化的服务，以满足市场需求。

（四）战略倡议红利

中国提出的"一带一路"倡议，为物流企业拓展国际市场提供了新的机遇。通过与合作伙伴的互联互通，物流企业实现资源共享、优势互补，提高国际竞争力。

（五）绿色发展红利

我国高度重视绿色发展，提出了"3060"目标，并出台了一系列政策措施。绿色低碳循环发展的经济体系和清洁低碳安全高效的能源体系将全面建立。物流企业在绿色发展理念的引导下，享受巨大红利空间，赢得发展主动权。

中国持续释放的发展红利为物流业提供了强大的动能，推动了物流业的快速发展和创新。在未来，随着中国经济的持续发展和转型升级，物流业将继续保持旺盛的生命力和发展潜力。

中国物流双循环的战略枢纽——
粤港澳大湾区

　　粤港澳大湾区由香港、澳门两个特别行政区和广东省的广州、深圳、珠海、佛山、中山、东莞、肇庆、江门、惠州九市组成的城市群，是继美国纽约湾区、美国旧金山湾区、日本东京湾区之后，世界第四大湾区，是国家参与全球竞争的重要空间载体。

　　粤港澳大湾区是一个产业梯队非常明显的湾区，香港是国际金融、航运中心，澳门是国际自由港和世界旅游休闲中心，广州是久负盛名的国际商贸中心，深圳是世界工厂和创新中心，东莞、佛山、中山等制造业基础雄厚，湾区内拥有腾讯、华为、格力等众多科技企业。

一、粤港澳大湾区具有成为物流双循环枢纽的优势

（一）制度优势

　　粤港澳大湾区具有最大限度地整合社会资源、集中力量办大事的体制机制优势；具有最大限度地尊重创新精神、激发全社会创造活力的政治优势；具有推动科学发展、和谐发展的经济优势；具有最大限度地

维护知识产权、促进公平竞争的社会优势；具有最大限度地凝聚社会共识、形成共同理想的思想优势。

（二）产业优势

粤港澳大湾区聚集了世界其他三大湾区的共同优势。香港作为国际金融、航运、贸易中心和国际航空枢纽，拥有高度国际化、法治化的营商环境及全球化的商业网络，是全球最自由经济体之一。澳门作为世界旅游休闲中心，多元文化交流的功能日益彰显。珠三角九市已初步形成以战略性新兴产业为先导、先进制造业和现代服务业为主体的产业结构，是内地外向度最高的经济区域和对外开放的重要窗口，在全国加快构建开放型经济新体制中具有重要地位和作用。

（三）资源优势

粤港澳大湾区面积超过世界其他三大湾区面积的总和，空间发展资源丰富。其人口年龄结构相对较轻、劳动力人口比重高，具有可持续发展的劳动力资源。粤港澳大湾区拥有5所QS世界大学排名前100位的大学，教育科研资源丰富，具有产业支撑的人才资源。

二、发挥优势，发展融合型物流，做强枢纽地位

双循环新发展格局是以国内大循环为主体、国内国际双循环相互促进的新发展格局。构建新发展格局关键在于创新驱动、创新引领，战略基点在于扩大内需，战略方向在于深化供给侧结构性改革，战略支撑在于以"一带一路"引领更高水平对外开放，战略突破在于打造区域性的新增长极和开放新高地，战略目标在于全面构建现代化经济体系。因此，双循环是我国实现高质量发展、更深层次改革开放的必由之路。

现代物流体系是实现双循环新发展格局的重要保障，产业链供应链是畅通国内国际经济循环的关键。供应链效能提升是现代流通体系建设、构建新发展格局的核心环节。加快发展融合型物流新基建，推动产业数字化升级，提升供应链效能，促进新发展格局加快形成。

（一）以物流为核心，发挥产业优势，畅通产业循环

当前，产业链供应链重塑已经成为世界经济发展的显著趋势。受逆全球化、贸易保护主义等因素影响，全球产业链供应链面临着新的形势和挑战，要着力提升我国产业链供应链的安全稳定和自主可控。要围绕产业链部署创新链，围绕创新链打造产业链，提升产业链供应链现代化水平。以物流为核心，畅通产业循环是通过物流系统的再造和优化，实现产业链的高效运转和资源的优化配置，从而推动产业高质量发展和经济合理增长。畅通产业循环是现代产业发展的必然趋势，物流发挥着联系和协同的重要桥梁作用。

（二）以物流为关键，发挥资源优势，畅通市场循环

物流一头连着生产，一头连着消费，生产和消费是市场循环的两个基本要素，是畅通"双循环"的重要一环。推动产业和消费"双升级"已成为畅通市场循环的关键举措。通过优化物流流程和提高物流效率，实现生产、销售、配送、售后服务全面协同，实现产品从生产到消费的全过程的无缝连接和畅通，从而提高企业的运营效率和市场竞争力，提高消费者的获得感、幸福感、安全感，促进市场的良性循环。因此，以物流为关键，畅通市场循环已成为现代企业发展的重要策略之一。要抢抓扩大内需和消费升级机遇，着力提升企业和居民的消费信心，加快释放新型消费潜力。

（三）以物流为支撑，发挥制度优势，畅通经济社会循环

物流作为现代经济社会的重要支柱，支撑着生产和消费的快速互动，为产业链和供应链提供了更低成本和更高效率，推进了各行业、各地区之间的交流和互通，促进了市场的健康持续发展。在推动经济社会发展的同时，物流也为节能减排、绿色低碳、缓解交通带来了一系列的社会效益。因此，以物流为支撑，畅通经济社会循环已成为现代社会发展的必然选择。经济社会循环是更高层次、更加全面的动态循环，只有打通人流、物流、商流、资金流的瓶颈，让土地、劳动力、资本、技术、数据等生产要素畅通流动，经济社会才能高效运转，实现经济社会的持续良性循环。

三、凸显中国物流双循环战略枢纽地位需要的发力点

（一）建设现代化物流基础设施

粤港澳大湾区需要加大对物流基础设施的建设投入，包括港口、机场、铁路、公路和物流园区等。这些基础设施的现代化和高效运作是实现物流双循环的关键，其核心是做到互联互通。

（二）优化物流网络布局

优化物流网络布局，提高物流效率和便利性。引入智能物流技术，建立全球物流信息平台，整合和共享物流信息资源，提升物流的时效性和准确性。

（三）推动产业深度融合

进一步推动物流产业与制造业、电子商务、金融等产业的深度融合，促进产业链和价值链的升级。加大与制造业融合，实现供应链产业

链的安全稳定和自主可控。加大与金融业融合，发展供应链金融。加大与现代服务业融合，提升消费物流的能级。加大与教育融合，推动产业的技术创新和转型升级。

（四）加强国际合作与交流

粤港澳大湾区应加强与国际物流企业和机构的合作与交流，吸引更多国际物流巨头入驻，并主动参与国际物流规则的制定和改革。通过国际化合作，提高粤港澳大湾区在全球供应链中的竞争力和影响力。

（五）强化人才培养与技术创新

为提升物流双循环的能力，粤港澳大湾区需要加强人才培养和技术创新。培养具有国际化视野和创新能力的物流专业人才，同时加大对物流技术研发和创新的投入，推动物流行业的数字化和智能化转型。

粤港澳大湾区是世界四大湾区中经济增速最快、发展质量最优的湾区，其地区规模经济效益明显，创新要素快速集聚，高水平人才密集，已成为我国科技创新的主要策源地和制度型开放的先行引领者。粤港澳大湾区为打造中国物流双循环战略枢纽提供了有力支撑。

中欧班列是支撑"一带一路"发展的硬核力量

中欧班列作为"一带一路"倡议的重要组成部分，在推动国际合作和区域经济一体化、提高贸易便利化水平、促进产业升级和转型、促进供应链产业链安全稳定等方面发挥了重要的作用。扩大中欧班列互联互通网络，已成为支撑"一带一路"建设发展的硬核力量。

中欧班列高效率、低成本，有效地降低了贸易成本，提高贸易便利化水平。大规模、常态化的货物运输通道，为沿线国家和地区的经济发展提供了有力支持。

中欧班列的安全可靠，保障了产业链的安全稳定。铁路运输具有较高的安全性和稳定性，能够避免海运中常见的自然灾害、海盗袭击等问题，保障了货物运输的安全和可靠性，这为"一带一路"合作伙伴和地区的经济发展提供了更加稳定的供应链保障。

中欧班列促进了沿线国家和地区的产业转型和升级。中欧班列的贯通，沿线国家和地区的供应链腹地更加广阔和稳固，促进了当地制造业的发展和升级。同时，中欧班列吸引了欧洲的高新技术产业向沿线国家和地区转移，推动了当地产业结构的优化和转型。

中欧班列推动了区域经济一体化的发展。"一带一路"倡议的提出为区域经济一体化注入了新的动力。中欧班列作为"一带一路"倡议的重要支撑力量,促进了区域经济的一体化和产业互补发展。

为进一步发挥中欧班列的引领作用、发挥硬核支撑能力,需要在以下几个方面强化:

一、扩大"朋友圈",畅通贸易通道

"一带一路"倡议旨在通过加强国际合作,促进经济和贸易增长,推动互联互通,实现共同发展。

(一)加强政策沟通

定期举行"一带一路"高层会晤和论坛等,增进合作伙伴之间的理解和信任,促进政策协调,减少贸易和投资壁垒,为更多国家和地区带来发展的机遇。

(二)加强国际合作

与更多国家和地区签订合作协议,建立跨境运输联盟,拓展网络通道,促进信息共享和资源整合,扩大中欧班列的覆盖深度和广度。

(三)完善基础设施

加强对中欧班列沿线物流基础设施建设,提高生产效率,促进产业升级。加强信息化建设,建立统一数据平台,更好地了解市场需求、贸易动态和投资机会,进一步提高中欧班列国际通道的竞争力。

(四)推动贸易便利化

简化贸易手续和流程,降低关务成本,提高通关效率。积极参与国际贸易规则的制定和改革,推动贸易自由化和便利化的进程,为中欧班列提供更加开放和有利的环境。

（五）加强人员培训和技术交流

加强从业人员的专业知识和技能培养。加强国际合作项目，推动技术创新和经验交流，提升中欧班列的技术水平和服务能力。

二、调整进出口结构，促进贸易发展

（一）多元化贸易商品

优化中欧班列进出口结构，推动贸易商品多元化发展。除传统的制造业产品外，应加强农产品、高端装备等领域的贸易合作，不断拓展贸易领域。

（二）优化贸易价值链

通过提高产品附加值、创新设计、品牌建设等方式，提升产品在国际市场的竞争力和溢价能力。同时，加强产业链的衔接和合作，注重优化贸易价值链，实现全球资源的整合和优化配置。

（三）拓宽贸易渠道

积极探索中欧班列与其他国家和地区航运、海运等相互衔接，形成综合运输网络和物流通道，更好地满足企业的贸易需求。

（四）加强市场推广

通过加强市场推广，提升中欧班列的知名度和影响力，促进更多企业利用中欧班列进行贸易多元化发展。搭建交流平台，增进沿线国家和地区的多层次商业合作。

三、优化物流组织，提质降本增效

（一）大力发展多式联运

通过优化中欧班列的物流组织，大力发展多式联运，推行一票制、一单制和一箱制等，提高物流效率，降低制度性成本。

（二）建设物流基础设施

加大对中欧班列相关物流基础设施投资力度，优化网络布局。根据"一带一路"合作伙伴的实际情况，建设中欧班列专用线路、货运站点和仓储设施，合理规划物流节点和线路，优化调整运输结构，提高物流网络的覆盖率和通达性，降低结构性成本。

（三）推进物流标准化建设

加强物流标准化体系建设，推动物流器具、管理流程等方面的标准化，提高物流运作效率，降低系统性成本。

（四）提升物流信息化水平

借助现代信息技术，建立完善的物流信息平台，实现物流信息的实时共享和交换，提高物流运作的透明度和协同性，降低技术性成本。

（五）建立合作机制

促进中欧各国政府、物流企业和相关机构之间的合作和协调，建立联合运营机制，共同解决物流组织中的瓶颈问题，降低综合性成本。

四、强化载体建设，打造超级枢纽

中欧班列作为连接中国与欧洲的重要物流通道，运营网络已经覆盖了大部分欧洲和中国的重点城市，具备了打造超级枢纽的基础条件。一些重点城市已经成功地打造了中欧班列集结中心，积累了丰富的实践经验。这些城市通过优化集结流程、提高集结效率、加强信息整合等方式，实现了中欧班列的高效集结和快速发运。中欧班列通过强化载体建设，打造超级枢纽，将在未来的竞争中占据优势地位，成为中欧贸易的重要支撑。

（一）整合资源

中欧班列应积极整合现有资源，提高运营效率。通过合作、并购、共建等方式，实现资源共享和优化配置，提升中欧班列的运营能力和服务水平。

（二）联动发展

中欧班列承载城市应加强与周边城市和地区的联动发展，形成完善的物流网络。通过建立合作机制、共建物流园区、共同开发物流信息平台等方式，实现区域间的协同发展，提高物流效率和服务质量。

（三）拓展市场

中欧班列应加强与国际物流企业和相关部门的合作。通过建立国际物流合作机制、开展国际物流培训和交流等方式，提高中欧班列的国际竞争力，拓展国际物流市场。

（四）设施建设

中欧班列应加强基础设施建设，提高运输能力和服务水平。通过优化线路布局、增加班次密度、提高运输效率等方式，提高中欧班列的运输能力和服务水平，为打造超级枢纽奠定基础。

（五）优化布局

引导产业向超级枢纽区域聚集，加强科技创新合作，吸引国内外企业和机构在超级枢纽区域设立研发中心和技术转移中心，促进产业链的整合和升级。进一步优化整合班列城市布局，打造超级枢纽节点城市。

五、培育运营主体，促进产业融合

（一）加强政策引导，营造良好环境

"一带一路"合作伙伴众多，政策环境差异较大，需要加强政策引导，营造良好的市场环境。一方面，要加大政策宣传力度，提高市场主体的认知度和参与度；另一方面，要优化税收、融资、知识产权等政策，降低市场主体的经营成本，激发其创新活力。

（二）强化人才培养，提升竞争能力

人才是产业发展的关键，尤其在"一带一路"倡议的背景下，人才培养显得尤为重要。一方面，要加强对现有人才的培训和提升，提高其专业技能和综合素质；另一方面，要吸引更多的优秀人才参与到"一带一路"建设中来，为产业发展提供智力支持。

（三）推动产业融合，实现共赢发展

"一带一路"倡议下的产业融合发展，需要各方共同努力。一方面，要发挥市场主体的决定性作用，推动产业间的合作与交流；另一方面，要加强政府引导，搭建合作平台，促进产业间的协同发展。通过产业融合，实现资源共享、优势互补，共赢发展。

（四）加强风险评估，保障安全稳定

"一带一路"倡议涉及多个国家和地区，存在一定的风险和挑战。在培育市场主体、促进产业融合发展的过程中，要加强风险评估，制定相应的风险防范措施，保障安全稳定。同时，要积极推动国际合作，共同应对风险和挑战。

（五）建立标准化体系，实施专业化运营

中欧班列的运营主体需要具备专业化、规模化和市场化等特点。政府应鼓励企业积极参与中欧班列的运营，通过市场竞争，培育一批具有竞争力的专业化运营主体。为提高中欧班列的运营效率和服务质量，需要建立标准化的运营体系，包括运营规范标准、服务质量标准和运输标准等。

产业物流篇

推动制造业与物流业融合联动发展的
思路与对策

制造业与物流业融合联动发展即制造业企业和物流企业互相深度介入对方企业的管理、组织、计划、运作和控制等过程，共同追求资源集约化经营和企业整体优化的协同合作。推进制造业与物流业融合联动发展，不仅是提升制造业核心竞争力的重要手段，也是促进物流业发展的重要途径。

一、制造业与物流业融合联动发展的意义

制造业与物流业融合联动发展重在充分有效地利用现有资源，挖掘管理、技术、人才、信息等方面的潜力，深化社会分工，提高核心业务的专业化程度，满足制造业个性化、柔性化物流需求，促进制造业与物流业的高质量发展。制造业与物流业融合联动发展，有利于制造业降低成本，提高效率，促进产业升级；有利于释放和集聚物流需求，整合社会物流资源，提高物流业的整体服务水平；有利于调整优化产业结构，促进经济发展方式的转变。

二、推动制造业与物流业融合联动发展的思路

推动制造业与物流业融合联动发展应以市场为导向，以企业为主体，以降低物流成本和提高运作效率为目的，以物流资源的整合为手段，不断创新物流管理模式，营造有利于制造业与物流业融合发展的环境，提升制造业企业的核心竞争力和物流企业的供应链一体化服务能力。一是政府引导，企业运作。政府部门要加强引导，营造良好的融合联动发展环境。要发挥市场配置资源的决定性作用，充分调动发挥制造业企业的主动性。二是因地制宜，分步实施。政府部门要结合区域产业特点和企业实际，选择重点行业、重点企业先行试点，引导企业采用适宜的融合联动模式，分步实施，有序推进。三是注重实效，互利共赢。通过制造业与物流业融合联动发展，促进制造业企业优化业务流程、降低物流成本、增强核心竞争力，物流企业改进服务方式、提高服务能力，最终实现制造业和物流业的优化升级与协同发展。

三、推动制造业与物流业融合联动发展的对策

（一）优环境，促融合联动

要积极营造两业联动发展的环境，理顺管理体制，创新管理机制和方法，制定规范标准，建设综合服务平台，规范统计指标体系，强化经济运行监测。制造业与物流业联动发展的项目，要优先列入省市重点，在同等条件下优先予以扶持。

（二）造流程，促融合联动

选择一批不同行业、不同区域的重点制造业企业和物流企业作为融

合联动发展试点企业，整合物流业务，组织实施企业流程再造。引导试点制造业企业与有较强服务能力的物流企业结成供应链合作伙伴，探索联动发展试点模式。引进具有国际竞争力的现代物流企业集团，鼓励本地物流企业通过兼并重组、合资合作，做大做强本地第三方物流企业。推进两业联动品牌工程，充分发挥龙头企业辐射、示范带动作用，引导各种资源向龙头企业集聚，提高核心竞争力。组织形式多样的物流供需见面会、洽谈会，为制造业物流供需衔接创造条件。

（三）重人才，促融合联动

两业融合联动发展，人才是关键。政府通过多种形式积极为制造业企业和物流企业搭建沟通对接平台，有计划地组织制造业物流管理人员进行供应链管理培训。采取走出去、请进来等多种方式，加强物流人才引进、培养工作，做好智力支持。将物流人才培养纳入各级政府培训计划同步推进。

（四）抓管理，促融合联动

积极开展制造业物流合理化工作，借助先进管理技术和现代信息技术，强化企业物流竞争力。鼓励物流企业融入制造业供应链体系，采用精益物流、零库存管理、循环取货等先进管理技术，降低库存，缩短生产周期，提高物流运作水平。支持物流企业开展流通加工、金融物流、渠道分销、保税物流等物流增值服务，形成企业新的利润增长点。

（五）强整合，促融合联动

加强制造业集聚区物流功能整合，提升服务能力，积极引导工业园区、经济开发区、高新技术产业园区等制造业集聚区释放和集聚物流需求。统筹规划制造业集聚区的物流服务体系，鼓励集聚区内物流基础设施、物流信息平台共享共用，为制造业物流需求释放提供良好的服务条件。严格控制集聚区内制造业企业自营物流用地，凡能够委托外包的物流资产和业务，都要实行社会化运作。鼓励区内制造业企业与专业物流企业建立物流业务托管机制，形成制造业企业进行集约生产，物流企业提供专业化服务的格局。生产服务型物流园区要面向周边制造业企业，充分发挥园区布局集中、用地节约、功能集成、经营集约等优势，整合物流资源，增强吸引力和辐射力，提高为制造业服务的能力和水平。

（六）做定制，促融合联动

鼓励制造业企业引进专业第三方物流企业，开展物流规划，再造物流流程，实施一体化物流管理，保障物流活动在供应链体系内的有效运作。鼓励物流企业深入了解制造业企业物流和供应链运作模式，提供定制化服务和规范化运作，引导物流企业按照集成整合、便捷高效、服务增值、绿色环保的原则，加强与制造业企业的融合互动，加快向制造业物流服务商和供应链集成商转变。

（七）保要素，促融合联动

鼓励物流企业托管置换制造业企业物流要素，物流企业承租制造业企业的仓储、设备等闲置物流设施等，给予一定的土地置换的优惠政策。

（八）放需求，促融合联动

中小企业物流外包能够在一定程度上解决资源有限的问题，使企业更加专注于核心业务的发展。可以灵活运用新技术，降低企业的库存，降低成本；可以减少固定资产投资，加速资金周转；可以提高企业的运作效率。为此要改变企业落后的物流理念，鼓励规模以上制造业企业将其物流业务社会化，促进物流外包业务的发展。要引导中小制造业企业改变"大而全"的发展模式，逐步将非核心的运输、仓储、配送等物流业务从主业中分离，外包给专业物流企业。鼓励制造业企业整合现有车辆、仓库、场站等物流资源，委托专业物流企业运作和管理，利用物流企业的集约化、网络化和规模化经营优势，提高物流运作效率；鼓励制造业企业与物流企业深化合作，通过多种形式进行资产重组，联合组建第三方物流企业；支持有条件的制造业企业分立物流服务企业，全面整合物流资源，组建专业物流配套企业，做强做大物流服务产业，提升经济运行质量。

物流精准扶贫带动农民增收致富

物流业是支撑产业扶贫、消费扶贫、电商扶贫的强大动能，是农资、生活消费品下乡和农产品上行的重要保障。物流扶贫贵在精准、重在精准、成败在精准。

一、精准布局基础设施

基础设施建设是完善农村物流服务体系的先导条件，也是拓展农村物流市场的关键所在。一是精准优化交通运输网络。加快县、乡、村三级公路改造提升，加强与高速公路、铁路和产业集聚区的衔接，加快推进贫困地区旅游路、产业路建设，逐步完善贫困地区交通基础设施网络，提升交通通达性。二是精准强化农村冷链设施。在贫困地区统筹布局建设通风贮藏库、气调贮藏库、机械冷库等农产品产地仓储保鲜冷链基础设施，规范农产品冷链物流流程，保障农产品上行通道的持久畅通。三是精准布局上行基础条件。贫困县布局县域物流产业园和分拨中心，实现仓储、物流、交易等功能多元化，为农村物流体系提供基础支撑。贫困乡布局田头市场，完善农产品预冷（冷藏）、分选、加工、包装、配货和检测等功能，构建农产品集聚地。贫困村布局扶贫车间，以合作社模式集约化发展特色农产品、特色手工艺品等乡村产业。

二、精准规划物流网络

一是建设服务网络。统筹县级物流配送和运输服务体系，建设县级农村物流中心，强化货运物流、商贸物流、邮政快递、农资配送的业务对接。加快乡镇运输服务站建设，完善乡镇运输服务站布局。建立健全村级农村物流服务点，发展紧密型农村物流联系网点，实现农村物流各类物资"最后一公里"和"最初一公里"的有序集散和高效配送。二是建设整合网络。推动客运、货运、邮政、快递、供销社等相关企业单位共享资源，在贫困地区建设共享网点、开行共享线路，有效降低运输成本。三是建设政策网络。推动公路收费站撤销合并，提高公路通行效率、降低公路运输成本。加大政策支持，对开通扶贫专线的物流企业给予一定的线路补贴。

三、精准发展特色电商

农村电商是转变农业发展方式的重要手段，是精准扶贫的重要载体。加快农村电商发展，有利于促消费、扩内需，推动农业升级、农村发展、农民增收。一是实施"一村一品"工程。整合当地农产品资源，以一个村（或几个村）为单位，发展市场潜力大、区域特色明显、附加值高的主导产品和产业，打造标准化、规模化、市场化特色农产品品牌。二是实施培育电商主体工程。充分发挥现有市场资源和第三方平台作用，培育多元化农村电子商务市场主体，鼓励各类社会资源加强合作，构建农村购物网络平台，实现优势资源的对接与整合。三是实施区域直播总部基地工程。发挥贫困地区现有电商龙头企业集聚带动效应，依托特色农产品、特色手工艺品等产业优势，加强与国内专业短视频、直播电商平台的合作，打造农村电商直播经济产业总部，助力农村电商产业发展。

四、精准对接消费客户

一是对接上行客户。拓宽贫困地区农产品销售途径，以线上线下相结合的方式，对接大型商超、社区，开设农产品专柜、专区、专馆，集中销售贫困地区特色农产品。二是对接下行农户。鼓励电商企业积极对接贫困地区农户，依托京东、拼多多、淘宝等电商平台开展专场销售、产地直播等活动，宣传贫困地区农产品和特色商品，帮助贫困地区拓宽产品销售和物流渠道。三是对接平行客户。移动互联网经济下，贫困地区应积极搭建全网、多屏、跨平台的产品销售渠道，通过举办优质农产品选品对接会等活动，宣传当地特色商品，实现与各电商企业选品渠道的对接。

五、精准建设信息网络

一是加强基础网络建设。完善电信普遍服务补偿机制，加快农村信息基础设施建设和宽带普及。促进宽带网络提速降费，结合农村电子商务发展，持续提高农村宽带普及率。提升农民使用智能手机的能力，帮助农民运用移动互联网拓宽电子商务渠道和畅通物流信息通道。二是加强功能网络建设。打造集物流信息采集、信息处理、信息发布、信息查询等功能于一体的农村物流综合信息服务平台，加强电商物流企业与运输、商贸流通、供销、邮政等多部门的信息网络衔接，实现资源共享、多站合一、功能集中的综合信息化服务。三是加强配送网络建设。推进乡村基层农村物流节点的信息化升级改造和标准化配置，把农村物流终端服务推送到广大农户。实现农村物流仓储、运输、加工、配送等上下游企业信息的互联互通，提高物流环节的智能化水平。广泛采用条形码、射频识别等先进的物流信息技术，增强企业对物流信息的掌控和有效管理，提高企业综合服务水平。

六、精准吸纳农民就业

一是加盟就业。鼓励电商物流企业在贫困地区设立加盟点，通过输出管理、技术和人才，带动当地产业发展，吸纳当地农民就业。二是培训就业。鼓励行业组织、高校和相关机构到贫困地区开展技能培训，专业化培养一批农村电商、冷链物流、农产品储运加工等技术人才。三是双向就业。引导具有实践经验的电商物流从业者从城镇返乡创业，带动农村电商物流产业发展。鼓励农民接受专业培训，向物流企业输出货运司机、装卸搬运工、仓储保管员、快递配送员等岗位人才，促进农村劳动力进城就业。

发展绿色物流，助力打赢污染防治攻坚战

绿色物流是指在物流过程中抑制物流对环境造成危害的同时，实现自身物流环境净化并使物流资源得到最充分的利用。发展绿色物流是推动物流业降本增效的重要手段，更是助力打赢污染防治攻坚战和社会经济可持续发展的战略措施。本文从政府和企业两个层面，提出发展绿色物流的多项措施。

一、政府层面构建绿色物流发展环境

绿色物流涉及规划、政策、载体、设施等诸多问题，政府应积极协调各方资源、加强基础设施建设、引导优化运输结构，为绿色物流发展创造良好的条件。

（一）以物流新基建为发展基础

"新基建"将重构生产、分配、交换、消费等经济活动各环节，催生物流新技术、新模式，加快行业智能化升级。一是实施物流新基础设施建设工程。建设以5G、物联网、人工智能、云计算、区块链等为代

表的新技术基础设施，推动物流业数字化转型和产业提质增效。二是实施物流基础设施智能化提升工程。加快公路、铁路、港口、机场等交通运输基础设施的综合化、智慧化、绿色化改造提升，推动物流"通道＋枢纽＋网络"等基础设施的智能化升级，构建新型智慧物流基础设施网络体系。三是实施智慧供应链建设工程。运用5G、云计算、大数据、人工智能、区块链等，搭建集智能制造、智能仓储、智能配送、智能结算等一体化的智能供应链平台，提供供应链设计、网络布局规划、物流流程优化等顶层的技术方案，提高供应链的协同化和敏捷化。

（二）以运输结构调整为推进手段

加快调整运输结构是推动交通运输绿色发展、打赢污染防治攻坚战的紧迫任务。一是将运输结构调整列入政府考核"硬指标"。政府相关部门应完善工作机制，综合利用市场机制和行政手段，提升铁路运输能力和服务质量，推动水运系统升级，着力减少能耗和碳排放。二是运输结构调整的重点是发展多式联运。通过畅通物流通道、完善集疏运网络、建立多式联运标准规则体系、优化运输结构、提升运输效率等构建网络联通内外、运转顺畅高效、标准衔接协同、支撑保障有力的多式联运体系。推动试点示范，鼓励多式联运骨干企业积极申报国家级和省级多式联运试点示范工程，支持企业在多式联运通道进行技术装备升级、运输资源整合、服务产品创新、互联网平台建设、标准规则制定等方面的创新发展。创新多式联运发展模式，积极发展以集装箱和半挂车为运载单元的驮背运输、空铁联运、江海中转、江海直达等多式联运新模式。

（三）以规范绿色物流发展为建设统领

一是制定绿色物流法律法规。推动绿色物流的发展，健全的法律体系、良好的法律环境必不可少。政府应推动制定有关法律法规，规范企业的经营行为，维护绿色低碳的市场秩序。在绿色交通方面，制订车辆废气排放标准、限制城区货车行驶路线、收取车辆排污费、淘汰不符合环保标准的旧车、推广绿色车辆的应用，采用行业准入等手段改进车辆的设计以减少对环境的危害等。在绿色包装方面，限制企业对非环保性包装材料的使用和产品过度包装，鼓励企业实施绿色循环包装。在绿色加工方面，对流通加工中可能产生的废气、废水和其他废物的排放予以规制，并监督加工企业将分散加工转向专业集中的流通加工，以规模作业方式提高资源利用率。采用清洁生产方式，减少环境污染，集中处理流通加工中产生的边角废料，减少废弃物污染。二是出台鼓励绿色物流的优惠政策。鼓励物流企业实施绿色化战略、应用绿色物流技术、建立绿色化物流流程，从而推动绿色化企业转型。对于绿色物流标杆企业，政府给予相应的税收、土地、信贷优惠政策，促使企业在物流活动中遵循"绿色化"发展原则。三是传播绿色物流发展理念。政府应通过政策法规，引导行业自律，推动企业把保护环境、节约资源作为可持续发展的使命。

二、企业层面强化绿色物流流程管理

绿色物流的本质是资源集约化，即整合现有资源，优化资源配置，提高资源利用率，减少资源浪费。物流企业应推动运输工具、运输方式、设施建管、包装、线路、流通加工的绿色化发展，从而助力打赢污染防治攻坚战。

（一）运输工具绿色化

运输过程中的燃油消耗和尾气排放，是物流活动造成环境污染的主要原因之一。企业应逐步使用符合标准的低碳环保车型来降低城市污染，逐步建立以新能源配送车辆为主体、小型末端配送车辆为补充的配送车辆体系。

（二）运输方式绿色化

一是开展多式联运。企业应主动与铁路、公路、水运、航空等基本运输方式有效衔接，运用标准化的运载单元工具，减少包装支出，保证运输过程的最优化和效率化。二是开展共同配送。企业之间应加强合作，成立城市共同配送联盟，以"集中采购+共同配送"模式共享物流资源、共同分担配送费用，降低物流成本、节约社会资源，同时削减在途运行车辆的数量，缓解城市交通压力，减轻环境污染。三是发展废弃物物流。废弃物物流是将失去使用价值的物品，根据实际需要进行收集、分类、加工、包装、搬运、储存等，并分送到专门处理场所所形成的物流活动。废弃物物流对促进资源再生利用、降低有害物质排放、减少环境污染具有重要意义。

（三）设施建管绿色化

一是绿色规划。企业应综合考虑产业布局、资源集聚和交通区位等条件，合理规划仓库、分拨中心等设施位置，科学优化功能，实现面积利用最大化。二是绿色建设。企业在建设物流园区、大型仓储设施中应用绿色建筑材料、节能技术与装备，以及能源合同管理等节能管理模式，实现仓库建设管理绿色化。三是绿色运营。采用环保产品对存储货物进行杀菌，采取现代化的储存保养技术，使用集装箱、托盘、笼车、周转箱等单元化装载器具，缩短装卸时间、降低货物损耗。

（四）产品包装绿色化

一是尺寸标准化。规范进入流通领域的产品包装尺寸标准，使其与托盘、集装箱等运载单元和仓储设施、运输工具尺寸匹配统一。二是使用循环化。使用周转包装，推广循环包装，减少过度包装和二次包装，节约包装材料和包装费用，提高包装材料的回收利用率，有效控制资源消耗，避免环境污染。三是材质环保化。选用再生材料、可循环材料和可降解材料，探索使用新型材料，生产符合可持续发展的包装，减少对生态环境和人类健康的危害。

（五）线路优化绿色化

一是科学设计。运用数学运算和模型，科学优化物流线路，缩短运输路线，提高运输效率。二是网络整合。加快网络货运平台发展，推动干线运输企业、城市配送企业加强合作，运用市场化手段整合物流运输网络，提高车辆装载率，实现节能减排。

（六）流通加工绿色化

流通加工指物品从生产地到使用地过程中，根据需要施加包装、分割、计量、分拣、组装、价格贴付、标签贴付、商品检验等简单作业的总称。流通加工具有较强的生产性，也是流通部门对环境保护可以大有作为的领域。一是变消费者加工为专业集中加工，以规模作业方式提高资源利用效率，减少环境污染。二是集中处理消费品加工中产生的边角废料，以减少消费者分散加工所造成的废弃物的污染。

提高产业包容度，促进物流高质量发展

物流业的产业结构、空间布局结构、资源配置结构、运输结构等与城市的包容度关系密切。提高物流产业的包容度，是提升物流业的服务能力和水平、促进物流业高质量发展的关键。

一、转变几个观念

物流业在我国发展的历程较短，改革开放四十多年来经历了从"小、散、弱"到逐步规范发展的阶段。由于社会各界对物流业在国民经济中的重大作用和贡献度认识有差异，因此对物流行业发展也存在褒贬不一的看法。

（一）占用资源多，特别是土地

以国家物流枢纽和国家级示范物流园区为例，其申报条件要求占地面积必须大于750亩。由此可见，改变物流业"小、散、弱"状况和实现降本增效的根本是推动其规模化、集约化发展，这也是由物流业自身发展特性所决定的。

（二）环境污染大，主要指车辆

目前我国公路货运量占全年货物运输总量约80%。公路运输具有灵活性强、设备投资少、中短途运送速度快、可实现"门到门"直达运输等特点，是目前我国最主要的货物运输方式。我国产业结构，也决定了在一个较长时期内公路运输具有较强的竞争力。推动淘汰高排放运营车辆、推进大宗货物运输"公转铁、公转水"集约高效发展，为打赢蓝天保卫战、打好污染防治攻坚战提供了有力的政策支撑。

（三）当地贡献少，主要是税收

据公开数据，截至2022年或2023年初，交通运输、仓储和邮政业税收平均贡献率为3%。税收贡献率的高低绝不是衡量物流业贡献的唯一标准，而应从其对国内生产总值的贡献、对调节和平衡市场供需方面的贡献、对市场发育和完善的贡献、对满足社会消费需求的贡献，以及对扩大就业和推进产业结构调整等多个方面综合考量。

（四）交通压力大，主要是城市

城市物流配送车类型多、数量大，既有企业自营车辆又有临时租赁车辆，管理难度大、安全隐患高，给城市交通带来巨大压力。近年来，国家和省市出台各项措施规范城市配送和快递车辆，引导物流企业使用新能源车辆和开展共同配送，对于减轻交通压力和城市污染、提高通行安全起到了积极的作用。

二、怎样衡量物流发展

（一）从产业定位看

国家发改委等联合出台了《关于推动物流高质量发展促进形成强大

国内市场的意见》提出，"物流业是支撑国民经济发展的基础性、战略性、先导性产业"，同时指出"物流高质量发展是经济高质量发展的重要组成部分，也是推动经济高质量发展不可或缺的重要力量"，充分肯定了物流业在国民经济组成中的重要地位。物流业产生的贡献不仅在于企业本身创造的税收、就业等，更在于支撑和促进区域内各相关产业产生更多的税收和就业，是培育经济发展新动能、推动提升区域经济和提高国民经济综合竞争力的有力保障。

（二）从对实体经济支撑看

物流业是实体经济的重要组成部分，是深化供给侧结构性改革、提升经济运行效率、增强经济发展的强大动力。在制造业方面，高效便捷的物流服务，是有效降低制造业物流成本，提升制造业企业全球竞争力，稳定产业链、延伸价值链的有力支撑。在农业方面，物流业完成了从田间地头的分拣、包装等流通加工到农产品的运输和配送，不仅服务农产品流通"最先一公里"，也是畅通农产品"上行"通道，减少中间环节，降低农产品物流成本的重要保障。在商贸流通业方面，物流业加速了商品的周转、提供了多元化服务，在降低商贸企业成本和流通费用、促进城市商业业态创新、优化城市产业结构、增强城市要素集聚等方面发挥了积极作用。

（三）从对民生保障看

社会零售服务业随着互联网经济、平台经济的发展产生了巨大改变，助推物流业从高速发展向高质量发展转变。物流业借助大数据、云计算、机器人等现代信息技术和装备，通过大力推进科学配载、线路优化不断提升物流服务能力，给消费者提供更多样化的选择。一是在保障人民基本生活方面，通过发展城市物流、城乡高效配送，保障了城乡生产生活物资、居民消费品、医疗物资等及时配送。二是在满足人民高品质生活需求方面，通过发展新零售、即时物流满足了消费者"极速、准时"的物流配送需求；通过发展"生鲜电商+冷链宅配""中央厨房+食材冷链配送"等冷链物流新模式提升了居民的高端消费体验。

（四）从安置就业看

物流业是劳动密集型产业，国家发改委数据显示，全国共有物流相关法人单位40万家左右，从业人员超过5000万人。物流业在安置劳动力、促进就业方面做出了积极贡献。物流业也是融合仓储、运输、货代、信息、咨询等众多产业的复合型服务业，每年除了为物流、供应链、电子商务、信息技术、财务、市场等专业毕业生提供大量工作岗位之外，还为社会提供货运司机、保管员、物业维修人员、快递员、搬运工等基础工作岗位，拓宽了城乡居民劳动就业渠道。

三、实现包容性增长

（一）对物流基础设施的包容

一是作为城市的基础设施。将物流园区、分拨场站、末端配送中心等作为城市的基础设施，政府投入、统一规划、合理布局，形成物流中心与公路、铁路、水运、航空高效衔接的城市物流网络体系，提升城市物流承载能力，提高物流服务产业和区域经济的效率。二是作为城市"新基建"的重要组成部分。运用5G、云计算、大数据、人工智能、区块链等技术，搭建城市智慧物流大数据平台，作为城市"新基建"的重要组成部分，为城市物流规划和布局优化提供数据决策依据。

（二）对物流运输工具的包容

应坚持绿色化原则，选用新能源配送车、电动叉车等运输装卸工具，降低车辆尾气等污染物排放。积极推广共同配送、集中配送、夜间配送、分时配送等先进物流组织方式，创新依托无人机、无人配送车等智能化装备的无人配送模式，提高城市物流服务的便捷性，减轻城市交通压力。

（三）对物流网点布局的包容

物流网点的规模、功能与布局不仅直接决定物流效率，而且还直接影响交通、居民生活与环境等。城市物流网点对应的是其服务半径，网点布局越合理，物流响应速度就越快。城市外围应布局大型物流园区和多式联运基地，服务生产资料和生活资料的区域转运分拨；城市内部依次布局配送中心、物流仓、末端配送网点，服务城市居民生活消费。

（四）对物流项目考核的包容

应根据物流业发展特点，建立物流项目考核办法，制定差异化考核指标，降低对物流项目投资强度、亩产税收、容积率等强制考核力度，着重从优化物流布局、建设物流园区、完善市场和配送体系、培育壮大企业、服务带动产业发展、扩大就业渠道等方面考核现代物流业对区域经济发展的贡献度，实现物流业更高质量、更有效率、更加公平、更可持续的发展。

物流十大领域盈利模式分析

物流业是融合仓储、运输、货代、信息等产业的复合型服务业。面对不断上涨的运营成本和上下游企业持续挤压的利润空间，物流企业应增强核心竞争力来提升自身的盈利能力。本文结合行业特点和发展趋势，深入研究并提出运输、仓储、零担、专线、快递、园区、装备、危化品、农产品（冷链）、即时物流十大物流细分领域的盈利模式。

一、运输企业盈利关键在优化

运输成本是衡量运输工作质量和考核运输企业管理水平的重要指标，也是合理制定运输价格的基础，一般由燃油费、过路过桥费、人工成本、管理费用等构成。在货运行业激烈的市场竞争环境下，有效降低运输成本、提高物流效率是企业生存发展的核心竞争力。一是合理选择运输工具。综合考虑经济性、安全性和便利性，根据不同货物的特点及对物流时效的要求，选择合理、适价的运输工具。大宗商品优先选择铁路和海运，有条件的企业开展多式联运业务。公路运输尽量选用新能源车辆。

发展单元化运输，节约两端装卸时间和成本。二是制定最优运输方案。应采取直达运输，由产地直运到销地或用户，减少二次短驳运输。要消除相向运输、迂回运输等不合理运输计划，采用零担凑整、集装箱、捎脚回空运输等合装整车运输方法，扩大每次运输批量。三是提高货物装载量。改进商品包装，压缩疏松商品体积并积极改善车辆的装载技术和运输成本装载方法，最大限度地利用车辆载重吨位，充分使用车辆装载容积。

二、仓储企业盈利关键在共享

共享经济的发展，促进了线上和线下物流需求的有效释放，加速了仓储企业共享化转型。共享仓储不仅可以依托信息技术手段深度整合线上线下仓储资源实现优化配置，而且是企业降低运营成本增加收益的关键。一是空间立体化。采用高层货架、巷道堆垛机等设备将平面仓库升级为立体仓库，提高仓库空间的利用率，降低土地的购置成本费用。依托信息技术和自动化设备提高仓储效率，提升仓库管理水平，降低存储费用和人工成本。二是运营网络化。依托现代信息技术手段，实现仓储资源共享协同发展的仓储服务网络，提高单仓的覆盖半径和运营能力，拓宽仓储资源的营销渠道。三是服务综合化。仓储企业应提供库存管理、商品配送、流通加工、融资租赁等一体化、综合化的物流服务，将单纯的仓租收益转化为综合收益，实现由物流地产商向综合性物流服务商的转变。

三、零担企业盈利关键在集合

零担物流企业处于一个市场高度分散、产品同质化的完全竞争市场，单个零担企业相对于买方的议价能力较弱，行业盈利水平较低。面对激烈的市场环境和不断扩大的线上消费市场，零担物流企业必须增强服务能力、提高服务质量、扩大市场占有率。一是加强网络建设。全国型零担企业加强网络布局能力，在全国范围内合理布局建设分拨中心、网点和运输网络，依托新一代信息技术和装备提升业务服务能力。二是推动服务下沉。区域型零担企业加强服务下沉能力，依托区域网络推动网点下沉到县乡等三四级市场，实现区域内无盲点配送。加强与全国网络和区域外网络的合作，拓宽业务渠道。三是服务细分领域。加强服务细分领域的能力，研究细分行业特点，创新技术和服务模式，在服务电子商务、服装、家具家电、汽车零部件等行业深耕细作，打造品牌效应，实现在新环境、新竞争中突围发展。四是加快产业聚合。整合碎片化订单和零散的客户资源，加强企业之间的联动、联网和联合，推进"小散弱差"企业通过兼并重组实现集团化、集约化发展。

四、专线企业盈利关键在双向

提高专线物流车辆的利用率、提升专线运输的时效性是专线物流企业的核心竞争力。一是强信息。专线企业信息化水平的提升，有利于减少线路空载和规范业务流程。实现业务信息化，借助信息平台等资源将专线物流的线路信息通过网络传达给客户，增加专线物流的收货量，带来直接的收益。实现内部管理信息化，有效使用信息系统实现网上开票、货物跟踪、财务分析等，实现运营高效化和流程透明化。实现运输过程信息化，通过车联网管控平台，对车辆实时位置、轨迹、油耗等实现智能监控，提高车辆效率、保障时效、降低成本。二是重配载。专线物流的盈利点在于配载，配载的货量越充足，盈利能力就越强。专线企业应不断加强集货能力，实现车货合理配载，掌握市场的主动权。三是建联盟。专线企业应加强区域合作、有效整合资源，以联盟方式实现集约化、规范化发展，有效降低成本和提高市场占有率。

五、快递企业盈利关键在体验

目前，中国的快递行业供给体系质量不稳、效益不高，城乡区域发展不平衡，国际化水平低，中高端供给严重不足等问题较为突出，应重点从三个方面推动快递业向高质量转型。一是提升服务看体验。扩大服务广度，应按照市场需求增加快递服务的业务种类，尤其是加强细分领域和定制化服务能力。提高服务舒适度，依托自有末端网点、社区驿站代派点、菜鸟驿站等多种末端派送形式，融合共配、直配方式，进行多频次派送，提升派送效率和用户体验。二是扩大规模看网络。发展快递空中网络，通过加快国际快递航空网络布局，完善航空货运基础设施建设，加强标准衔接、技术提升和信息一体化建设，提高国际航空货运能力。健全乡镇配送网络，通过设立乡镇末端网点，完善农村基础物流设施建设，提供农产品综合物流服务和智慧供应链解决方案等，促进农村电子商务和快递业务发展，打通农产品上行流通渠道。三是提高效能看创新。运用大数据、云计算、人工智能等新一代信息技术，优化网络结构、路由规划、货量预测等功能，提升快递企业运营质量和效率，全面推动企业智能化水平。

六、园区企业盈利关键在功能

物流园区是物流业发展的重要载体，作为物流基础设施提供商，除了土地增值、仓库和设备租赁、停车和物业等收入外，应积极拓展增值服务，实现多元化经营。一是加强信息功能建设。建设物流园区信息平台，实现物业服务、停车、房屋和仓库租赁、安全监控、内部管理等信息一体化，提升园区管理信息化水平。同时配套运输管理、仓储管理、供应链服务、信息发布等功能，为园区入驻企业提供信息化配套服务，增加客户黏性。二是加强仓配能力建设。依托园区的仓储设施、运力资源和信息化平台，整合收货、仓储、拣选、包装、分拣、配送等功能，实现高效率、一体化物流服务。同时提供共享云仓服务和城市共同配送服务，降低入驻企业物流成本，提升园区综合服务能力。三是加强金融赋能建设。物流园区加强与银行和金融机构合作，搭建物流金融服务平台，为入驻企业提供小额融资服务。同时提供仓单质押、动产质押、保兑仓等金融服务产品，满足入驻企业的融资需求，提高园区收益。

七、装备企业盈利关键在租赁

近几年，物流装备行业快速发展，租赁方式成为共享经济下物流装备企业新的盈利模式。一是模式多元化。装备企业根据设备品类提供经营性租赁、融资性租赁、循环共用、共享等多种模式的租赁服务，根据客户需求制定个性化解决方案。二是品类多样化。大力发展运输设备、装载设备、仓储设备、分拣设备、末端配送设备等租赁市场，形成不求所有、但求所用的市场格局，以租赁模式提升装备企业和物流企业盈利空间，实现双赢。三是服务专业化。物流装备企业根据物流细分领域需求，提供专业化解决方案。依托大数据和共享物流理念，促进物流企业实现订单集成与订单合并功能的完善，形成以装备提升物流功能，满足市场需求。

八、危化品企业盈利关键在安全

危化品物流是相对高危的行业，仓储与物流环节已经成为防范危化品安全风险的重点。因此，加强危化品各物流环节的安全管控是危化品物流企业健康发展的重要前提。一是驾驶员安全管控。危化品运输企业要定期对驾驶员进行业务能力和素质的培训，强化驾驶员安全行车的意识，确保持证上岗。提升驾驶员突发事件应急能力和专业处置能力，降低危化品道路运输事故发生概率。二是货物装载安全管控。严格控制危化品装载数量和种类，避免因危化品装载数量及质量不合格引发的危险化学品运输事故。严格规范危化品运输流程，禁止错贴或不贴标签。选择与货物品类相匹配的专用车型，易发生反应的物品禁止混装。采取牢固、防撞击、防震动、防雨防晒防潮、清洁、密封等措施，以保证包装具备高安全性。三是运输车辆安全管控。运输车辆必须符合相关的运输要求，经常对车辆做技术性检查，最大限度地控制车辆风险。四是运营管理安全管控。制定相关的行业规范，定期对危化品运输企业进行安全检查，提高企业安全运营水平，及时排除风险隐患。

九、农产品（冷链）企业盈利关键在地头

随着电商产业的发展和居民消费水平的提高，生鲜农产品的物流量也逐年增加，做好农产品田间地头的品质把控、标准包装、冷藏存储，是农产品冷链物流企业提质增效的关键环节。一是做好农产品的产地初加工。制定针对不同品类的农产品加工标准和规范操作流程，在地头对农产品实施净化、分级、干燥、预冷、包装，减少货损、延长保质期、提高运输便利性。二是做好农产品全程追溯。农产品物流企业应严格把控"最先一公里"，依托物联网、GPS、GIS等技术从源头为生鲜农产品建立可追溯的"电子档案"，实现质量可追溯、位置可跟踪的全程冷链物流。三是做好农产品产地直采直供。产地直采直供不仅为消费者带来了更新鲜更实惠的商品，也给企业和农户带来了可观的利润。农产品电商和新零售企业与产地龙头企业或者种植大户加强合作，严格把控采摘时间和产品品质，保证质量统一、价格稳定，以及分拣、包装、仓储、运输等环节的透明化和标准化。

十、即时物流企业盈利关键在数据

即时物流作为物流行业中新的业态模式，其配送模式逐步发展为基于数据匹配实时需求与实时运力的配送服务。一是加强大数据分析能力。运用大数据、人工智能等技术，搭建涵盖定价、调度、补贴、核算、位置、运力规划、业务运维、指标监控等方面的即时物流分布式系统，实现促规模、保体验、降成本的目标。二是加强多样化服务能力。在高端餐饮领域，加强即时物流的规范化配送流程管理，向高端餐饮领

域延伸服务，满足人们高品质生活需求。在生鲜消费领域，提高配送时效、提升服务品质，扩展生鲜超市、生鲜市场、便利店、鲜花店等生鲜类商品配送业务。在商超零售领域，实现线上订单即时配送到家的便捷化服务。三是加强运力保障能力。加强人员管理，制定即时物流管理规范，建立配送人员诚信服务档案等，加强对从业人员的管理，提升服务水平。提高配送工具设备配备，提升配送人员幸福感和获得感，激发员工服务活力。

精准招商，实现区域物流产业协调发展

产业招商是基于当地产业结构，通过引进"四新"等高端产业，弥补产业短板、拉长产业链条，推动实现产业集聚和促进区域经济发展的有效手段。物流业是推动产业发展的加速器，应摈弃以土地、政策、收税为手段的招商模式，实施延伸供应链、提升产业链、创造价值链的精准招商，服务当地产业，促进产业结构优化升级，提升区域竞争力。

一、弥补短板

（一）"新基建"短板

"新基建"在优化产业结构、弥补产业短板、加快转型升级、催生新兴产业等方面优势明显。物流产业招商应注重补齐"新基建"短板，加快5G、大数据、物联网等新型基础设施建设规划和布局，推动"新基建"与传统产业向数字化、高端化融合发展，孵化物流产业新模式，成为引领行业发展的新支柱。

（二）运输结构短板

随着经济结构的不断调整，单一运输方式难以满足多元化的物流需求。国家出台《推进运输结构调整三年行动计划（2018—2020年）》等意见，为运输结构调整和优化、推进多式联运发展提出了明确目标。因此，物流产业招商应优先考虑多式联运基础设施建设项目和多式联运运营企业，弥补当地运输方式短板，降低综合物流成本。

（三）物流业态短板

物流业是多业态并存的复合型产业，在招商过程中应立足产业发展实际，整合物流资源要素，合理布局制造业物流、农产品物流、商贸物流等业态，满足不同产业的物流需求。同时引进智慧物流、电商物流、消费物流等物流新业态，推动物流业由传统业态向现代业态转型、由人工业态向智慧业态转变、由单一业态向复合业态转换。

（四）人才素质短板

物流专业人才是我国12类紧缺人才之一。在迈向物流业高质量发展中，我国对物流人才的需求呈现高端化趋势。物流规划师、物流咨询师、物流运营总监等已取代基层物流岗位，成为各家企业的争夺焦点。物流招商的对象不仅仅是物流企业和物流项目，应将高等院校、研究机构、人才培训基地等作为招商重点，形成区域物流高质量发展的人才培养和储备中心。

二、拉长链条

（一）供应链链条

推动供应链与农业、制造业、商贸流通业的高效协同和融合发展是长期的重要任务。物流产业招商应着力于补齐供应链短板，引进和培育具有全产业链服务能力的大型供应链服务平台企业，逐步建立与当地产业发展相适应的农业、制造业、商贸流通业供应链服务体系。

（二）产业链链条

物流业是提高产业链运作效能、加速产业发展的助推器。因此，物流业发展应在充分考虑区域产业特色的同时，着重引进和培育高端化、专业化、全球化的物流企业，强化产业细分领域服务能力，提高产业链附加值，助力当地特色产业迈向全球产业链的中高端。

（三）价值链链条

价值链的培育是提升区域经济竞争力的重要手段。物流产业招商应以做实物流链、做强产业链、提升价值链为主要着力点，重点引进具有国际服务能力的供应链企业，保障产业链各环节协同高效，实现价值链效益提升。引进战略规划、科技研发、信息服务、金融资本等企业，推动企业价值链、城市价值链、区域价值链向中高端跃升。

三、突出特色

（一）产业支撑的特色

区域产业基础和资源禀赋是物流业发展的必要条件之一，应深入分析当地产业规模、特色和结构，实施精准招商，推动物流业与当地产业深度融合发展。在农业、养殖业发达地区，重点引进农产品冷链、加工、贸易、电商等企业，提升农产品品质、加速农产品流通、实现产业价值增值。在制造业集聚区，重点引进加工型、贸易型、配套型等专业化物流园区。大宗商品交易、网络货运平台等业态的物流企业，形成完整的制造业供应链体系，加速产业提质增效。在商贸业集聚区，重点引进电商与跨境企业、快递企业、配送型物流园区，构建畅通、高效的物流网络，形成物流"成本洼地"，促进产业提档升级。

（二）功能互补的特色

物流产业发展应按照当地产业特色，布局物流功能要素，在大力发展物流基础要素的同时，通过新一代信息技术、智能装备、电子商务等新功能叠加，实现综合效能的提升。物流产业招商应着力补齐当地产业缺失功能，通过引进新型功能业态，实现与当地基础产业融合发展。

（三）基础做优的特色

物流业招商应避免追求数量和规模，立足夯实发展基础，转变发展方式，以优化布局、优化规模、优化功能、优化运输结构、优化人才队伍等为核心，引进"专""精"项目，激发区域和城市内生动力。

四、产业集聚

（一）以"四新"形成产业集聚

重点引进"新技术、新产业、新业态、新模式"四新物流产业，推动产业智慧化、品牌化、高端化、融合化发展。围绕发展线上经济，引进电商、直播、即时物流，打造服务民生的消费物流新产业。围绕发展总部经济，引进大宗商品交易、网络货运、电子商务等平台类企业，打造区域物流结算交易中心。围绕发展保税经济，引进跨境电商、保税物流、国际贸易、货代等企业，打造物流对外开放新高地。

（二）以环境形成产业集聚

营商环境就是生产力和竞争力。以规划引导产业集聚，围绕区域产业规划布局交通物流基础设施，形成内联外畅、高效敏捷的交通物流网络。以政策推动产业集聚，围绕税收、土地、金融、人才、科技等方面，精准出台招商引资政策措施，形成吸引物流企业投资发展的政策高地。以简化审批、流程再造吸引产业集聚，为入驻企业提供全流程保姆式服务，推动项目落地。

（三）以要素形成产业集聚

中共中央、国务院出台《关于构建更加完善的要素市场化配置体制机制的意见》提出，提高要素质量和配置效率，引导各类要素协同向先进生产力集聚。重点聚焦各要素瓶颈，破解制约物流业发展的障碍。土地要素方面，做大增量，盘活存量，提升改造闲置的厂房、园区，为物流业发展提供足量空间。劳动要素方面，畅通劳动力和人才流动渠道，为城乡劳动者和高端物流人才营造良好就业发展环境。资本要素方面，鼓励各金融机构创新产品和模式，加大地方财税政策的支持。

（四）以龙头形成产业集聚

强化龙头企业招引、培育力度，把龙头企业作为产业"点金石""催化剂"，发挥龙头企业在产业链中点睛、催化、集聚作用，形成大企业顶天立地、中小企业铺天盖地的市场格局。

物流产业招商应从本地实际出发，找准发展定位，不断创新物流、产业联动招商模式，大力推动物流与产业一体化发展，让流动的市场要素"安家落户"，让优质的物流项目"落地开花"。

"垂直物流"——从粗放管理到精益管理

"垂直物流"是指城市超高层建筑建设过程中建筑施工材料及装饰材料的物流运行系统。精益化的"垂直物流"系统是提高建设施工效率、降低施工材料资金占用率、降低工程项目造价的关键。本文聚焦城市超高层建筑施工过程中"垂直物流",提出提升其效率和质量的路径。

一、"垂直物流"的主要特征

中国超高层建筑的开发建设已取得巨大的成就。超高层建筑施工难度大、工期要求紧、质量控制严,对物流服务要求高,为其配套的"垂直物流"具有以下特征:

(一)运输距离短

在我国,建筑规范规定100米以上高度的建筑即为超高层建筑。全球最高的建筑是位于迪拜的总高828米的哈利法塔。因此,从理论和实际操作层面,建筑高度即为物流运输距离,一般在100-1000米之内。

（二）运输方式单一

超高层建筑施工材料运输主要以塔吊和货梯为主，混凝土输送泵和人工倒运为辅的方式。塔吊主要运送钢筋、机电设备等体积重量较大的材料设备；货梯主要运送小批量材料和施工人员；混凝土输送泵属于特种装备，主要用于建筑物的混凝土浇筑。

（三）配送时效强

由于受施工工期、天气条件、环保政策等影响，配送时效性尤为重要。"垂直物流"的时效性体现在两个方面，一是提高整体物流效率保障施工工期，二是合理规划工程各阶段不同材料的楼层配送和进场线路，实现统筹规划、分步实施。

（四）商流品种少

"垂直物流"主要面向建筑施工所使用的水泥、砂石、混凝土等建筑材料，建筑内外的装饰材料，以及各类机电设备的物流服务，品类简单、作业过程专业化程度高。

（五）逆向物流弱

超高层建筑所用材料大都按照工程施工的相关标准选用标准化材料和以建筑设计要求选用的定制化材料为主，采用进场后施工和安装的方式，与普通物流服务相比货损少，逆向物流量可忽略不计。

二、提升"垂直物流"效率和质量的路径

（一）安全性

一是合同管理安全。建筑施工涉及采购方较多且原材料进厂的递进性，各类材料设备应从采购环节开始合同约定物流方式，明确各方责

任，保障物流流程有效衔接和完整顺畅。二是运输工具安全。应制定相应的安全责任管理规范，规范运输工具操作和使用流程，定期检查维护，保障各类物资运输时效性和安全性。

（二）协同性

一是总包分包协同。总包单位应与各分包单位根据施工项目具体要求签署委托协议，按照施工进度统筹各施工材料的采购、进场、安装时间，编制详细的物流线路方案。二是内外装饰协同。超高层建筑施工不同于普通建筑的施工流程，要根据高层建筑的物流规律，按照内外速度均衡，合理安排物流进度。三是天气季节协同。超高层建筑施工受天气、季节影响较大，应制定针对恶劣天气的应急物流措施和季节性施工物流技术方案，保障工程质量和施工安全。

（三）线边性

建设场内线边物流，对于用量较大的钢筋、砂石、混凝土等材料，严格按场内不间断作业方式保障施工需求。工厂线边物流，对于装饰材料、卫洁具、电器设备等根据建筑物流作业系统，提高工程材料生产效率与物流效率的匹配度，保障"垂直物流"的及时、准确配送。

（四）单元性

单元化运输有助于提高运输效率和保障材料设备的安全。超高层建筑商流活动应使用标准化单元器具，降低"垂直物流"运输风险、提高运输效率。根据超高层建筑的特点开发单元化运载工具，满足不同条件、不同商品的垂直化运输。

"C2F"催生消费物流新模式

在互联网和移动互联网高速发展的时代，阿里、淘宝、京东等电商平台已经由新兴产业逐步变为传统产业，原有的"B2B""B2C""C2C"等商业模式也逐渐暴露出同质竞争、烧钱过剩、服务下降、泡沫过高等弊端。"C2F"模式符合国家供给侧结构性改革的方向，对于去产能、去库存、降成本意义重大，将成为下一轮高质量发展的新蓝海。本文重点分析"C2F"模式的优势，提出"C2F"模式下消费物流转型升级的路径。

一、"C2F"模式的优势

"C2F"是消费者通过互联网向工厂定制商品的一种新型电子商务模式，依托互联网、物联网、大数据、人工智能等信息技术手段将工厂、消费者、产品、信息数据互联，重构整个社会的供需关系。与传统购物、电商购物、厂家直销等传统商业模式相比，"C2F"模式具有以下几个明显的优势：

（一）降成本

"C2F"模式的核心是通过聚合数量庞大但是分散分布的用户形成一个强大的采购群体，使其享受以大批发商的价格买单件商品的利益或者分享在交易中产生的利益。从生产环节看，"C2F"模式是由消费者直接向工厂规模定制，压缩了传统商业模式的中间环节，提高产品生产的时效性和管理效率。从流通环节看，"C2F"模式通过订单式生产实现商品的零库存，大大降低了库存和资金的挤压。通过缩短流通环节降低了产品的正向和逆向物流成本，避免了产品的周期性和滞销的问题。从产品成本看，"C2F"模式是工厂直接面对消费者，没有中间商、零售商，没有实体店面费、渠道推销费，将所有的利益都投入市场，让消费者得到更多实惠，实现消费者与工厂的双赢。

（二）扩市场

"C2F"是完全以客户需求为导向，将消费者放在消费链终端，使得消费者的利益最大化的商业模式。其打破了原有商业模式中厂家对平台、平台对客户、厂家不了解客户的信息壁垒，通过互联网、物联网、大数据等手段，将客户的真实需求进行收集和分析，再将需求数据与产品研发、设计、生产等环节共享，让所生产的商品更符合消费者喜好，从而提高产品市场份额，增加客户黏性。

（三）促消费

随着经济发展和消费水平的提升，消费者要求和期望越来越高，提供差异化产品成为消费者对企业的基本要求之一。"C2F"模式则恰好迎合了消费者追求个性化、差异化产品的需求，有利于吸引消费者加入产品设计环节，有效激发市场活力和社会创造力。同时，线上经济的蓬勃发展，也为"C2F"模式下生产的商品提供了立体化展示的平台，尤其是对于新品牌、新产品，"C2F+直播电商"的模式能快速提高品牌和产品的曝光度，提升品牌传播与营销转化效率，实现更广泛的用户触达。

（四）变动能

"C2F"模式是在"工业互联网"背景下产生的一种"短路经济"，其特点是按需求生产、没有库存、避免生产过剩，符合我国供给侧结构性改革的总体要求。同时，"C2F"作为新型互联网商业模式，不仅可以激发生产和消费活力，还对于推动制造业和工业互联网的动能转换，打造新型的生产消费生态圈具有重要的意义。

二、"C2F"模式下消费物流的转型升级

"C2F"模式从整体看比传统的商业模式链条更短，虽然减少了流通环节的仓储、运输等多个物流活动，但是对于全流程的物流组织的精准性、敏捷性，以及高效化、柔性化提出了更高的要求。

（一）生产企业精准对接

"C2F"模式运用智能化和信息化手段实现了生产端与销售端的实时对接，物流作为连接生产和消费的重要组织活动必须具备快速的响应能力和敏捷服务能力。物流企业应提升自身的管理水平、服务能力，运用先进的设施装备，开发精准服务生产企业的智能化订单系统，满足"C2F"模式下多品种、小批量、个性化订单需求，提高物流效率、降低物流成本。

（二）消费客户精准服务

消费者是"C2F"模式的主导者，满足消费客户的物流需求是衡量物流服务能力重要标准。在此商业模式下，通过物流与生产和消费的深

度融合与协同，一方面应推进个性化定制产业的转型升级，为消费者提供顶级品质、平民价格、个性专属的商品；另一方面强化物流时效性、敏捷性，提升消费者的消费体验感。

（三）消费数据精准挖掘

数据直接反映研发、生产、物流、销售等各个环节真实状况，也是推动企业优化升级的重要依据。企业应着重提升数据获取与分析能力，为物流服务与"C2F"模式发展创造更好的条件。强化物流数据的挖掘能力，实现基于大数据的消费分析、库存控制，通过合理的算法和模型来分析预测未来的潜在需求，从而进一步优化物流流程，提高商品配送时效性。

（四）物流设施精准优化

基于消费物流的特点，优化物流节点，合理布局物流中心和配送中心。优化物流线路，实现最小运输成本目标的商品物流配送路径模型设计及其优化求解。优化物流组织模式，在传统电商网络快递＋仓配一体模式的基础上，建立多级分仓＋即时配送体系。优化物流信息网络，实现运营与物流信息的动态集成、物流业务流程的监控与管理，满足"C2F"模式下订单分散化的物流需求。

物流协同"三大工程"建设共荣发展

加快推进保障性住房建设、"平急两用"公共基础设施建设、城中村改造"三大工程"，促进房地产市场平稳健康发展。物流作为国民经济基础性产业，在"三大工程"建设中相互促进，共荣发展。

一、保障性住房与物流共荣发展

（一）保障性住房为物流行业提供了稳定的基础

保障性住房是指为低收入、特殊群体或经济困难家庭提供廉租房或公共租赁住房等住房保障措施。物流是人力密集型行业，需要大量的劳动力从事仓储、搬运、配送等工作。因此，保障性住房对于吸引和留住物流行业的相关劳动力具有重要意义。保障性住房为这些流动性较大的人群提供相对稳定和经济实惠的住房选择，满足他们的居住需求，从而增加他们在物流行业中的工作稳定性和专业发展的吸引力，为物流行业提供了稳定的劳动力市场。

（二）物流行业的发展极大地促进了保障性住房的建设

保障性住房的合理布局和规划影响物流的配送效率。合理的住房规划能够确保物流人员就近居住，减少通勤时间和成本，提高工作效率。此外，保障性住房项目周边的基础设施建设和交通路网配套设施为物流配送提供便利条件，可以降低物流成本，提高物流的运营效率。

保障性住房为物流行业提供了稳定的劳动力市场，而物流行业的发展又促进了保障性住房的建设。然而，这种关系也面临着一些挑战。只有通过政策、法律、规划、建设、管理的全面改进，才能真正实现保障性住房与物流的和谐发展。

二、"平急两用"公共基础设施与物流共荣发展

"平急两用"公共基础设施是指在平时可以提供常规的公共服务，而在突发事件或紧急情况下可以快速转变为应急设施。无论是日常生活用品，还是医疗物资，都需要通过物流系统进行流通。"平急两用"公共基础设施是物流网络中的重要一环，就像一座移动的物流枢纽，既承载着日常的物资运输储存，又能在紧急情况下提供庇护场所。

（一）物流应急配送

在突发事件或紧急情况下，物流的运作往往需要更快速、高效地进行。"平急两用"公共基础设施可以提供应急配送服务，为受灾地区或紧急需求地区提供及时的物资供应。这种基础设施的灵活性和响应能力加快物流配送的速度，满足紧急情况下的物流需求。

（二）应急物资储备与供应

物流行业在灾难、紧急事件发生时，需要有足够的物资储备以应对

紧急需求。"平急两用"公共基础设施可以作为储存和分发应急物资的场所，并协助物流行业进行物资调度和供应链管理。

（三）救援物资和人员转运

在灾难救援工作中，物流的配送能力和运作效率对于救援行动的成功至关重要。"平急两用"公共基础设施可以成为救援物资和人员的转运中心，通过提供特定的设备和设施，协助物流行业迅速组织救援物资和人员的转运工作。

（四）紧急通信与信息传递

物流行业在灾难事件中需要进行紧急通信和信息传递，以调度资源、协调行动和提供实时信息。"平急两用"公共基础设施可以提供通信设备和网络支持，从而提高物流应急响应的能力。

"平急两用"公共基础设施坚持存量优先，积极盘活城市郊区低效和闲置房屋建筑等存量资源，避免资源浪费。坚持市场运作，充分发挥市场机制作用，吸引更多民间资本投资建设，政府做好宏观调控管理和基础设施配套。坚持稳妥有序，根据城市空间规划和人口分布，重点选择基础条件好、市场支撑性强的城市郊区布局建设，做到适度集中。坚持急时能用，制定平急转换方案，健全平急转换机制，确保"平时"可持续运营、"急时"能够快速转换。

三、城中村改造与物流共荣发展

城中村是指位于城市核心区域或其周边地区的老旧住宅区，通常存在着低水平的居住条件、土地利用不合理、基础设施落后等问题。为了提升城市的居住环境和提供更好的公共服务，城中村改造成为许多城市的重要任务。

（一）充分考虑居民物流需求

物流行业作为城市经济的重要支撑，需要有相应的运输和配送网络。城中村改造会对现有的土地利用和建筑结构进行重新规划和改造，涉及物流配送网络的调整。改造后的新建小区需要重新规划道路和交通设施，以适应物流配送的需求。通过城中村改造，可以优化物流网络的布局，提高物流配送的效率和便利性。改造过程中，需要充分考虑建设配送中心、网点等物流基础设施，提升物流运输的时效性和准确性，满足居民日益提高的消费需求。

（二）促进产业融合发展

城中村改造促进物流行业与其他产业的深度融合，实现产业升级和价值链提升。例如，在城中村改造中引入电商、快递、配送网点等新兴产业，鼓励物流企业与电商平台合作，推动物流与电商的共同发展。通过城中村改造，为物流行业提供了更好的发展环境和条件，促进城中村居民消费经济的繁荣发展。

（三）助力环境改善与品质提升

城中村改造旨在提高城市的居住环境和居民生活质量。通过优化交通布局、增加公共绿地等，提高城市的宜居性。大力发展居民逆向物流，推动生活方式绿色低碳转型，为城中村居民提供更多就业机会和高质量的绿色物流服务。

通过城中村改造，优化物流配送网络的布局，提升物流效率和服务质量，为物流行业的发展提供更好的环境和条件。同时，物流行业发展为城中村改造注入了新的经济活力，促进城市的可持续发展。

聚焦服务能力，培育隐形冠军企业

培育隐形冠军，打造中流砥柱，是未来中国经济持续增长的中坚力量，是中国经济高质量发展的重要抓手，是中国产业结构升级的重要途径。深耕核心技术和聚焦客户服务是隐形冠军企业成功的关键因素，也是开拓市场、赢得客户的核心战略。对于物流业来说，培育隐形冠军应着重聚焦供应链、产业链、价值链的"三链"服务能力，加快形成"塔形"产业梯队和"雁形"专业梯队，激发促进经济内外良性循环的市场主体活力。

一、聚焦供应链完善，形成需求侧配套能力

（一）服务制造业供应链

在全球化一体化趋势下，建立采购、制造、销售协同发展的供应链体系是提升制造企业核心竞争力的关键。通过物联网、大数据、云计算等信息技术，强化物流业与制造业深度融合，为采购物流、入场物流、线边物流、配送物流、逆向物流等提供全方位透明、感知、敏捷的服

务，提升物流企业供应链服务能力。

（二）服务"三农"供应链

我国是农业大国，"三农"问题关系到社会稳定、国家富强、民族复兴，服务"三农"的根本目标是实现农民增收、农业发展、农村稳定。引导农民成为农村商流、物流的参与者，拓宽农民增收渠道；发展信息化、标准化、可追溯的农产品冷链物流，打通农产品上行通道；打造农村供应链服务体系，形成城乡一体化发展的服务能力。

（三）服务消费供应链

中国经济进入"新消费时代"，其主要特征由居民消费服务需求拉动、由科技创新升级供给方式、由供应链管理带来效益增加。应抓住消费升级机遇，围绕居民衣食住行等生活消费，积极培育服务线上、线下等多种模式和传统销售、新零售等多种业态的消费物流企业，打造满足人们对美好生活向往的新消费供应链体系。

二、集聚产业链延伸，形成供给侧配套能力

（一）服务"四新"产业链

以"新技术、新产业、新业态、新模式"为代表的"四新"经济蓬勃发展，成为推动产业链创新发展的新动能。应加快现代信息技术与物流的融合应用，创新物流企业的技术、管理、模式，培育以物流企业为链主的"四新"产业链服务体系，催生"四新"产业化规模。

（二）服务新基建产业链

发展以5G、人工智能、物联网、大数据等为代表的新基建既是新一轮科技革命和产业变革的必然，也是国家战略的需要。物流是电商经

济和新经济的基础设施，是新基建的重要组成部分。培育以自动驾驶、无人配送、智慧仓储、智能分拣为代表的物流装备企业和运用大数据、云计算、区块链、智能算法等物流信息化企业，形成物流新基建服务于国家新基建战略发展的新格局。

（三）服务自贸区产业链

自贸区的设立是要通过更大范围、更广领域、更深层次的改革探索，激发高质量发展的内生动力，形成全方位、多层次、多元化的开放合作格局，打造国际合作与竞争新优势。要依托自贸区制度优势，加快布局和培育以跨境电商、国际物流、供应链金融等为代表的科技型、外向型物流企业，提升产业链供应链先进性、稳定性和竞争力，形成外向型经济产业链新高地。

（四）服务国家战略产业链

"一带一路"、京津冀协同发展、长江经济带及黄河流域生态保护和高质量发展等国家战略的提出，加快推动了区域的合理分工和优化发展，正逐步形成优势互补、高质量发展的区域经济布局。要依托区域公路、铁路、港口、内河等物流枢纽，加快区域间的物流通道建设、网络建设，打造国内国际双循环相互促进的新产业链体系。

三、聚焦价值链提升，形成平衡侧配套能力

（一）服务城市经济价值链

城市经济是以城市为载体和发展空间，一、二、三产业繁荣发展，经济结构不断优化，资本、技术、劳动力、信息等生产要素高度聚集，规模效应、聚集效应和扩散效应突出的地区经济。城市经济和城市竞争

力的强弱取决于其占有、配置生产要素和资源的能力，物流业所具有的集聚能力、辐射能力、流通能力恰恰是城市经济发展所必需的核心能力。因此，应优化城市物流产业布局，重点培育物流企业对于加速资源要素集聚、推动城市产业发展扩容升级的能力。

（二）服务城市群价值链

我国城市群发展格局逐步形成，以京津冀、长三角、珠三角、成渝等为代表的城市群的集聚效应正在日益凸显，已经成为我国经济社会发展的重要载体。在城市群内部，要布局多层次、多核心的物流网络，培育一批空间上高度集聚、上下游紧密协同、供应链集约高效的物流产业集群；在城市群之间，大力发展多式联运、干线甩挂运输，推动区域交通基础设施互联互通和产业经济间合作发展。

（三）服务国家价值链

我国制造业规模居全球首位，是全世界唯一拥有全部工业门类的国家。在当前实施产业基础再造和加快产业自主创新形势下，打造高附加值产业链、提升国家价值链是推动经济高质量发展的核心任务。提升物流企业服务国有大型企业能力，要加快核心产业技术攻关，积极填补国际产业链高端空白；推动物流企业与"专精特新"中小制造业企业融合发展，形成一批特色化、精益化、细分化、高端化的新型工业供应链企业，为国家价值链增值提供基础保障。

（四）服务全球价值链

随着经济全球化进程的推进和深化，中国融入全球价值链的程度不断加深，中国制造业在全球价值链中的地位也稳步提升。应把握全球产业链、供应链重构的历史机遇，加快培育一批国际贸易、国际物流企业，深度参与全球价值链合作；加快中欧班列集结中心建设，培育组织、运营、集货能力强的平台型物流企业；加快航空货运发展，放宽航空货运准入条件，培育一批具有国际竞争力的航空货运企业；加快国际海运发展，完善全球海运服务网络，为我国产业融入全球市场体系提供物流服务支撑。

把物流业打造成为新质生产力

　　新质生产力是一个经济学概念，用于描述那些显著提高生产效率和效果、并能引发结构性变革的生产力类型。新质生产力是以新技术、新经济、新业态为主要内涵的生产力，具有强大的战略引领力，强大的发展潜力，强大的竞争优势等特征。新质生产力是创新起主导作用，摆脱传统经济增长方式、生产力发展路径，符合新发展理念的先进生产力质态。它由技术革命性突破、生产要素创新性配置、产业深度转型升级而催生，以劳动者、劳动资料、劳动对象及其优化组合的跃升为基本内涵，以全要素生产率大幅提升为核心标志，特点是创新，关键在质优，本质是先进生产力。

一、物流业具有成为新质生产力的巨大潜力

（一）对于经济社会的稳定和发展具有重要作用

　　物流业贯穿一二三次产业，衔接生产与消费，涉及领域广、发展潜力大、带动作用强。当前，我国经济已由高速增长阶段转向高质量发展

阶段，正处在转变发展方式、优化经济结构、转换增长动力的攻关期，迫切要求物流业以供给侧结构性改革为主线，推动物流业发展质量变革、效率变革、动力变革，实现高质量发展，为壮大国内市场、经济高质量发展提供基础和有力支撑。通过提升物流效率、降低物流成本、优化物流资源配置，可以从整体上改善新兴产业和未来产业的运行效率，提高新质生产力的经济效益，从而提升国民经济的综合实力和竞争能力。

（二）在新兴产业的发展中起着至关重要的作用

物流业是推动新兴产业发展的关键因素，能够为新兴产业提供必要的支持和服务。新兴产业具有快速发展和变动性强的特点，需要高效的供应链管理来支持。物流业通过提供高效、可靠的物流服务，帮助新兴产业实现灵活的生产调整，并迅速响应市场需求。物流业积极应用创新技术和解决方案，推动新兴产业和未来产业的发展壮大。物流企业通过建立国际物流网络、跨境贸易等服务，帮助新兴产业开拓国际市场，促进产品的进出口贸易，提供全球化的物流支持。在新经济、新技术、新商业模式等新兴产业的推动下，物流业正不断适应和创新，为新质生产力发展提供重要的支撑和保障。

（三）在促进就业和改善民生方面具有重要作用

通过建设适应新质生产力物流基础设施和创新物流服务模式，为新兴产业和未来产业提供多样化的就业岗位。物流业是各个产业链之间的关键环节，通过提供高效、可靠的物流服务，促进新兴产业上下游的协同发展，进一步扩大了就业范围。随着物流业的快速发展，物流业促进了城乡一体化和区域协调发展，提高了居民的生活水平和生活质量。

（四）具有传统产业、新兴产业和未来产业的共同属性

传统产业既不是低质生产力，也不是代表落后产能。作为传统产

业，物流业在经济活动中具有长期性和稳定性，在商品生产、流通和消费过程中起到关键的支撑作用，已经形成了一整套成熟的管理体系。随着经济全球化和电子商务的快速发展，物流业逐渐转变为新兴产业。除基础服务外，还包括供应链管理、电商物流、冷链物流、跨境物流等新兴领域。随着人工智能、物联网、大数据等技术的广泛应用，物流业得以实现数字化、智能化和高效化转型，也将是未来产业的重要组成部分。物流业作为新质生产力，在提高资源利用效率、优化供应链配置、提升流程效率、实现定制化服务和推动产业链、价值链升级等方面具有重要作用，持续为经济发展注入新的动力和活力。

物流业在促进经济增长和新兴产业发展、扩大就业和民生改善等方面具有重要作用，因此具有成为新质生产力的潜力。然而，要实现这一潜力，物流业需要不断创新、提高服务质量和效率，加强与新兴产业和未来产业融合协同发展。只有这样，物流业才能在新时代中发挥更大的作用，成为新质生产力的重要组成部分。

二、物流业成为新质生产力存在的主要差距

（一）发展潜力释放不足

一是物流效率低。缺乏有效的信息共享、协调机制和高效的物流管理系统及技术，物流效率低，运营成本高，影响了新质生产力的盈利能力。二是服务水平不高。缺乏专业的物流人才，缺乏个性化的服务设计和高质量的运营管理，难以满足客户多样化需求，影响新兴产业的市场拓展能力。三是物流产业内部协同不足。物流业是综合性产业，由于缺乏有效的合作机制和协同规划，物流产业内部协同不足，降低了整个供

应链的效率和竞争力。

（二）发展竞争优势不明显

一是供应链韧性不足。供应链面对突发事件或变化，缺乏应对能力，无法快速适应和调整。缺乏实时共享和沟通，难以形成协同。高度依赖关键环节，对新兴产业的整个供应链产生严重影响。二是成本控制能力弱。物流业的成本控制是竞争优势的重要来源，企业缺乏有效的成本控制机制，竞争优势不明显。三是战略执行不到位。物流企业发展战略与新兴产业市场环境、客户需求等匹配度不高，竞争优势无法体现。

（三）引领力先导性不强

一是缺乏战略规划。物流企业缺乏长期战略规划，无法为新兴产业的发展提供有价值的引领，难以适应新兴产业发展的需求。二是产业融合度不够。物流业与新兴产业间数据和信息不能有效共享和交互，流程未能有效整合，协同效率低。物流与新兴产业的技术应用相对独立，利用新技术的潜力发挥不够，无法实现更高效、智能、可持续的运作模式。三是创新适配度不强。物流系统缺乏灵活性和适应性，无法适应新兴产业市场和客户需求的变化。物流业缺乏标准化和规范化，缺乏相应的创新能力和资源，难以引领新兴产业的市场需求。

三、物流业成为新质生产力的着力点

基础性主要体现为对国民经济的贡献度，战略性主要体现为对国民经济的渗透度，先导性主要体现为对国民经济的引领度。

（一）强化基础性

基础性产业指为区域经济增长、社会发展、人民生活提供公共服务的产业。按其作用性质可进一步划分为生产性基础产业、生活性基础产业、社会性基础产业。中国物流产业进入了理性、务实、快速发展的新阶段，成为国民经济的重要组成部分，对国民经济的拉动作用越来越明显。物流业涵盖了生产、生活、社会三大基础性产业，在市场经济中，是生产与消费、供给与需求、社会与民生之间的有效连接纽带，创造了大量的就业机会。物流业具有促进产业结构调整和转型升级、提高人民生活水平，以及保障国民经济稳定发展等基础性作用。一是发挥市场在资源配置中的决定性作用，强化物流企业市场主体地位，激发全社会创造力和市场活力，畅通物流要素自由流动，实现新质生产力要素配置效益最大化和效率最优化。二是围绕现代新兴产业规模化聚集化发展和区域协调发展，加强物流与新兴产业和未来产业深度融合，形成完整的新质生产力的供应链体系。探索通道经济、枢纽经济新范式，培育新质生产力发展的新动能。三是更好发挥政府作用，健全物流市场运行机制，把物流业作为国民经济重要的经济部门，纳入国民经济行业分类，构成全社会经济活动的结构性框架。进一步理顺核算统计范围，在此基础上形成与新质生产力相匹配的统计评价体系。做到放活与管好有机结合，提升监管和服务能力，为新质生产力的健康发展创造良好的营商环境。

（二）提升战略性

战略性产业指以重大技术突破和重大发展需求为基础，对经济社会全局和长远发展具有重大引领带动作用，成长潜力巨大的产业。以服务国家战略为主攻方向，以物流设施建设为依托，强化国际物流组织、区域物流辐射、产业链供应链服务能力建设，形成物流服务新质生产力发展的新格局。一是围绕新质生产力高质量发展，坚持统筹基础设施建设、服务平台搭建、服务体系构建，实现物流协调发展、供应链一体化建设、产业链协同互补。统筹国际国内市场，以国家物流枢纽为主要载体，整合各领域物流信息平台，全面实现信息网络融合。二是构建专业化、联动化、特色化物流服务网络，加强枢纽、园区、节点等载体分工协作，优化拓展对外物流通道，打造为新质生产力深度服务的物流运行体系。三是加强与其他国家和地区的物流合作，拓展海外市场，积极参与国际物流合作和竞争，提高我国新兴产业和未来产业的国际竞争力。

（三）拓展先导性

先导性产业指在国民经济体系中具有重要的战略地位，并在国民经济规划中先行发展以引导其他产业往某一战略目标方向发展的产业或产业群。物流业作为国民经济的重要组成部分，对经济增长、就业创造，以及市场供应具有先导性作用。它不仅能够促进生产要素的高效流动，还能提高商品和服务的流通效率，满足新质生产力发展的需求，从而推动整个国民经济健康稳定发展。一是顺应国际产业分工和经贸格局调整趋势，充分发挥现代物流对经济发展方式转变、城市能级提升、区域要素聚集辐射的基础支撑和战略引领作用。随着国内新兴产业和未来产业对物流需求的不断增加，物流业成为优化供需适配、提高产业效益、推动产业转型升级的最佳选择。要适度超前布局建设和整体提升物流设施，优化创新一体化物流服务组织模式和营造良好物流运行条件，全面加速物流服务品质、效率提升步伐。进一步促进企业的技术、管理、服务等创新发展。二是积极推广使用互联网、物联网、大数据、云计算、人工智能、区块链、5G等新一代信息技术，以数字化、智能化、信息化为牵引，推动现代物流高端化、高效化发展。加强绿色低碳技术与标准化装备应用，统筹存量与增量需求培育、硬件设施与软环境建设，打造常态与应急统筹发展的绿色智慧物流体系，提升新质生产力智能化发展能力和可持续发展水平。三是积极扩大就业，增加财政收入。物流业是劳动、技术、资本密集型行业，扩大物流业规模能创造更多的就业机会。发挥物流业在国民经济规划中的统筹协同作用，引领新质生产力健康发展。

和合共生——打造物流产业共同体

随着科技进步与技术创新，产业空间组织方式呈现出由产业集聚、产业集群到产业共同体不断迭代快速发展的趋势。产业共同体是以新一代信息通信技术和产业互联网技术为纽带，以产业创新为动力，以产业安全稳定为基础，以产业金融为支撑，以产业地产为保障，实现业务共生、生态共建、利益共享的新型产业组织形态。具有纵横融通、跨界创新、共生共荣、多主体联动的特征。

一、物流产业共同体的主要特征

物流产业共同体是指由物流企业、相关服务机构和相关产业组成的一个生态系统，通过融合与协作，共同推动物流产业发展和提高整体效率的一种组织形式。其特征主要包括：

（一）互利共赢

产业合作是经济高质量发展的必然要求。制造业企业优化业务流程，专注于设计、研发和生产等核心环节，整合释放采购、生产、销售和售后等环节的物流需求，有实力的物流企业有效承接并提供集约化、专业化、一体化的服务。双方建立互利共赢、长期稳定的战略合作关系。物流产业共同体成员之间通过融合协作、优势互补，实现互利共赢的目标。

（二）分工合作

物流产业共同体中的不同成员通过明确分工与合作关系，各司其职、各尽其责，实现物流资源的全面整合和优化配置，提高整体物流效能。做好物流业与制造业规划布局衔接，引导物流企业在工业园区、高新技术产业园区等制造业集聚区建设集约共享、智能高效的物流基础设施，打造供应链物流信息平台，提供专业化物流服务。引导物流企业与制造业企业加强国际发展战略对接，强化境外资源共享，协同发展。

（三）技术创新

物流产业共同体鼓励成员之间技术交流与创新，促进行业的科技进步和技术迭代。加快制造业企业联合物流企业研发智能立体仓库、智能物流机器人、自动化分拣设备、自动化包装设备、无人驾驶车辆和冷链快递等技术装备，加快推进制造业物流技术装备智慧化。鼓励通信企业、电子信息制造企业与物流企业合作，加快5G技术在物流业的推广应用，丰富5G物流应用场景，推动物流全环节信息互联互通。支持物流企业加速推广应用物联传感追溯、大数据分析、人工智能图像识别等智能信息系统，促进物流全链条可视化、透明化和可追溯。

（四）服务升级

信息化建设是提高物流服务能力的关键，建立完备的质量管理体系、规范服务流程和服务行为是基础，降低物流成本、增强盈利能力是核心。物流产业共同体致力于提供更高质量、更加便捷的物流服务，满足客户多样化的需求。物流企业适应制造业企业需求，提供入厂物流、线边物流、逆向物流和仓配一体化、订单配送等物流服务，发展供应链金融和供应链管理咨询服务。物流企业参与制造业企业供应链协同平台建设，形成内嵌式、标准化的协同作业模式和流程，加快实现需求、库存和物流信息的实时共享，提高服务响应速度和资源利用效率，提供专业化、精细化的供应链服务产品。物流企业依托网络优势承载产品逆向物流，承接制造业企业配件库存管理、维修中心和呼叫中心等售后服务环节。

（五）系统协同

物流产业共同体系统设计具有技术领先性和前瞻性，功能实现具有通用性和可扩展性，系统使用和信息传递符合稳定性、安全性和容错性，接口标准具有良好整体性和统一性的信息共享和协同机制，重点解决协同意识较薄弱，协同需求不匹配，协同基础不牢固等问题，实现各成员之间的数据共享和系统协同，提升全物流链的价值创造水平。

二、打造物流产业共同体的支撑条件

建立高效、协同的物流体系，实现物流资源的优化配置和产业协同发展，对于推动经济发展、提升国家竞争力具有重要的意义。

（一）健全的基础设施

基于产业共同体特征，加快交通、通信、能源等基础设施建设和完善，促进物流节点间互联互通，整合物流网络体系，不断拓展延伸产业共同体供应链。提升物流基础设施建设的合理性和规模经营能力，打造链接全球大枢纽体系。

（二）高效的运输网络

借助 ABCD 技术（A，AI 人工智能；B，Blockchain 区块链；C，Cloud 云计算；D，Data 大数据），建设跨城市、地区和国家的物流运输网络，贯通物流园区（中心）网络、交通枢纽网络及产业共同体网络，实现物流网络高效对接，形成一张高度智能、高度容错、具有自主纠错、自主优化线路和深度学习能力的智能物流数字神经网络。

（三）先进的信息技术

充分发挥互联网在生产要素配置中的优化集成作用，重点建设交易平台、增信融资平台、智能制造平台、物流交付平台和服务业重构平台，实现物流产业互联网与传统产业深度融合。

（四）规范的法律环境

建立健全与世界贸易组织法律体系框架相适应的法律法规体系，构建系统完备、衔接配套的涉外法律规范，促进公平竞争，营造良好的营商环境。

（五）跨时空的国际合作

加强各相关部门之间的合作与协同，形成统一的管理体制和标准，积极参与国际物流合作与交流，加强人才培养和引进，培养一批具有供应链专业知识和管理能力的人才，促进物流产业共同体国际化发展水平。

三、打造物流产业共同体的主要路径

要打造物流产业的共同体，需要实施以下五大战略：

（一）多链联动战略

创新是推动产业链、供应链和创新链融合发展的核心动力。加强合作与协同，产业链、供应链和创新链联动建立共享信息和资源机制，共同制定发展战略和目标。强化创新驱动，着重强化技术创新、产品创新和商业模式创新，不断提升自身的竞争力和附加值。强化数字化转型，加强数字化能力建设，推动信息流、物流和资金流的数字化协同，提高效率和灵活性。建立开放创新生态系统，共享资源和共享风险，形成良性循环和互利共赢的局面。

（二）产业协同战略

实施供应链整合，物流业与三次产业进行供应链整合，共享信息、资源和技术，实现生产、流通和销售环节的高效衔接。推动信息技术应用，物流企业为三次产业提供物流信息服务，帮助其优化供应链管理。做强产业链延伸，物流业与三次产业形成更紧密的合作关系，为其提供全方位的物流解决方案。推动产业园区建设，物流业与三次产业的企业共同参与产业园区的建设和运营，通过在园区内建设物流中心、仓储设施等基础设施，提供物流服务，实现资源共享和协同发展。

（三）区域互动战略

打造全球化、区域化、本地化空间再生产载体，构建高效便利的国际价值链、产业链和供应链发展格局。建立高效的物流网络，包括物流中心、仓储设施和运输网络等，满足市场多元化需求。大力发展多式联运体系，发挥各种运输方式的优势，提高物流的灵活性和效率。建立跨境电商平台，提供一站式跨境物流服务，包括清关、运输和配送等，促进国际贸易的发展，提高物流的国际化水平。推广绿色运输方式，采用节能减排的技术和设备，加强回收利用和循环经济，降低资源消耗和废物排放，减少物流对环境的影响。

（四）人才支撑战略

引入技术人才。技术人才能够推动人工智能、大数据、物联网等技术在物流业中的应用，促进物流业数字化、智能化和自动化发展。培养跨界人才。物流业与三次产业的融合发展需要具备跨领域知识和技能的人才，跨界人才能理解不同行业的需求和特点，更好地满足客户需求，提供定制化的物流解决方案。共享创新人才。创新人才能够不断提供创新商业模式、服务方式和技术应用，推动产业发展；创新人才能够发现市场机会，提供创新的解决方案，并帮助企业在竞争中保持领先地位。造就管理人才。管理人才能够协调不同部门和利益相关方之间的合作，优化物流供应链，提高效率和降低成本，预测市场趋势，制定战略规划，做出快速灵敏决策。

（五）品牌带动战略

品牌是企业乃至国家竞争力的综合体现，是参与全球竞争的重要资源，对产业提升、区域经济发展、一流企业创建具有重要的作用。通过采取培育产业和区域品牌、支持企业实施品牌战略、扩大品牌影响力、夯实品牌建设基础等措施，着力打造层次分明、优势互补、影响力和创新力显著增强的供应链品牌体系，培育一批质量卓越、优势明显、拥有自主知识产权的供应链企业品牌，形成一批影响力大、带动作用强的产业品牌、区域品牌和中国品牌，促进中国供应链集群品牌综合实力进入品牌强国前列，中国品牌世界共享取得明显实效。

通过实施五大战略，形成相互协同、共同发展的物流产业共同体，提升整个物流产业的效率和竞争力，促进经济高质量发展和社会全面进步。

产业深度融合是中国式物流现代化的鲜明特征

产业深度融合是中国式物流现代化的鲜明特征之一，在推动中国物流产业快速发展和提升竞争力方面起到了重要作用。产业深度融合为中国经济现代化提供了强大的动力和基础，推动了中国经济转型升级和高质量发展。

一、产业深度融合是经济高质量发展的客观要求

（一）优化资源配置

物流作为连接生产、分销和消费各个环节的纽带，与其他产业深度融合，实现资源优化配置，从而通过优化供应链管理、协同生产和配送，降低生产成本、提高效率，促进经济增长。

（二）提升产业竞争力

物流在产业链中扮演着关键的角色，其效率和质量直接影响产业链整体效能。物流与其他产业深度融合，实现供应链的高效运作、订单的快速响应和物流服务的个性化需求，提升整个产业链的竞争力。

（三）推动创新发展

物流产业与其他产业深度融合促进创新发展。物流引入先进的技术和管理模式，如物联网、大数据和人工智能等，实现物流信息的高度可视化和精细化管理，提升供应链的灵活性和反应敏捷度。

（四）促进城乡一体化发展

物流快速发展和城市化进程密切相关。城乡物流的互联互通，促进资源和产业在城乡之间的有序流动，有力推动城乡一体化发展。

（五）促进跨境贸易和国际经济合作

物流作为国际贸易的基础和支撑，与其他产业的深度融合有助于促进跨境贸易和国际经济合作。物流通过建立高效的物流网络、提供全球化的供应链服务，加强国际贸易往来和合作，推动经济的高质量发展。

二、产业深度融合是促进供应链产业链安全稳定和自主可控的客观要求

（一）提升供应链的效率和灵活性

物流产业的数字化、智能化技术和信息系统与其他产业的生产、采购、销售等环节进行深度结合，实现供需快速匹配、生产计划的动态调整，有效提升供应链的整体效率和灵活性。

（二）优化资源配置和成本管理

物流产业与其他产业的紧密协作，实现物流设施的共享利用，优化资源配置，降低成本，提高整体产业链的盈利能力。

（三）提升产业链的自主可控性

物流产业与其他产业深度融合，利于培养供应链管理人才和提升技术研发能力，提高自主品牌和核心技术的比重，降低对他人知识产权的依赖，提升供应链的自主可控性，确保国内产业链的安全稳定，推动产业的转型和升级。

（四）加强风险防范和危机处理能力

物流产业与其他产业深度融合，产业链各环节的信息共享和协同作战能力得到提升，有助于及时发现和应对风险，提高供应链的稳定性和抗风险能力。

三、产业深度融合是推动产业链价值链迈向中高端的客观要求

物流产业与其他产业的深度融合对于推动产业链和价值链迈向中高端具有重要意义。通过融合创新和合作共赢，物流产业可以为其他产业提供更加高效和优质的物流服务，同时自身也可以借助其他产业的技术和市场优势不断提升。这将有助于推动整体产业链向高附加值、高质量和可持续发展方向迈进。

（一）协同创新的要求

物流产业在现代经济中扮演着支撑和衔接各产业的角色。通过物流系统，不同产业之间的原材料、零部件、成品等物流需求得以快速高效地满足。物流业通过参与产品设计、工艺制造等过程，实现物流路径规划和协同管理优化，提高产业之间的协同效率和协同创新能力。

（二）个性化服务的要求

随着消费者对物流服务体验要求的提高，各产业需要更加智能化、定制化、高效化的物流解决方案。通过应用互联网技术和大数据分析，物流企业可以实时监控和管理物流节点，优化车辆调度、仓储管理和配送路径，提升物流效率和准确性，满足消费者个性化需求。

（三）产业转型的要求

物流产业通过技术创新和数字化转型，为其他产业提供更加智能化、高效化的解决方案。比如，物流业利用物联网、大数据、人工智能等新技术，提升物流运输效率，降低成本，减少资源浪费，从而推动整个产业链和价值链迈向中高端。

（四）价值链提升的要求

物流产业与其他产业的深度融合有助于促进产业链和价值链的升级。通过优化物流网络、提高供应链协同和信息化水平，可以提高产业链的整体效率和附加值。同时，引入先进技术和创新服务，推动产品和服务迈向中高端市场，提高企业的附加值和竞争力。

（五）绿色发展的要求

物流产业与绿色环保产业深度融合推动绿色物流的发展。可持续发展已经成为全球关注的焦点，物流产业也面临转型升级的迫切需求。通过与绿色环保产业合作，物流企业采用清洁能源、低碳运输等环保技术，减少能源消耗和排放，实现绿色物流的目标。这不仅符合社会的可持续发展要求，同时提升了物流产业在产业价值链中的地位和形象。

（六）发展规律的要求

物流产业与制造业深度融合实现供应链的全程管理，提高整体供应链效率，实现定制化和灵活化生产。物流产业与商贸业的深度融合提高服务质量，提升消费者满意度，推动营销和品牌建设升级。物流产业与农业深度融合推动农产品优质、新鲜、安全的供应，通过建立完善的冷链物流网络，提高农产品的附加值和竞争力。

物流产业与其他产业的深度融合，全面实现资源共享、信息共享和创新共享，提升整体产业的核心竞争力。在未来，随着技术的不断发展和市场需求的变化，物流产业与其他产业的融合将会更加紧密，为经济发展注入新的动力。

城市与物流——反哺与被反哺

城市物流是以城市为主体，围绕城市经济发展需要而产生的物流活动。作为城市经济的重要组成部分，城市物流主要着重服务于"两个稳定"，即城市居民消费稳定和城市产业链稳定。

一、城市物流推动城市产业新发展

在经济高速发展的背景下，城市物流已经成为推动经济发展的重要引擎，在经济发展的过程中起着不可或缺的作用。

（一）城市物流是建立现代化经济体系的助推器

建设现代化经济体系是推动产业优化升级、加快形成新动能、实现经济高质量发展的必然要求。构建层次分明、功能齐全、标准高效的城市物流是建立现代化经济体系的重要保障。

（二）城市物流是实现经济高质量发展的压舱石

产业是城市经济发展的核心，建立高效专业的城市物流体系不仅可以使产业链之间的资源要素实现有机整合，更能够有效降低产业供应链成本，补齐产业链供应链短板，形成推动产业发展的核心竞争力，从而带动城市经济创新发展。

（三）城市物流是推动新旧动能转换的定盘星

随着大数据、互联网、人工智能等科技的发展，城市物流以新技术、新模式、新业态、新产业"四新"业态为代表的跨界融合型产业正推动着城市供应链体系发生深刻变革，从而带动产业管理、技术、人才的创新，助推产业的动能转换。

城市物流在经济高速发展之中不断转型升级，进一步推动着城市产业新的发展。

二、诸多痛点制约城市物流高速发展

虽然当前城市物流在新发展格局的背景下不断转型升级，但我国城市物流的发展尚未到达成熟阶段。

（一）从外部因素来看

制约城市物流发展的外部因素主要有三点。一是网点布局乱。城市物流配套设施紧缺、缺乏科学统一的城市物流规划等问题，制约了物流、快递企业科学合理布局物流网点，因此也影响了城市物流效率、增加了企业运营成本。二是交通压力大。城市内部的运输工具缺乏统一的组织管理，存在重复运输、单程运输等问题，货车进城区域和时间管制等问题都容易造成城市交通拥堵。三是产业融合度低。物流企业专业化服务能力和水平不高，不能有效适应产业发展需求，导致融合发展层次不够高、范围不够广、程度不够深等问题。

（二）从内部因素来看

制约城市物流发展的因素主要来自物流企业自身。一是供给能力弱。物流企业管理水平不高导致物流服务深度、广度不够。二是人才适配弱。物流企业对人才重视程度和引进、培养力度不够，物流专业人才匮乏是制约企业智慧化转型升级的重要因素。三是资源聚合弱。多数物流企业缺乏资源整合能力，因此在产业链供应链中处于弱势地位，缺乏对物流活动的主导性。

基于此，应着力解决制约城市物流高速发展的多重因素。首先，国家出台相关政策，合理布局城市交通等方面的运输流程。其次，企业应加强自身实力，增强企业之间的合作，培养专业物流人才，共同提升物流运转效率。

三、城市物流发展新突破

在国家与企业的多重推动下，城市物流发展有了新的突破。具体从以下五个方面进行了深入探讨：

（一）规划引领：强化顶层设计

国家层面发挥国家物流枢纽、国家骨干冷链物流基地等在物流运行体系中的骨干作用，加快与区域经济和相关产业的互动融合；地方层面科学制定物流产业规划，合理布局物流基础设施，打造内外衔接、绿色高效的城市物流体系。

（二）导向引领：强化政策支持

完善体制机制，加强政策引导，出台支持城市物流发展的政策措施，培育一批资源整合强、创新能力强、服务质量高的现代物流企业。

（三）要素引领：强化基础设施

根据城市产业结构特点，合理布局商贸型、加工型、仓储型、配送型、应急型等物流中心，形成畅通完整的城市物流基础设施网络。鼓励物流企业提高信息技术水平、应用自动化智能装备，提升物流运行效率，实现企业智能化改造升级。

（四）服务引领：强化融合能力

培育、引进、整合一批协同能力强、服务水平高的现代物流企业，促进物流业产业联动融合发展。深入推进"放管服"改革，对物流业融合发展新业态、新模式实施包容审慎监管，为融合创新发展创造良好条件。

（五）智力引领：强化人才支撑

依托高等院校、科研院所、行业协会等机构，培养、培训一批信息整合、路径优化、产业融合、供应链协同等方面的专业化人才，推动城市物流高质量发展。

中国城市经济增长与发展空间广阔，在新时代背景下，在新机遇的推动下，中国城市物流业必将迎来新的发展，带动城市经济再登新台阶。

打造国际道路运输集结中心

国际道路运输集结中心是国际贸易运输领域的重要基础设施，在一个地理区域内的交通节点上，以整合和管理跨境公路货物运输为主的平台。

一、国际道路运输集结中心内涵特点

（一）综合性

集结中心不仅是一个物流枢纽，还是信息交换、管理协调的综合平台。

（二）便利性

通过集结中心，可以简化跨境运输的手续，提高通关效率，降低运输成本。

（三）高效性

集结中心通过先进的物流管理系统和信息平台，实现货物的快速集结和分发。

（四）标准化

集结中心遵循国际统一的国际道路运输规则和标准，保障跨境运输的安全性和可靠性。

国际道路运输集结中心是一个高度整合和高效的平台，能够有效地支持国际贸易的顺利进行。集结中心不仅可以简化跨境流程，提高货物运输的效率和安全性，还有助于加强国际贸易合作和交流，促进全球物流的互联互通，推动经济的繁荣发展。

二、国际道路运输集结中心核心功能

（一）货物集散

集结中心是货物集中和分散的枢纽，能够快速收集和分发来自不同地区的货物，能够有效地整合货物，确保其按照预定路线和时间表进行运输。

（二）物流协调

集结中心通过高效的物流协调系统，实现对货物的实时追踪、信息管理和运输安排，有助于确保货物在运输过程中的安全、快速和准时交付。

（三）海关通关

集结中心通常设有海关办事机构，以便快速办理进出口手续，减少通关时间，提高运输效率。

（四）仓储管理

集结中心具备现代化的仓储设施，用于存储货物，有助于平衡供应链中的供需关系，确保货物在运输过程中的稳定性和可靠性。集结中心能够对货物进行分类、分拣和包装，以满足不同国家和地区的运输要求，有助于确保货物在运输过程中的安全性和完整性。

（五）信息管理

集结中心需要建设先进的信息管理系统，用于收集、处理和传输货物信息，提高车货匹配度，提升物流效率。

这些功能共同构成了集结中心在跨境公路运输中的重要地位，为国际贸易和物流提供强有力的支持。

三、建立国际道路运输集结中心的主要措施

（一）基础设施建设

1. 选址规划

选择交通便利、地理位置优越的地点作为集结中心，确保能够快速连接国内外公路网络。

2. 道路建设

加强集结中心周边道路的建设和改造，提高道路通行能力和安全性。

3. 仓储设施

建设符合国际标准的仓储设施，以满足不同货物的存储需求。

4. 简化手续

简化进出口手续，提高通关效率，降低企业运营成本。

（二）信息化建设

1. 管理系统

建立智能化的集结中心管理系统，实现货物信息的实时更新和共享。

2. 信息平台

搭建跨境公路运输信息平台，方便企业查询货物信息、跟踪运输状态。

3. 数据共享

加强与海关、检验检疫等部门的合作，推广使用电子化单证、电子支付等手段，提高运输效率和服务质量。实现数据共享，简化进出口手续，提高通关效率，降低企业运营成本。

（三）物流服务与网络建设

1. 多元化服务

提供多种物流服务方式，满足不同企业的需求。

2. 网络化优化

优化物流网络，提高货物运输效率，降低物流成本。

3. 合作化联盟

与相关国家和地区建立国际合作机制，共同推动跨境公路运输的发展。

（四）人才培养与引进

1. 人才培养

加强物流、贸易、报关等相关领域的人才培养，提高从业人员的专业素质。

2. 人才引进

积极引进国内外优秀人才，为集结中心的运营提供智力支持。

3. 培训交流

加强与国际先进企业的交流与合作，学习借鉴其先进经验和技术，提高自身竞争力。定期组织培训和交流活动，提高从业人员的业务水平和创新能力。

（五）法律环境要求

1. 遵守国际公约

严格遵守与跨境运输相关的国际贸易法规和协定，鼓励使用清洁能源车辆，减少污染物排放。

2. 完善监管机制

确保集结中心运营的合法性和规范性。

推动跨境公路运输集结中心的建设和运营，提高货物运输效率，降低运输成本，促进国际贸易和经济发展。

打造全自主供应链，提升供应链韧性

全自主供应链是指企业在整个供应链管理过程中，从供应商选择、采购、生产、物流、销售、逆向等各个环节，均能自主决策、自主控制、自主管理，不受外部因素干扰，实现供应链的完全自主化。

一、全自主供应链的主要内涵

全自主供应链的内涵主要体现在以下几个方面：

（一）自主决策

企业能够在供应链的各个环节中，根据自身需求和市场变化，自主做出决策。企业自主决策包括选择合适的供应商、确定采购数量和价格、安排生产计划等。

（二）自主控制

企业通过建立完善的供应链管理系统，对供应链的各个环节进行实时监控，包括对供应商的绩效评估、对生产过程的监控、对物流的优化等，确保供应链的稳定性和高效性。

（三）自主管理

企业建立一套完整的供应链管理机制，包括组织架构、管理制度、人员配置等，以确保供应链的顺畅运行。同时，企业不断优化供应链管理流程，提高供应链的响应速度和灵活性。

（四）自主融合

全自主供应链强调企业的独立性，即企业在供应链管理中不受市场波动、政策变化、竞争对手等外部因素干扰。通过全自主供应链，企业可以更好地与产业深度融合，把握市场机遇，降低风险。

全自主供应链是一种高度自主化、智能化、一体化的供应链管理模式，它能助力企业实现供应链的完全自主化，提高企业的竞争力和抗风险能力。

二、打造全自主供应链的主要难点

（一）技术瓶颈

全自主供应链的建设涉及众多领域的技术，如信息技术、自动化技术、物流技术等。其中，信息技术的应用是关键。在实现供应链的信息化、数字化过程中，企业需要克服在数据处理、云计算、人工智能等关键技术上的难题。这些技术不仅需要大量的资金投入，还需要企业具备强大的研发能力和长期的技术积累。

（二）标准制定

全自主供应链的建立涉及供应商、生产商、分销商等多个环节，如何统一并优化各个环节之间的操作标准与流程是一个难点。此外，不同行业、不同企业之间的标准差异导致协同上的困难。这需要企业制定统一的标准和流程，并确保各环节之间的顺畅衔接。

（三）运行稳定

全自主供应链管理涉及的环节多、链条长，从原材料采购到产品生产、再到销售和配送等环节都需要精细化管理。这种复杂性使得任何一个环节出现问题都可能影响到整个供应链的稳定性和效率。因此，如何有效地管理这些环节，确保供应链的稳定运行是一个巨大的挑战。

（四）团队建设

全自主供应链的建设需要一支具备专业知识、技能和经验的人才队伍。然而，具备这种条件的人才往往难以寻找和培养。此外，团队建设也是一个重要的方面，如何建立一支团结协作、高效运行的团队是保证供应链正常运作的关键。

（五）外部环境

市场环境的变化、政策法规的调整、自然灾害等因素都可能对全自主供应链产生影响。如何应对这些不确定因素，确保供应链的稳定性和可靠性是一个重要的难题。

要克服这些难点，企业需要从多方面入手，加强技术研发、标准制定与协调、人才培养和团队建设等方面的工作，并积极应对外部环境的不确定性因素。

三、打造全自主供应链的对策

在当今全球化的经济环境下，打造全自主供应链已成为企业保持竞争优势的关键策略之一。全自主供应链不仅能有效应对市场变化，更能提升企业的运作效率和创新能力。

（一）技术驱动的自主策略

1. 应用先进信息技术

引入自动化、智能化、网络化的系统，如企业资源规划系统、制造执行系统等，以实现供应链的数字化管理。

2. 引入先进制造技术

引入机器人技术、自动化生产线等，提高生产效率和产品质量，减少人工成本和错误率。

3. 加大研发投入力度

积极投入研发资源，开发具有自主知识产权的核心技术和产品，提升企业的核心竞争力。

4. 强化高校机构合作

建立产学研合作机制，引进外部创新资源，加速技术创新和产品升级。

（二）供应链管理的优化策略

1. 优化供应商管理

建立严格的供应商评估和准入机制，确保供应商的稳定性和可靠性。同时，积极寻找新的供应商资源，以分散风险。

2. 强化库存管理

通过实时监控库存情况，合理规划库存水平，减少库存积压和浪费。

3. 建立风险管理机制

对供应链中可能出现的风险进行识别、评估、监控和应对，确保供应链的稳定性和可持续性。

4. 持续改进与优化

定期对供应链进行评估和优化，不断改进生产流程和技术，提升企业的竞争力。

（三）人才培养的实用策略

1. 培养专业人才

建立完善的人才培养体系，培养具备供应链管理、物流管理、信息技术等专业知识的人才。

2. 加强团队建设

建立高效的团队沟通机制，提升团队凝聚力和执行力。

（四）政策支持的合作策略

1. 争取政策支持

积极争取政府在税收、资金、土地等方面的政策支持，为自主供应链的建设提供有力保障。

2. 与政府合作共建

与地方政府、行业协会等建立合作关系，共同推动供应链的优化和发展。

通过以上策略的实施，企业可以逐步实现全自主供应链的构建和优化，提升运行效率和创新能力，为发展提供韧性保障。

打造十五分钟养老物流服务圈

养老物流服务圈是指以养老服务为核心，结合物流运输、配送和仓储等环节，为老年人提供全方位、多层次、定制化物流服务的集群化区域。

一、养老物流服务圈的内涵

（一）稳定供应链

养老物流服务圈旨在满足老年人生活和健康需求的各个方面，通过构建完整的养老产品供应链，确保养老机构、社区、居家等不同养老形式能够及时获取所需的物品和设备，包括医疗器械、药品、食品、日用品等。这需要建立高效的供应商网络、仓储管理系统和配送流程，以满足高品质养老服务的需求。

（二）定制化服务

养老物流服务圈注重提供个性化的配送服务，根据老年人的需求和偏好、健康状况和居住地点等，提供个性化、定制化的物流方案，灵活安排配送时间和方式，提供更便捷和快速的物流服务。

（三）安全可靠性

养老物流服务圈注重服务质量和安全保障，保证养老产品的质量和安全，避免出现货损、过期或假冒伪劣产品。同时，建立可靠的配送网络和跟踪系统，提供安全的配送和仓储环境，确保养老产品物流环节的可追溯性。

（四）逆向绿色化

养老物流服务圈加强退货处理和回收环节，实现废品的分类和资源的再利用，减少浪费和环境污染。养老物流服务圈还为老年人提供方便的退货服务，维护老年人权益，提高养老物流服务的满意度。

（五）信息化支持

养老物流服务圈借助信息技术，构建智能化的物流管理系统和配送平台，实现订单跟踪、库存管理、配送路径优化等功能，确保物流信息的实时、准确、可追踪的传递和共享。同时，老年人可以通过手机应用或在线平台进行订单跟踪和查询，提高效率和满意度，为养老机构、社区和老年人创造更加便捷、安全和可靠的养老物流环境。

二、打造养老物流服务圈需要解决的痛点和难题

（一）服务范围问题

由于养老服务的需求通常集中在特定的区域，如社区、养老院等，如何有效全面覆盖这些区域，特别是农村等偏远地区，并确保服务的可达性和连续性是一个挑战。

（二）物流效率问题

由于老年人身体状况的特殊性，老年人通常有严格的饮食和服药时

间，需要更快速、更高效的物流服务来满足他们的需求。如何在保证服务质量的同时提高物流效率是一个关键问题。

（三）个性需求问题

老年人的需求因人而异，包括饮食、康复设备、精神慰藉等方面。如何满足这些多样化的需求并确保服务质量是打造十五分钟养老物流服务圈的重要一环。

（四）技术支持问题

物流服务的数字化和智能化也是打造十五分钟养老物流服务圈的关键。如何选择适合老年人的技术平台，并提供必要的技术支持，以确保服务的顺利实施和持续改进。

只有应对这些问题，才能成功打造高效、便捷、人性化的养老物流服务圈，满足老年人的需求，提高他们的生存生活质量。

三、打造养老物流服务圈的主要对策

（一）建立养老物流网络

利用物联网、人工智能等技术，将养老院、社区、医院、药店、餐饮、生活便利店等相关机构与物流企业进行连接，构建一个合作伙伴协同的智慧物流网络，共同制定配送方案和服务标准，实现信息共享和协同配送，提高物流效率。

（二）建立养老物流通道

在医院、养老院、社区等重点区域设立专门的养老物流通道，利用大数据分析和算法优化，确定最佳配送路线，物流企业提供快速送货服务。在特殊情况下采用无人机、智能车辆等新技术，确保物品及时送达。

（三）建立供应链增值机制

针对老年人的特殊需求，建立养老院、医院、药店等相关机构与物流企业之间的增值合作关系，提供个性化的增值物流服务。例如，提供上门安装、维修、废弃物回收处理等增值服务，提高老年人的便利度和满意度。

（四）建立安全保障机制

在物流过程中加强安全管理，确保物品的安全性和完整性。例如，使用安全封条、安装监控设备等措施，预防物品遗失或损坏。

（五）建立便利信息平台

充分考虑老年人数字能力和使用习惯，建立养老物流信息平台，设计简洁易用的界面和操作方式，实现在线预约服务，实时物流跟踪，在线支付和电子签收，并做好隐私保护，确保服务的普惠性和可持续性。

（六）建立用户反馈机制

与老年人建立良好的沟通渠道，定期征求他们的意见和建议，不断改进物流服务质量。同时，利用大数据分析用户反馈信息，提供个性化服务和精准营销。

通过以上措施，可以提升养老物流服务的速度和效率，打造十五分钟养老物流生态。这需要社会各方共同努力，推动养老物流领域的创新与发展。

发展低空物流经济新模式

低空经济是以低空空域为依托，以各种有人驾驶或无人驾驶航空器的低空飞行活动为牵引，辐射带动相关领域融合发展的综合性经济形态。低空空域，通常是指距正下方地平面垂直距离在 1000 米以内的空域。

一、发展低空物流经济存在的主要问题

低空物流经济有着广阔的市场前景和发展空间，在提高配送效率、创新物流模式、扩大服务范围、建设友好型社会方面发挥着重要的作用。同时在法律法规、安全和隐私、管理等方面面临着很多挑战。

（一）法律法规不完善

由于低空物流是一个新兴领域，相关法律法规还不够完善。例如，无人机航空管理、航空权益保护、隐私保护等方面的法律法规需要进一步健全和完善，以提供更好的保障和指导。

（二）安全和隐私风险

低空物流使用低空飞行器进行配送，面临安全风险和隐私泄露问题。无人机会出现技术故障、飞行失控等情况，导致事故发生。同时，无人机搭载的摄像头和传感器可能涉及个人隐私的泄露问题，需要建立相应的安全保障机制。

（三）空域管理复杂性

低空物流需要合理规划和管理空域资源，确保飞行安全和空中交通的协调。目前空域管理系统和技术还需要进一步完善，以适应低空物流的需求。

（四）技术和设备限制

目前低空技术和设备的限制，包括可飞行时间、载重能力、自动避障能力等方面，还需要进一步提升。同时，相关基础设施建设需要投入大量资金和资源。

（五）公众接受度问题

低空物流是一个尚未广泛应用的领域，公众对于低空飞行器配送等概念的接受度不高。因此，需要进行科学的宣传教育工作，增加公众对低空物流经济的理解和认同。

（六）运营成本挑战

与传统物流模式相比，低空物流的运营成本往往更高。设备的购买与维护、人员培训与管理和空域使用费等各方面，都对低空物流的发展带来一定的挑战。

在克服这些问题的过程中，需要社会各界共同努力，加强法律法规的制定和完善，推动技术创新和标准化建设，加强安全管理和隐私保护，才能够推动低空物流经济健康、可持续发展。

二、发展低空物流经济亟待破解的主要障碍

随着科技的发展和人们生活水平的提高，低空物流经济逐渐崭露头角。然而，这个新兴产业的发展面临着许多障碍，这些问题如不解决，将会严重制约低空物流经济的发展壮大。

（一）技术瓶颈

1. 空中交通管制

现有空中交通管制系统主要针对高空气流航线，对于低空物流飞行器的监管和调度尚不完善，导致飞行器之间的冲突和安全隐患。

2. 无人机技术

无人机在低空物流中的应用还存在许多技术难题，如导航精度、抗风能力、电池续航等，这些问题限制了无人机的使用范围和效率。

（二）法规限制

1. 飞行许可

低空物流飞行器需要获得相关部门的飞行许可，增加了运营成本和时间。同时，商业飞行许可申请存在过程烦琐和结果不确定性。

2. 法律责任

对于低空物流飞行器在飞行过程中可能引发的法律责任问题，目前尚无明确的法规，给企业带来了潜在的法律风险。

（三）安全问题

1. 飞行器安全

低空物流飞行器在飞行过程中面临各种安全风险，如恶劣天气、鸟击、人为破坏等。这些风险不仅威胁到飞行器本身的安全，还可能对地面人员和设施造成伤害或损失。

2. 货物安全

低空物流飞行器运输的货物可能面临被盗、损坏或泄露的风险，这不仅会影响企业的声誉和利益，还可能引发法律纠纷。

（四）主要解决思路

1. 技术创新

加大研发投入，攻克无人机在导航、抗风、电池续航等方面的技术难题，提高无人机的性能和效率。同时，加强空中交通管制系统的研发力度，完善对低空物流飞行器的监管和调度。

2. 法规完善

加快制定和完善低空物流相关的法规，明确飞行许可、法律责任等方面的规定，为低空物流产业的发展提供法律保障。

3. 安全保障

加强飞行器的安全设计和测试，提高飞行器的抗风险能力。同时，建立完善的货物安全保障体系，确保货物在运输过程中的安全。

4. 合作共赢

加强低空物流产业各方的合作，共同解决障碍问题。政府、企业、科研机构等应加强沟通与协作，推动低空物流产业的健康、可持续发展。

三、拓展低空物流经济的应用场景

（一）探索生鲜食品配送

生鲜食品对于速度和新鲜度要求较高，低空物流可以通过无人机等飞行器实现快速、精准的生鲜食品配送。低空物流业可以与农产品生产基地、超市、餐饮企业等合作，为消费者提供便捷的生鲜食品配送服务。

（二）加强城市快递配送

传统的城市快递配送面临交通拥堵、停车问题等挑战，低空物流可以在城市中开展点对点、快速的快递配送服务。低空物流业可以与电商平台、快递公司等合作，改善快递配送效率和用户体验。

（三）增加医疗物资配送

低空物流可以应用于紧急救援、医疗物资配送等领域。在灾难救援中，低空物流业可以通过空中运输医疗物资、救援装备等，快速抵达灾区，提供紧急救援支持。

（四）发展农村物流服务

低空物流可以帮助解决农村地区物流服务的瓶颈问题。低空飞行器可以通过空中运输农产品、农资等，实现农村地区与城市之间的快速交流和商品流通。

（五）推动电子设备维修与配件供应

低空物流可以用于电子设备的维修与配件供应。例如，在大型建筑物或高楼大厦中，无人机可以携带配件，通过空中输送快速到达需求地点，提供维修服务。

（六）支持物流外包服务

低空物流可以成为物流外包服务的补充方式。快递公司或物流企业可以与低空物流企业合作，将一部分配送任务交由飞行器完成，从而提高物流效率。

低空物流经济作为新兴产业，其发展潜力巨大，但其面临的障碍也不容忽视。只有通过技术创新、法规完善、安全保障等方面的努力，才能有效解决这些障碍，推动低空物流经济的蓬勃发展。为拓展低空物流经济的应用场景，需要社会各界加强合作，推动相关政策法规的制定和完善，以实现低空物流经济的可持续发展。

供应链是发展新质生产力的重要引擎

供应链与新质生产力是相互促进、相互依存的关系。一方面，供应链是发展新质生产力的基础和支撑，另一方面，新质生产力的发展也推动了供应链的优化和升级。

一、供应链与新质生产力的关系

（一）供应链是发展新质生产力的基础和支撑

现代经济中，供应链已经成为经济发展的重要支柱，它涵盖了原材料采购、生产、销售、物流、售后服务等各个环节，是一个完整的产业链条。供应链的稳定性和效率直接关系到经济发展的质量和效益，也直接关系到人民生活水平的提高。因此，加强供应链的优化和升级，提高供应链的稳定性和效率，是发展新质生产力的基础和支撑。

（二）新质生产力推动供应链的优化和升级

随着科技的不断进步和产业结构的不断升级，新质生产力逐渐成为经济发展的重要动力。新质生产力的发展，不仅提高了生产效率和质量，也推动了产业结构的优化和升级。在这个过程中，供应链需要不断适应新的市场需求和变化，加强技术创新和模式创新，提高供应链的灵活性和适应性。强化供应链的优化和升级，才能更好地推动新质生产力的发展。

二、如何理解供应链是发展新质生产力的重要引擎

供应链作为连接生产各个环节的重要纽带，对于推动新质生产力的提升起着至关重要的作用。通过优化资源配置、提升生产效率、促进技术创新和满足个性化需求，供应链成为新质生产力发展的重要引擎，推动企业不断提升竞争力和创新能力。

（一）优化资源配置

供应链管理通过对生产、运输、库存等环节的优化，能够更有效地配置资源，提高资源利用率，降低供应链成本，推动新质生产力的提升。

（二）提升生产效率

高效的供应链能够实现生产过程的精细化管理和快速响应，及时供应所需的原材料和零部件，减少生产中的停顿和等待时间，大幅提升生产效率。高效率生产方式是新质生产力的表现之一。

（三）促进技术创新

供应链管理不断引入新技术和新方法，如物联网、大数据、人工智能等，来优化供应链的各个环节。技术创新促进生产方式的更新换代，推动新质生产力走向产业链的中高端。

（四）满足个性需求

随着市场竞争加剧，消费者对产品的个性化需求越来越高。灵活、高效的供应链能够更好地响应市场需求，及时调整生产计划和供应策略，满足不同客户的需求，这是新质生产力的重要体现。

三、供应链在促进新质生产力发展存在的主要问题

（一）供应链稳定性不足

随着经济全球化的不断推进，供应链的稳定性受到各种因素的影响，如自然灾害、贸易摩擦等，这些因素可能导致供应链中断，影响新质生产力产业链的安全稳定。

（二）供应链数字化较低

尽管数字化和智能化技术在供应链中的应用已经取得一定进展，但仍然存在许多问题。供应链的数字化程度较低导致信息传递不及时、不准确，从而影响新质生产力的效率。

（三）供应链协同性薄弱

供应链是由多个环节组成的复杂系统，各环节之间的协调和配合对于供应链的效率和稳定性至关重要。然而，由于各环节之间的利益冲突、信息不对称等原因，供应链中各环节之间的协调问题仍然存在。供应链与新质生产力互联互通明显不足。

（四）供应链适配人才缺乏

随着自动化和智能化不断发展，供应链中人力资源问题逐渐凸显。一方面，一些传统人力密集型环节需要更多的劳动力来支持生产；另一方面，一些高技能岗位人力资源短缺也制约了供应链的发展。供应链适

配新质生产力人才问题急需解决。

（五）供应链发展底色不亮

随着环保意识增强，供应链可持续性问题越来越受到关注。如何减少资源消耗、降低环境污染、提高能源利用效率等问题是供应链可持续发展的关键。绿色供应链与新质生产力融合发展必须擦亮底色，走出可持续发展之路。

四、以供应链促进新质生产力发展的主要对策

（一）优化网络结构

通过合理规划供应链网络布局、优化节点间的合作模式、加强信息共享等方式，提高供应链的灵活性和效率，增强与新质生产力融合的深度和广度。

（二）提升创新水平

加大对新技术、新模式、新设施的研发和应用力度，提高供应链的智能化水平，降低运营成本，提高新质生产力的效率。

（三）加强风险管理

建立健全风险预警机制，加强供应链安全监测和应急处理能力，确保供应链的稳定性和连续性，确保新质生产力的安全稳定和自主可控。

（四）促进协同发展

加强供应链上下游之间的合作，促进信息共享、资源整合、优势互补，提高供应链协同新质生产力的竞争力和可持续发展能力。

（五）健全管理制度

建立健全供应链管理制度，完善绩效考核、激励机制、人才培养

机制等，提高供应链管理的科学性和规范性，适应新质生产力发展的要求。

（六）推进数字化转型

利用大数据、人工智能等技术手段，提高供应链管理的信息化和智能化水平，建立适应不同新质生产力发展需求的供应链体系，提高经济运行质量。

（七）完善标准体系

通过完善相关标准，建立标准化组织和管理机制，推动国际合作与交流，加强与相关法律法规的衔接，规范与新质生产力协同的供应链体系。

政府等相关部门应加强对供应链发展的支持，为新质生产力发展提供有力支撑。

加强"换新+回收"物流体系建设，全力服务实体经济和人民群众

"换新+回收"物流体系是指在商品更新换代过程中，将新商品配送到位并对旧物品回收并重新利用的物流系统。这种新模式基于互联网、物联网、大数据等新兴技术，通过创新技术、提升服务质量、改进管理机制等手段，实现新旧物品的精准定位、配送回收、准确分类、有效利用，并为相关参与方提供便捷的服务，构建更智能、高效、可持续的物流模式。通过这种新模式，可以实现资源循环利用，有效降低全社会物流成本，增强产业核心竞争力，提高经济运行效率。

一、建立"换新+回收"物流体系的主要内涵

（一）创新技术应用

利用物联网、大数据、云计算等技术，提升新产品的配送能力和旧物品回收的智能化和精细化水平，实现信息化管理和数据分析，优化换新回收物流网络和流程。

（二）构建协同机制

物流企业加强与制造业企业、大型批发零售企业、社区等各方合作，建立多方合作的新物流体系，形成资源共享、信息互通的协同机制，提高换新回收效率与效益。

（三）强化政策支持

政府制定相关政策和法规，推动换新回收物流新模式的发展和规范化，鼓励和引导企业参与废旧物品的回收和再利用。

（四）优化服务体验

通过提供便捷的换新回收物流服务，满足用户需求，提升用户体验。采用在线预约、上门换新回收、即时支付等方式，提高换新回收的便利性和时效性。

二、加强"换新+回收"物流体系建设的价值意义

（一）促进循环经济发展

建设"换新+回收"物流体系可以有效推动资源循环利用，通过回收再利用，减少对自然资源的开采，提高资源的利用效率。通过优化物流体系，降低物流全过程中的能源消耗，从而减少碳排放，促进绿色低碳发展。

（二）提升国民经济循环质量

建设"换新+回收"物流体系有利于形成高能级产业链，促进制造业、汽车业、家电业等相关产业的先进产能比重持续提升，增强产业核心竞争力，保持制造业比重基本稳定，促进实体经济稳中求进、以进促稳。

（三）服务民生提升生活品质

完善"换新+回收"物流体系能够提升消费者的消费购物体验，满足消费者便捷、高效服务需求。消费者在"换新+回收"物流体系中，极大地简化了购物流程，为消费者提供了更多的选择和便利，提升了人民群众以旧换新的意愿和动能。

三、建立"换新+回收"物流体系的主要路径

在当前全球经济环境中，生产设备、服务设备和技术改造是推动实体经济发展的关键因素。如何有效地进行设备换新和回收，已成为一个亟待解决的问题。建立"换新+回收"的物流体系，正是解决这一问题的关键所在，它为实体经济的生产设备、服务设备和技术改造提供有效的支持与服务。同时，"换新+回收"物流体系在提升生活品质、资源再利用等方面发挥着重要作用。随着人们生活水平的提高，传统的消费模式已经不能满足人们的需求。"换新+回收"物流体系不仅为消费者提供了更多的选择，也为企业带来新的商机。

（一）建立换新回收网络

依托大型物流园区、分拨中心等物流基础设施改造提升全面覆盖的换新回收网络，依托县乡村快递网点整合提升农村换新回收站点、回收中心等。

（二）建立合作伙伴关系

积极与相关企业、社区、政府部门及非营利组织等建立换新回收合作伙伴关系，拓宽换新回收渠道，实现换新回收制度的闭环，共同参与换新回收和再利用的全过程管理。

（三）建立全链物流体系

建立完整换新回收物流管理体系，涵盖从产品制造到物流配送、安装调试、回收再利用的全过程管理，确保每个环节都能有效地实施"换新＋回收"物流模式。通过建立线上平台或移动应用程序，实现信息和资源的共享，提供快速、高效的物流服务。

（四）建立环保再制造基地

依托回收物流园区和场站，建立环保再制造中心，将回收的旧设备、旧汽车、旧家电等产品进行拆解、检修和更新，使其重新变为可用商品。

（五）畅通二手设备产品流通渠道

建立官方认证的二手交易平台。通过专业的团队和技术手段，确保二手交易平台信息的真实性和透明度，保障消费者的权益。引入第三方支付和物流。引入第三方支付平台，保障交易资金的安全。引入专业的物流公司，确保物品的运输和配送安全。建立信用评价体系。建立一套完善的信用评价体系，对卖家和买家进行信用评级，为消费者提供参考。打通内外贸流通制度障碍，形成换新回收、货畅其流的新格局。

（六）强化政策支持

制定鼓励和支持换新回收的政策和规范，建立相应的奖励机制和激励措施，为换新回收企业和参与者提供合理的回报，吸引更多的机构和个人参与换新回收。开展广泛的宣传教育活动，提高企业、公众对换新回收的认知和意识，共同推动资源循环利用和环境保护。

（七）加强技术创新

采用物联网、人工智能等技术手段，提高换新回收的智能化水平。实现废旧物品的自动识别、分拣和定位，对物流过程进行监控和优化，提高效率和效益。

（八）加强监管力度

加强对换新回收新模式、新业态的监管和执法力度，打击非法回收和倒卖行为，保障回收过程的合法性和规范性，确保回收物品的安全性和再利用价值。

利用数据资产，促进价值提升

物流数据资产是指以物流活动为载体，通过数字化手段记录、存储、处理和利用的各类与物流相关的数据资源。数据资产涵盖了订单数据、运输数据、库存数据、货物数据等。这些数据不仅是企业运营的重要依据，也是企业决策支持的重要基础。

从本质上讲，物流数据资产具有价值性、独特性、完整性、可重复性、可计量性、可交换性等特点，是企业不可或缺的重要资源。随着数字化和智能化技术的发展，物流数据资产的价值将进一步得到体现和提升。

一、物流数据资产的主要来源

（一）货物信息

包括货物的种类、数量、重量、体积等基本信息，以及货物的来源、去向、运输方式等详细信息。

（二）运输信息

包括物流运输的路线、时间、方式、车辆信息等，以及运输过程中的各种记录和监控数据。

（三）仓储信息

包括仓库的分布、存储量、库存变化等信息，以及仓库的作业流程和操作记录。

（四）订单信息

包括客户的订单详情、订单处理进度、交货期等关键信息，是物流行业的重要组成部分。

（五）交易信息

包括物流交易双方的交易记录、交易金额、交易方式等，反映了物流市场的运行情况和交易活动的变化。

（六）监控信息

包括物流过程中的各种监控设备所采集的数据，如GPS定位数据、视频监控数据等，用于保障物流过程的安全和效率。

二、物流数据资产的重要价值体现

在数字化时代，物流数据不仅是一种基础资源，更是推动行业创新发展的重要驱动力。它承载了供应链中各个环节的交互信息，其业务价值、战略价值、市场价值、创新价值有助于提升企业的运营效率和竞争力。

（一）优化调整企业决策与战略

物流数据资产作为企业的重要资产之一，具有很高的信息价值和商业价值。企业通过收集和分析这些数据，更好地了解市场趋势、客户需求，以及供应链的运作情况，有助于企业制定更加科学、合理的决策和战略，提高决策的准确性和效率。

（二）优化资源配置与提升运营效率

物流数据资产帮助企业实时掌握货物的运输情况、库存状况，以及客户需求等信息。这些信息可以进一步优化资源配置，提高企业的运营效率。通过对数据的分析，企业发现潜在的优化空间，进一步提高企业的运营水平。

（三）助力供应链协同与安全稳定

物流数据资产在供应链协同方面发挥着重要作用。通过共享数据，供应链中的各个环节可以实现更加紧密的协同，提高整体运作效率。同时，数据的透明化也有助于增强供应链的稳定性，降低风险。

（四）促进产业创新与升级

随着大数据、人工智能等技术的发展，物流数据资产的应用场景不断拓展。通过数据分析，企业可以开发出更加智能、高效的物流解决方案，推动产业的创新与升级。此外，物流数据为新业态、新模式的出现提供支持。

（五）增强企业竞争力与品牌形象

拥有丰富的物流数据资产的企业在市场竞争中具有更大的优势。通过对数据的分析和应用，企业可以提供更加优质、高效的服务，满足客户需求，有助于提高企业的竞争力和品牌形象，为企业赢得更多的市场份额。

数字化时代，企业应充分重视物流数据资产的价值，加强数据的收集、分析和应用，以提升企业的整体竞争力。

三、应用好物流数据资产的几点建议

物流企业用好物流数据资产，是提升企业竞争力、优化运营效率和实现可持续发展的重要一环。

（一）数据资产的认识与定位

1. 理解数据资产价值

物流企业应认识到数据资产在业务发展中的重要性，包括提升运营效率、优化决策、增强客户体验、提高企业核心竞争力等方面的价值。

2. 明确数据资产定位

将数据资产视为企业的重要资产，制定相应的数据资产管理策略，明确数据资产的收集、存储、处理和应用等方面的要求。

（二）数据资产的收集与存储

1. 全面收集数据

物流企业应通过多种渠道收集数据，包括内部数据（如订单信息、库存数据、运输数据等）和外部数据（如市场信息、竞争对手信息等）。

2. 安全存储数据

建立安全可靠的数据存储系统，确保数据的完整性和安全性。采用云计算等技术，实现数据的集中存储和备份，提高数据的可用性。

（三）数据资产的处理与分析

1. 数据清洗与整理

对收集的数据进行清洗和整理，去除无效、重复和错误的数据，确保数据的准确性和可靠性。

2. 数据分析与挖掘

利用数据分析工具和技术，对数据进行深入的分析和挖掘，发现数据中的规律和趋势，为企业的决策提供支持。

（四）数据资产的应用

1. 优化运营决策

通过数据分析，优化物流企业的运营决策，包括运输路线规划、库存管理、订单处理等方面，提高企业的运营效率和降低成本。

2. 提升客户体验

利用数据分析，了解客户需求和行为，提供个性化的服务和产品，提升客户满意度和忠诚度。

3. 拓展业务领域

通过数据分析，发现新的业务机会和市场需求，拓展企业的业务领域和市场份额。

（五）建立数据资产管理和应用团队

1. 组建专业团队

物流企业应组建专业的数据资产管理团队，负责数据的收集、存储、处理和应用等方面的工作。

2. 培训与人才引进

加强对员工的培训和引进人才，提高团队的数据分析和应用能力。

3. 与第三方合作

与专业的数据分析公司或机构合作，引入外部资源和技术支持，提升企业的数据资产管理水平。

（六）保障数据资产的安全与合规

1. 数据安全保护

采取有效的措施保护数据安全，防止数据泄露、丢失和被攻击等事件的发生。

2. 合规性管理

遵守相关法律法规，确保数据的使用和处理符合法律法规的要求。

物流企业应通过有效的管理和应用数据资产，提升企业的竞争力和运营效率。

"两业融合"——"融"什么，"合"什么

统筹推动物流业提质降本增效和制造业转型升级，保持产业链供应链安全稳定和自主可控，推动经济高质量发展，促进物流业制造业协同联动和跨界融合是大势所趋和必由之路。

一、物流业与制造业"融"什么

物流业与制造业深度融合已成为推动产业升级和提升竞争力的关键。融合发展需要从多个方面进行深度协作和优化，才能实现产业融合发展的目标。

（一）融物流设施

物流设施融合是物流业与制造业融合发展的基础，这包括仓储设施、运输工具、配送网络等基础设施的共享和优化。制造业企业通过与物流企业合作，共享双方物流设施，可以有效地降低仓储和运输成本，提高物流效率。同时，物流企业通过参与制造业的生产和分销过程，提升其服务水平和市场竞争力。制造业企业通过建立智能仓储系统，实现

库存信息的实时共享，而物流企业则通过优化配送网络，提高货物的配送效率。这种设施的共享和优化，提高了资源的利用效率，降低了企业的运营成本。

（二）融业务流程

业务流程融合是物流业与制造业融合发展的核心，这需要双方在生产、销售、物流等各个环节进行深度协作，实现业务流程的无缝对接。通过优化生产计划、销售策略和物流配送等流程，实现生产、销售和库存的协同管理，提高供应链的整体效率。制造业企业通过与物流企业合作，共同制定生产计划和销售策略，实现产品的快速生产和及时配送。同时，通过信息技术，实现生产、销售和库存信息的实时共享，提高决策的准确性和及时性。

（三）融人才培养

人才培养是物流业与制造业融合发展的重要保障。随着科技的快速发展和产业升级的推进，企业对人才的需求也在不断变化。因此，物流业与制造业需要共同培养适应产业融合发展的人才，这包括培养具有跨领域知识、技能和视野的复合型人才，以及具有创新思维和创业精神的创新型人才。通过合作办学、实习实训、技术交流等方式，实现人才的培养和共享，提高人才的培养质量和效率。

（四）融信息共享

信息共享是物流业与制造业融合发展的关键。通过建立信息共享平台，实现生产、库存、销售、物流等各个环节的信息实时共享，提高决策的准确性和及时性，提高供应链的整体效率。信息共享帮助企业更好地了解市场需求和竞争情况，及时调整生产计划和销售策略。同时，通过加强信息安全保护，保障信息共享的安全性和可靠性。

二、物流业与制造业"合"什么

（一）合运行模式

在运行模式上，物流业与制造业融合主要体现在供应链的整合上。通过建立紧密的供应链合作关系，实现从原材料采购到产品生产、线边物流、销售、逆向物流全过程一体化管理。这种模式强调信息共享、协同运作，促进物流与制造的每一个环节都能高效衔接，提高效率。

（二）合技术创新

在技术创新方面，物流业与制造业融合主要体现在智能化、自动化技术的应用上。随着物联网、大数据、人工智能等技术的发展，物流企业和制造业企业利用新技术进行设备升级、流程优化和模式创新。例如，通过智能化仓库管理系统，实现库存的实时监控和自动补货；通过自动化生产线，提高生产效率和质量。技术创新不仅提高了企业的运营效率，也为企业提供了更多的市场机会。

（三）合管理架构

在管理架构上，物流业与制造业融合主要体现在双方组织结构的调整和优化。这包括建立跨部门的合作团队，实现信息的快速传递和共享；建立统一的决策机制，确保供应链的稳定运行；建立绩效评估体系，对供应链的各个环节进行监控和优化；建立适应融合发展的管理制度和流程，确保企业运行的顺畅和高效。

（四）合企业文化

在企业文化方面，物流业与制造业融合主要体现在双方树立共同的价值观念和行为准则。这包括培养员工的团队合作意识、创新意识和服务意识；加强企业间的沟通与协作，建立互信互利的合作关系；树立可持续发展的理念，关注环境保护和社会责任。这些措施，促进企业间的文化融合，提高企业的凝聚力和竞争力。

物流业与制造业融合发展是产业升级和提升竞争力的必然趋势。融合实现供应链的整合优化、提高运营效率和质量、推动技术创新和产业升级、树立可持续发展的理念，有助于提高企业的竞争力，延伸产业链、稳定供应链、提升价值链。

在未来的发展中，物流业与制造业融合将更加深入和广泛。融合发展是一个复杂而重要的过程，需要各方的共同努力和协作。只有通过不断地探索和实践，才能实现这种融合的良性发展和产业的持续升级。

强化物流新领域新赛道制度供给

物流新领域新赛道制度供给是指为推动物流行业的持续、健康发展，适应新技术、新产业、新业态、新模式在物流行业中的应用而制定的政策、法规、标准等，为其提供相应的基础性制度和规范环境条件。

一、物流行业新领域新赛道制度供给的主要方面

（一）统一政策

通过制定和实施一系列有利于物流行业发展的政策措施，促进全国统一大市场的形成，鼓励和支持物流行业在创新发展中开拓新领域新赛道。

（二）完善法规

修订和优化物流相关的法律法规，保障行业有序运行。加强新兴技术的应用和管理，保护知识产权和市场主体权益，防止违法经营和垄断行为。

（三）资源优化

进一步优化土地、资金、人才、数据等资源配置，为行业的发展提

供必要的软硬件支持。

（四）技术创新

鼓励和支持物流企业采用新技术、新模式、新业态，并运用新工艺、新材料、新装备，提高行业的智能化、绿色化水平。

加强物流行业新领域新赛道制度供给是推动物流行业高质量发展的重要保障，需要相关机构提供多方面的支持和保障，促进物流行业不断开拓新领域、发掘新赛道，为经济发展和民生服务提供更优质的物流服务。

二、物流行业新领域新赛道制度供给的主要特征

（一）创新性

物流新领域新赛道的制度供给是以创新为驱动的，鼓励物流行业采用新技术、新模式，推动行业创新发展。充分利用物联网、大数据、人工智能等现代信息技术，提高智能化和自动化水平。

（二）适应性

制度供给需要与新领域和新赛道的特性相适应，既要满足行业发展的需求，又要考虑行业的发展趋势，确保制度的可行性和有效性。

（三）规范性

新领域新赛道的制度供给需要具有规范性，通过制定明确的政策法规，规范行业的发展，保障行业的公平竞争和良性发展。

（四）动态性

随着物流行业的发展和技术的进步，制度供给需要保持动态性，及时调整和更新，以适应行业发展的新需求和新变化。

（五）协同性

物流新领域新赛道往往涉及多个领域的交叉和融合，因此制度供给具有跨领域的特性，涉及多个部门和领域的协调和配合。

三、物流行业新领域新赛道制度供给的对策建议

（一）有效规制供给

针对物流行业的新领域和新赛道，政府应制定灵活的法规政策，以适应其快速发展的需求。在保证行业健康发展的同时，鼓励创新和探索。同时，政策应具有一定的前瞻性，为未来发展预留空间。

（二）有效资源供给

物流行业的发展离不开基础设施的支持。因此，政府应加大对物流基础设施的投入。对于新领域和新赛道，需要更加关注资源共享、共用的供给。

（三）有效监管供给

为确保物流行业的规范发展，应建立和完善行业监管制度。对传统的物流业务和新兴业务进行分类管理，针对不同业务特点制定相应的监管政策和标准。

（四）有效人才供给

物流新领域新赛道发展需要大量的专业人才支持。政府和企业应加大对物流人才的培养和引进力度，提供良好的人才发展环境。

（五）有效创新供给

针对物流行业的新领域和新赛道，鼓励科技创新和应用。政府设立专项资金，支持企业进行科技创新和研发。同时，加强与高校、科研机

构的合作，共同推动物流行业的科技创新和进步。

（六）有效环境供给

为促进物流行业的健康发展，应建立公平竞争的市场环境。鼓励企业通过提高服务质量、降低成本等方式来提高竞争力。

针对物流行业新领域新赛道的制度供给问题，需要社会各方的共同努力。通过制定灵活的法规政策、强化基础设施建设、优化行业监管制度、加强人才培养和引进、促进科技创新和应用，以及建立公平竞争的市场环境等措施，为物流行业的持续健康发展提供有力的制度供给。

强化物流行业预期管理，提振产业信心

物流行业预期管理是指对物流行业未来发展趋势、市场变化和需求等做出科学预测，在预测基础上采取一系列措施，以均衡合理、供需适配、适度超前引导行业资源配置，实现企业长远发展和物流产业高质量发展。

一、物流行业预期管理的内涵

物流行业预期管理是一种前瞻性的管理方法，主要依赖于对行业内外环境、政策、技术、市场等多方面因素的综合分析，对未来物流行业的发展趋势进行预测，并据此制定相应的策略和计划。

（一）预测性

预期管理基于对未来物流市场的洞察和判断，通过收集和分析各种信息，预测物流行业发展趋势和市场变化。

（二）策略性

根据预测结果，制定相应的策略和计划，包括资源分配、服务模式调整、技术创新等，以适应未来市场变化。

（三）引导性

预期管理对物流行业内部资源分配和资源配置起着重要引导作用。通过预期管理，引导企业合理分配资源，优化服务模式，提高运营效率。

（四）动态性

物流行业是一个快速发展的行业，市场环境和需求在不断变化。预期管理需要持续跟踪市场变化，及时调整预测和策略，保持动态的适应性。

（五）风险性

在预期管理中，需要考虑各种风险因素，如政策风险、技术风险、市场风险等，制定相应的风险管理策略，以降低风险对物流行业的影响。

物流行业预期管理是一种综合性的管理方法，旨在通过预测、策略制定、资源分配和风险管理等手段，引导物流行业健康发展。

二、物流行业预期管理的难点

物流行业预期管理的难点主要表现在以下几个方面：

（一）数据动态性

物流行业涉及大量动态数据，包括订单量、库存量、运输状况等。这些数据不断变化，要求预期管理能够实时、准确地捕捉并处理数据。

（二）供应链复杂性

物流行业供应链涉及多个环节和多个参与者，包括供应商、制造商、分销商、零售商等。这种复杂性使得预期管理需要协调各方利益，确保供应链顺畅运行。

（三）市场不确定性

市场环境的不确定性是物流行业预期管理的重要挑战。消费者需求、价格波动、竞争态势等因素都可能对物流行业的运营产生重大影响。预期管理需要充分考虑这些不确定性因素，做出准确的预测。

（四）技术适应性

随着科技的不断进步，物流行业也在不断更新换代。新技术、新设备、新模式不断涌现，要求预期管理能够及时掌握并应用这些新技术、新模式，以适应市场的瞬息变化。

（五）风控波动性

物流行业面临着多种风险，如自然灾害、产业链安全、供应链自主可控等。这些风险导致物流成本上升、运营效率降低等问题。预期管理需要有效地进行风险管理，确保企业在面临风险时保持稳定的运营状态。

三、物流行业预期管理的主要对策

随着全球化和互联网技术的发展，物流行业正面临着日益复杂的竞争环境与高度不确定性。企业不仅要有效满足市场需求，还需要预测未来发展趋势并进行相应策略调整。为此，物流行业实施预期管理显得尤为关键。

（一）强化市场分析与需求预测

物流企业应建立完善的市场分析体系，通过收集和分析市场数据、主体动态、政策法规等重要信息，为决策者提供全面准确的市场分析报告。此外，需加强对需求的预测能力，及时了解消费者需求变化趋势，提前做好资源配置和业务调整。

（二）优化供应链管理

在预期管理中，供应链稳定性和效率是关键因素。物流企业应通过先进的供应链管理技术和工具，实时掌握库存状况、订单跟踪、货物周转等重要信息，以确保货物的准确配送和服务的稳定性。此外，与供应链伙伴建立良好的合作关系至关重要。

（三）提升信息化水平

在数字化时代，物流企业应积极推进信息化建设，提高企业信息化水平。通过引入先进的信息技术和管理系统，如大数据、人工智能等，实现业务数据的实时共享和快速处理，提高决策效率和准确性。同时，通过互联网平台和移动应用等手段，为客户提供更加便捷的服务体验。

（四）加强人才培养与团队建设

人才是企业的核心竞争力。物流企业应注重人才培养和团队建设，通过定期培训、学习和交流活动，提高员工的业务能力和综合素质。同时，建立激励机制和良好的企业文化，吸引和留住优秀人才。在预期管理方面，企业还应培养员工的预见性和应变能力，使其能够快速应对市场变化和客户需求。

（五）实施风险管理策略

面对复杂多变的市场环境，物流企业应建立完善的风险管理机制。通过识别和分析潜在风险因素，制定相应的风险应对措施和预案。同时，物流企业加强与政府部门的沟通与协作，及时了解政策法规的变化和影响，提前做好应对准备。

物流行业预期管理是企业在复杂多变的市场环境中取得竞争优势的

关键手段。通过强化措施，物流企业更好地应对市场变化和客户需求，提高企业的竞争力和可持续发展能力。未来，随着技术的不断进步和市场的发展变化，物流企业应持续关注行业动态和新技术应用，不断创新和优化预期管理策略，稳定市场，提振产业信心。

提高物流价值释放水平，提升物流创造价值能力

一、物流业价值释放的内涵

物流业价值释放主要是指物流服务在全社会经济活动中发挥作用的程度和产生综合效益的能力，即物流价值在经济价值中的作用和地位。目前，需要进一步破解难点和痛点，才能充分释放物流业的潜力，为经济和社会发展做出基础性、战略性、先导性贡献。其内涵包含以下几个方面：

（一）实现实体企业降本增效

通过物流服务，实现供需双方之间的有效衔接，降低包括运输、仓储、装卸、包装等环节的成本，促进实体经济降本增效。

（二）促进经济可持续发展

物流业通过优化运输路线、仓储布局和运输方式等，提高资源利用效率，减少能源消耗和废弃物排放，实现可持续发展。

（三）提高资金周转效率

物流服务帮助企业实现合理库存管理，实时监控库存情况、减少库存积压、降低库存损耗，使企业能够更精准地满足市场需求。

（四）提升产品市场竞争力

物流服务快速将产品运送到市场，缩短产品上市周期，降低企业的市场风险，加快产品上市速度。

（五）实现全球化供应链整合

物流服务支持跨国贸易和国际物流，在全球范围内实现供应链的无缝衔接，加快商品流通速度，推动国内与国际双循环有效融合。

（六）促进产业协同发展

物流服务作为供应链的核心环节，需加强上下游企业的联动，促进各个产业之间的协同发展和合作，从而实现资源共享和协同创新。通过提供准时、可靠、安全的供应链服务和个性化的物流解决方案，满足客户对高品质、高效率服务的需求，提高产业协调发展能力。

二、物流业价值释放的挑战

在世界经济增长动能不足的情况下，全球化进程面临历史性的选择，而物流业在现代经济中扮演着至关重要的角色。物流业的价值释放面临着严峻的挑战和困境。

（一）供应链的复杂性是制约物流业价值释放的难题

随着企业的全球化扩张，供应链变得更加庞大和复杂。物流从起点到终点需要跨越多个国家和地区，涉及各种运输方式和环节，如采购、仓储、运输和配送等。因此，物流管理变得非常复杂，容易出现信息不对称、协调不到位，以及运输安全等问题。

（二）高昂的运营成本是制约物流业价值释放的难题

物流业涉及广泛的人力、设备和技术投入，包括仓库设施、运输工具、信息系统等。这些运营成本的不断增加给物流企业带来了极大压力，尤其是在利润空间受到竞争压缩的情况下。同时，全球能源价格的波动和政策的不确定性也对物流运营造成了巨大影响，使其难以实现有效的成本控制。

（三）信息化标准不协调是制约物流业价值释放的难题

物流业需要各个环节之间的紧密协同和信息共享，包括订单管理、库存控制、运输跟踪等。然而，不同企业和机构所使用的信息系统和标准并不统一，数据间的互联互通存在障碍，限制了物流信息化水平的提升和供应链的高效运作。

克服物流业价值释放的挑战，需要推动供应链协同发展，提高运营效率和降低成本；需要推动物流信息化水平的整合与提升，建立跨界联盟和共享平台；需要加强物流运输安全管理，制定和执行相关政策，推动物流业的可持续发展。只有这样，才能充分释放物流业的潜力，为经济增长和社会发展做出更大贡献。

三、物流业价值释放的主要对策

（一）提高物流效率

优化运输路线，采用智能调度系统和运输工具，提高物流运作的效率和灵活性。加强仓储管理，采用现代化仓储技术和设备，提升货物存储和物流操作效率。

（二）优化供应链管理

建立供应链信息平台，加强供应链各环节的协同管理，实现供应链的无缝衔接，提高供应链的整体效率和反应速度。通过共享信息，实现库存控制、订单处理和交付等方面的全面优化。

（三）推动技术创新

利用物联网、大数据、人工智能等新兴技术，提高物流信息的透明度和准确性，实现物流过程的可视化和智能化。积极探索应用无人机、自动化仓储设备等先进技术，提升物流操作的准确性。

（四）加强产业合作

通过与供应商、厂商、零售商等相关产业的紧密合作，实现物流与产业链的一体化发展。通过共享资源、共同配送、整合网络等方式，提高整体效益，降低成本。

（五）关注可持续发展

推动绿色物流，采用环保技术和设备，减少能源消耗和废弃物产生，改善物流对环境的影响。鼓励使用清洁能源和推广电动化运输工具，降低碳排放，实现可持续发展。

（六）提升服务质量

注重客户需求，提供定制化、个性化的物流解决方案。加强信息交流与沟通，提供实时跟踪和准确的信息反馈，提高物流服务的可靠性、及时性。

（七）加强人才引育

加大对物流业人才的培养投入，提高人才的专业素养和创新意识。鼓励引进具有国际视野和专业经验的物流人才，推动人才的交流与合作。

通过以上对策，推动物流业价值的充分释放，提升物流创造价值能力，促进产业协同发展和高质量发展。

树立物流数据意识，培育核心素养

数据意识是指客观存在的数据在人们头脑中的能动反映，表现为人们对所关心的事或物的数据敏锐的感受力、判断力和洞察力，以及对数据价值的认同。

一、物流数据意识的定义和内涵

物流数据意识是物流从业者对于数据重要性和价值的认知和意识。它包括以下几个方面：

（一）数据重要性

物流数据意识意味着物流从业者认识到数据在物流决策和运营过程中的重要性。数据是决策和优化的基础，能够对物流活动进行监测、分析和改进。

（二）数据价值性

物流数据意识强调物流从业者认识到数据的价值所在。数据是一种宝贵资源，用于发现问题、预测趋势、提高效率，为企业创造商业价值。

（三）数据决策性

物流数据意识鼓励物流从业者将数据作为决策制定的基础。大数据分析则基于客观的数据和统计信息，为决策者带来了更多的选择和更全面的见解。不仅提高决策的效率，也提高决策的准确性。

（四）数据安全性

物流从业者应该意识到数据的敏感性，了解并遵守相关的数据隐私和安全法规，保护用户和组织的数据安全。同时，要对数据的潜在风险保持警惕，合理使用和共享数据，防止数据泄露或滥用。

（五）数据协同性

物流数据意识强调物流从业者意识到数据共享和协同的必要性。物流业与其他相关方共享数据，并在数据共享的基础上进行合作和协同，以实现更高效、可持续的物流运作。

二、树立物流数据意识的重要性

通过增强物流数据意识，推动物流行业向数据驱动的智能化发展，提升物流运营效率和服务质量。

（一）是顺应数据驱动物流时代发展的必然要求

物流数据蕴含着丰富的信息和价值，帮助企业在实时决策、风险管理、运营优化、改进服务等方面优化业务流程，实现更高效、快捷、可持续的物流运营，提升企业的竞争力和顾客满意度。

（二）是开展数据驱动物流实践活动的前提

随着物流行业的发展，数据已经成为决策制定、优化运营、提高效率的关键因素。它有助于更好地理解物流运作、预测挑战、提高决策准确性和促进数据分析技能的提高，以推动物流行业的持续发展和供应链优化。

（三）是提升从业者、管理者的首要能力和先决条件

物流数据意识对于物流行业的从业者和管理者至关重要。具备这种意识，不仅可以提高决策水平，还可以帮助企业优化物流流程，提高物流效率，降低成本，增强企业的稳健性和竞争力。

三、物流数据意识的主要内容

（一）数据价值意识

数据价值意识是数据在业务决策和创新中的重要性，并积极探索、挖掘数据背后的价值。数据在不同领域、不同学科有不同的内涵和外延，其价值包括研究价值、商业价值和社会价值。

（二）数据获取意识

数据已成为数字经济时代的新型生产要素。企业要转变对数据资产价值的认知，在企业运营及管理中建立数据资产价值体系。

（三）数据安全意识

数据安全意识是推进数字中国、物流强国建设的基础条件。树立科学的数据安全世界观和方法论，建立数字化思维，以新安全格局保障新发展格局。

（四）数据应用意识

数据应用意识是指面对实际问题，能主动从数字分析的角度运用知识和方法寻求解决问题的策略。这种应用意识是对数据的价值和潜力有清晰认识，并能够有效地将数据应用于实际业务中。

（五）数据开放意识

数据开放是通过数据接口等形式，在业务系统内部、系统之间或面向全社会，合理合法公开特定数据的获取与使用权限。数据开放意识是一种思维方式，让人们以更加开放、多元的思维模式，平等合理获取和使用数据，破解数据跨层级、跨地域、跨部门有序共享和开发利用的瓶颈，满足经济社会发展的需求。

四、如何提升物流数据意识的核心素养

提升物流行业的数据素养需要结合产业的发展规律和特点。

（一）数据收集和整理能力

强化有效收集、整理和存储物流数据的能力。全面掌握数据采集方法和工具，了解数据的来源和质量，熟悉物流数据的采集、清洗、整理和存储流程步骤和方法。建立和维护高效的数据管理系统，确保数据的准确性、完整性和一致性。

（二）数据分析和解读能力

学习数据分析的基本方法和技巧，熟练应用数据分析的工具。数据分析的工具可以从大量的物流数据中提取有用的信息和洞察，进行统计分析和可视化展示，从而更好地传达数据背后的含义和趋势。

（三）持续学习和创新能力

物流行业和数据技术都在不断发展变化，深入把握物流各个环节的相关指标，包括库存管理、运输规划、供应链优化等，从数据中发现问题、提出改进方案。随着新技术和创新不断涌现，时刻关注最新的物流

趋势和数据分析技术，探索新的数据应用方式和解决方案。

通过以上措施，提升从业者的物流数据意识核心素养，应对物流领域中的机遇与挑战，推动物流产业高效运作和持续发展。

围绕消费者需求创新物流产品与服务

消费物流是指商品从生产者到最终消费者之间的物流活动，主要包括供应链管理、采购、生产、仓储、配送、售后服务等环节。旨在确保商品能够及时、安全、高效地送达消费者手中，满足其需求。

一、消费物流服务应满足的关键要素

消费者需要的物流服务应该是快速、可靠、安全、价格合理、专业、可持续，并且能够提供个性化的服务。这些需求将决定消费者对不同物流服务提供商的选择。

（一）快速高效

物流服务能够快速准确完成配送，减少消费者等待和商品滞留时间。

（二）信息透明

物流服务能够提供畅通的沟通渠道，及时清晰更新配送进度，提供实时物流信息。

（三）安全可靠

物流服务能够采取适配的货物保护措施，保证货物的完整性，避免损坏或丢失。

（四）价格合理

消费者在选择物流服务时，希望服务价格与服务质量相匹配，更希望物美价廉的品牌服务。

（五）个性专业

物流服务能够提供个性化、专业化、高质量的服务，如私人定制配送时间、包装选项、外观设计等。

（六）可持续性

物流服务充分考虑到环境影响，采取可持续的运输和包装方法，做到包装物重复利用或及时回收。

二、围绕满足消费者需求，物流服务创新的主要路径

（一）数字化转型

利用大数据、人工智能等技术手段，对物流服务进行数字化改造，提升物流信息的透明度和实时性，优化运输、仓储、配送等环节，提高物流效率。

（二）智能化物流

通过引入物联网、自动驾驶等技术，实现物流过程的智能化和自动化，降低人力成本，提高物流服务的准确性和可靠性。

（三）定制化服务

根据消费者的具体需求，提供定制化的物流服务，如个性化包装、

专属配送路线等，以满足消费者对物流服务个性化的要求。

（四）智能化仓储

通过建设智能化仓储系统，实现货物的自动化存取、盘点、分拣等功能，提高仓储效率，缩短货物在库时间，为消费者提供更加快速、高效的物流服务。

（五）智慧化调度

通过建立智能调度系统，对物流服务进行实时监控和优化，根据消费者需求、交通状况等信息，合理调配资源，提高物流服务的响应速度和准确性。

（六）品牌化质量

加强与消费者的沟通和互动，了解消费者的需求和反馈，及时调整服务策略，提升物流服务质量，增强消费者满意度。

（七）创新化模式

加强与其他物流企业、电商平台等合作，共享资源，共同开发新的物流服务模式，提升物流服务的覆盖范围和效率。

三、围绕满足消费者需求，物流服务创新的主要方面

（一）产品创新

1. 定制化物流产品

根据消费者的具体需求，提供量身定制的物流解决方案，包括特定的运输路线、包装设计、库存管理、配送时间等。

2. 精准化物流产品

运用大数据、人工智能等技术，为消费者提供更加智能、高效、

精准的物流管理服务。

3. 特色化物流产品

为对温度敏感的产品（如食品、药品、化妆品等）提供专门的冷链运输服务，确保产品在整个运输过程中保持恒定的温度。

4. 无忧化物流产品

针对消费者购买后的退货需求，提供快速、便捷的退货物流服务，降低消费者的退货成本。

（二）模式创新

1. 一体化模式

提供从产品设计、生产、运输、仓储到销售的全程物流服务，满足消费者对一体化解决方案的需求。

2. 平台化模式

通过搭建物流服务平台，整合各类物流资源，为消费者提供更加灵活、多样的物流服务选择。

3. 众包化模式

利用社会闲散运力，如货车司机、快递员等，开展短途配送、临时货物运输等业务，满足消费者对物流价格敏感的需求。

（三）服务创新

1. 运输服务

针对普通货物运输、特种货物运输、快运服务等，分类制定服务标准。

2. 仓配服务

提供货物的存储、分拣、包装、配送等环节的全链条服务。

3. 信息服务

提供物流市场行情咨询、物流解决方案指导等服务。

4. 金融服务

为消费者提供物流款项的垫付、短期融资、保险等服务，降低物流成本。

5. 增值服务

为消费者提供更加全面、贴心的物流服务，如定制化的包装设计、标签、搬运指导等。

这些创新产品和模式有助于提高物流服务的效率和质量，满足消费者多样化的需求，并推动物流行业的可持续发展。

物流产业——保护是生存，竞争是发展

物流产业是经济产业高质量、高效益发展的重要引擎，其发展对于国家经济建设和社会发展具有举足轻重的地位。当前，很多地方采用多种方式来保护物流产业的发展，其中包括要素供给保护、产业政策保护，以及环境支撑保护等。这些保护措施的主要作用是保障产业的生存基础，而非直接推动其高质量发展。

一、产业保护是物流业生存的基础

（一）要素供给保护

要素供给保护主要是确保物流产业在运营过程中所需的土地、资金、人力等要素得到稳定供给。这种保护虽然为产业提供了稳定的生存环境，但并不直接促进产业的技术创新、服务升级和效率提升等高质量发展的核心要素。

（二）产业政策保护

产业政策保护通常是通过政策手段来规范市场秩序，防止外部竞争对本地物流产业造成冲击。虽然政策保护可以营造一个较为平稳的产业发展环境，但它并不足以激发产业的内生动力和活力，也不能直接推动产业在质量、效率和动力上进行根本性变革。

（三）环境支撑保护

环境支撑保护主要是指物流产业的生态环境和营商环境。这种保护为物流产业的持续、绿色、健康发展提供了必要的支撑条件。然而，环境支撑保护并非直接提升产业服务水平、技术创新和管理能力的措施，因此也不能完全认定是促进产业高质量发展的直接动力。

物流产业的保护性措施虽在稳定产业发展、抵抗外部风险等方面起到一定作用，但更多的是确保产业的生存基础。要实现物流产业的高质量发展，还需要在技术创新、服务升级、管理创新、人才培养等方面进行深度改革和持续投入。因此，单纯依靠要素供给保护、产业政策保护和环境支撑保护等措施，只能说是为产业的生存提供保障，而要实现产业的高质量发展，还需要更加全面、系统的策略。

二、过度产业保护带来的危害性结果

物流产业过度依赖要素供给保护、产业政策保护和环境支撑保护等措施将会带来一些不良的后果。

（一）要素供给保护带来的后果

1. 资源配置不均衡

物流产业过度依赖某些特定的要素供给保护，如过度补贴或无节制地分配资源，导致资源分配不均和浪费。

2. 资源配置效率低

过度的要素供给保护阻碍市场机制的正常运作，降低资源配置效率，使得部分物流企业缺乏竞争压力和动力。

3. 创新动力源不足

长期依赖要素供给保护使物流企业缺乏创新动力，影响整个行业的长远发展。

（二）产业政策保护带来的后果

1. 缺乏市场竞争能力

通过政策对物流产业进行保护，会使该产业对政策产生过度依赖，从而降低自身适应市场变化的能力。

2. 破坏市场竞争秩序

过度使用产业政策会导致市场出现扭曲现象，一些本不具备竞争力的企业在政策支持下得以生存，破坏了市场公平竞争原则。

3. 抑制市场调控功能

过多的产业政策保护削弱市场的调节功能，使得市场信号无法准确反映真实的供需关系。

（三）环境支撑保护带来的后果

1. 损誉营商环境

为满足物流产业的快速发展需求，过度保护当地企业，会影响产业招商引资、招大引强、集群发展的格局，导致营商环境失衡。

2. 不可持续发展

为满足物流产业的快速发展需求，会过度消耗资源和破坏环境。依赖环境支撑保护的物流产业面临未来环境问题加剧的挑战，影响其可持续发展能力。

3. 增加社会成本

环境破坏带来一系列社会问题，如健康问题、灾害等，这些都需要社会付出额外的成本来应对。

三、产业竞争是物流业高质量发展的基石

（一）推动产业创新

产业竞争激发物流市场的活力，物流企业为获得更多的市场份额和客户信任，必须不断创新服务模式、商业模式，提高服务质量，优化运营效率。这种创新驱动的竞争环境，促使物流企业不断投入研发力度，采用先进的信息技术和管理手段，推动整个物流业的持续进步。

（二）提升服务质量

为提高竞争力，企业会从客户需求出发，不断完善自身的服务流程和标准，形成一系列高品质、高效率的服务产品。这不仅能满足客户的需求，也能为整个物流产业链带来更大的价值。

（三）优化资源配置

在产业竞争中，优质企业和项目会获得更多的资源支持。这种支持有助于实现资源的优化配置，使物流业的发展更加均衡和可持续。同时，通过竞争，低效、落后的企业和项目将被淘汰，从而为整个产业腾出更多的资源和空间。

（四）推动标准规范

在竞争激烈的市场环境中，为了保障公平竞争和维护市场秩序，物流业需要建立一套完善的行业标准和规范。这些标准和规范不仅有助于提高服务水平，还能为政府监管和消费者选择提供依据。通过产业竞

争，这些标准和规范将得到更好地推广和执行。

（五）带动产业发展

物流业作为连接各产业的重要纽带，其发展对相关产业具有重要影响。物流业通过与制造业、商贸业等产业紧密合作，共同推动产业链的优化升级。这种协同发展不仅提高了物流业的整体竞争力，也推动了其他产业的发展。

产业竞争是物流业高质量发展的基石。通过推动产业创新、提升服务质量、优化资源配置、推动行业标准规范，以及带动相关产业发展等多个方面的作用，产业竞争为物流业的高质量发展提供了坚实的支撑。

物流精算师将成为推动产业
高质量发展的重要人才引擎

　　精算师是分析风险并量化其财务影响的专门职业人员，是评估经济活动未来财务风险的行业专家。他们综合运用数学、统计学、经济学、金融学及财务管理等方面的专业知识和技能，在保险、金融及其他领域中，分析、评估不确定的现金流对未来财务状况的影响。

　　物流精算是现代金融理论、精算科学与现代物流融合发展的必然产物。物流精算师是指在物流领域从事成本精算和费用管理工作的专业人员。他们负责对物流活动中的成本和费用进行分析、计算和控制，以优化物流成本、提高运营效率和降低企业风险。

一、物流精算师的主要职责

（一）成本分析与计算

　　物流精算师负责对物流活动中的各项成本进行分析和计算，包括运输成本、仓储成本、包装费用、人力成本等。通过物流精算师的准确计算和分析，为企业提供成本管理和决策支持。

（二）费用控制与优化

物流精算师对物流费用的控制和优化，帮助企业降低物流成本、提高运营效率和竞争力。通过制定合理的费用控制策略，挖掘费用降低潜力，实现降本增效提质。

（三）绩效评估与指标监控

物流精算师负责物流绩效评估和指标监控工作。通过制定合理的绩效评估指标，监测物流运营情况，及时发现问题，并提供改进建议。

（四）预算编制与费用预测

根据企业业务需求和目标，物流精算师制定合理的物流费用预算，进行费用预测和预警，为企业提供预算控制和风险管理。

（五）数据分析与决策参考

通过数据分析工具和技术，物流精算师对物流活动中的成本、费用进行整理、分析和归纳，撰写相关的报告，向企业管理层提供清晰的费用信息和决策支持。

二、物流精算师需要掌握的基本知识

物流精算师需要具备扎实的物流知识和财务管理能力，熟悉物流成本结构和费用计算方法，具备数据分析和报告撰写能力。

（一）数学和统计学知识

作为物流精算师，需要掌握高等数学、概率论、数理统计等数学和统计学方面的基础知识。

（二）运筹学和优化理论

物流精算师需要了解运筹学和优化理论的基本原理和应用方法，例如线性规划、整数规划、动态规划等。

（三）物流管理专业知识

物流精算师需要了解物流管理的基本原理和实践，如供应链管理、仓储管理、运输管理等。

（四）物流精算软件和工具

物流精算师需要掌握一定专业的物流精算软件和工具。通过学习和使用物流精算软件和工具，可以更好地进行数据分析和模型构建。

三、培养物流精算师的方法和路径

（一）获取相关学历教育

学生可以在高等院校或研究机构中就读相关专业的本科或研究生学位，这些专业包括物流管理、运筹学、供应链管理、财务管理等。通过系统学习和深入理解物流与财务领域的知识，奠定理论基础。

（二）参加专业培训课程

除了学校教育，参加专业培训课程也是培养物流精算师的有效途径。这些培训课程由物流行业组织、职业培训机构或认证机构提供，涵盖成本精算、财务分析、供应链管理等方面的内容。

（三）实践经验与实习机会

通过实践经验和实习机会，物流精算师可以在实际工作中应用所学理论知识，积累相关经验。实践经验与实习机会可以帮助物流精算师更好地理解业务流程和实际问题，提高解决问题的能力。

（四）获得相关认证

获得与物流精算相关的认证也是培养物流精算师的一个途径。这些认证可以是国际通用的认证，也可以是国内物流行业的专业认证。

（五）持续学习和自我提高

物流精算师需要不断学习和更新知识，跟随行业发展的最新趋势。参加行业研讨会、学术会议和阅读相关专业文章等都是持续学习的方式。同时，积极参与团队合作项目，扩展与他人的交流与合作。

培养国际化、专业化、数字化的物流精算师人才对我国物流业发展至关重要。应着力加强政府主导、行业引领、企业参与、院校协同的探索实践。

四、物流精算师在推动产业高质量发展中的重要作用

（一）成本控制

物流精算师对物流成本进行准确分析和计算，帮助企业控制和降低物流成本。通过优化供应链、减少仓储和运输成本等方式来提高企业的运营效率和盈利能力。

（二）资源配置

物流精算师根据企业的需求和资源情况，对物流网络进行优化和配置。评估货物的运输需求、选择最佳的运输方式和路线、合理分配仓储和运输资源，从而提高物流效率和服务质量。

（三）运营优化

物流精算师借助数据分析和模型建设，对物流运营进行优化。通过分析物流数据和运作流程，识别问题，并提出改进措施。通过优化物流运作，提高生产效率，降低运营风险，并实现高质量发展。

（四）供应链管理

物流精算师协助企业进行供应链管理，确保物流环节顺畅运转。加强与供应商和承运商合作，确保供应链各个环节的协调和配合，提高供应链的可靠性和灵活性，实现产业链各个环节的协同发展。

（五）风险管理

物流精算师帮助企业识别和管理物流过程中的风险，对物流环节进行风险评估，制定相应的风险管理策略。通过减少物流企业的风险和提升风险应对能力，提高产业的稳定性和可持续发展能力。

物流精算师在推动产业高质量发展中起着重要的作用。物流精算师通过成本控制、资源配置、运营优化、供应链管理和风险管理等方面的工作，提高企业的运营效率和盈利能力，促进产业的高质量发展。

物流企业依据物流指数调整决策评估

物流指数是综合地区经济发展状况、物流发展基础条件，以及物流发展对环境的影响的系统性评价指标，是人们对物流行业发展进行综合诊断和物流行业管理的必要手段，是综合衡量一个地区物流业发展程度的重要指标。

一、物流指数在物流业发展中发挥着重要的引领作用

物流指数在中国的物流行业中扮演着不可或缺的角色。它为判断区域经济走势、分析地区物流发展水平、有针对地制定发展规划、物流业决策等发挥了重要作用。同时，它为决策者提供了重要的依据，推动了行业的透明度和规范化，也为企业提供了市场分析和预测的依据。因此，我们应当充分认识物流指数的重要性，并努力提高其准确性和可靠性，从而更好地服务于物流行业。

（一）物流指数能够为决策者提供全面、准确、实时的行业数据

无论是政府部门、企业，还是投资者，都需要了解物流行业的实时

状况和发展趋势，以便做出合理准确的决策。物流指数可以提供有关运输量、库存量、订单量、价格等关键指标的实时数据，帮助决策者更好地理解行业的运行状况和趋势。

（二）物流指数对于行业的透明度和规范化起到了积极的推动作用

物流行业是一个庞大而复杂的系统，其运作效率和服务质量直接影响企业的生产成本和消费者的购物体验。通过发布物流指数，可以增强行业的透明度，使消费者和企业更加了解物流服务的真实状况，从而促使企业提升服务质量，优化运营效率。

（三）物流指数为企业提供市场分析和预测的依据并制定有针对性的发展战略

通过比较物流指数的变化，企业了解市场的供需关系、竞争格局和发展趋势，从而及时调整经营策略，提高市场竞争力。

二、物流指数与企业的实际运营感受存在差距的原因

（一）指标选择和权重设置

不同的指标选择和权重设置会对指数的结果产生影响。指数编制时，可能偏重某些指标而忽略了其他实际运营中的关键因素，导致指数评估的角度和企业实际运营的需求存在差异。

（二）数据来源和采集方式

指数的数据来源和采集方式可能存在局限性。部分指数可能依赖于特定机构的数据报告或问卷调查，这些数据可能存在抽样误差或滞后性，不能全面真实反映企业的实际情况。此外，指数的数据可能缺乏地域性和行业特色的细分，无法充分覆盖各地区和各细分领域的实际情况。

（三）企业规模和类型差异

不同规模和类型的物流企业面临的问题和挑战不同。指数的评估指标和方法往往难以针对不同规模和类型的企业进行精确衡量，导致企业的实际运营感受与指数结果有差距。

（四）时间周期差异

指数的计算通常按照一定的时间周期进行，而物流业的运营情况可能存在季节性或周期性波动。因此，指数结果可能无法及时反映企业在不同时间段的运营状况，与企业的实际感受有一定的差异。

（五）主观评价和客观数据之间的差异

部分指数可能包含主观评价因素，如专家意见、调查问卷等，这些评价结果可能无法准确地反映企业的实际运营情况。与此相对应的是，企业的实际运营感受通常基于客观数据和具体经验，更加贴近实际情况。

总之，为使物流各种指数全面准确反映物流业发展的实际情况，需要从多方面进行综合考虑。只有不断完善指数的设计和方法，才能更好地为物流企业和政府决策提供准确的参考依据，促进物流业的健康发展。

三、物流企业如何依据物流指数进行战略调整

物流指数是反映物流行业发展状况的重要指标，它涵盖了物流活动的各个方面。通过对物流指数的分析，物流企业可以了解行业发展趋势，进而进行战略调整，以适应市场变化，提高竞争力。

（一）物流企业需要高度关注物流指数的变化趋势

物流指数的波动反映了物流行业的景气程度，应认真研究和分析

相关的物流指数，了解指数所反映的行业发展趋势和特点，理解指数方法论和指标权重的设定，以及指数所关注的核心问题。通过对指数的长期观察，对比企业当前的运营状况和指数结果，识别差距和待改进的领域。重点关注与企业核心业务和竞争优势相关的指标，找到潜在的改进机会和提升空间，以应对市场的变化。

（二）物流企业根据物流指数的数据结构进行战略决策

物流指数是一个综合指标，企业基于指数结果和分析，制定具体的改进目标和战略方向，确立明确的短期和长期目标，为战略调整提供指导和衡量标准。

（三）物流企业利用物流指数进行风险评估

物流行业是一个高风险的行业，受到各种不确定因素的影响。通过对物流指数的分析，企业提前发现风险，进而采取相应的措施，降低风险带来的影响。根据指数结果和行业趋势，调整战略性的投资和创新，以提高企业的竞争力和适应能力。企业应加强与内外部合作伙伴的沟通和协作，保持灵活性和适应性，更好地适应市场变化，提高竞争力。

物流推动数字贸易高质量发展

数字贸易是指利用信息通信技术进行的贸易形式，包括数字产品和服务的交易，以及借助数字技术促成的传统商品和服务交易。这种贸易形式打破了传统贸易的地理和时间限制，使得交易更加高效、成本更低，商品和服务的流通更为迅速和广泛。数字贸易的发展对国内外市场联通、产业融合和创新互动起到了促进作用，成为连接国内外市场的新业态。

一、物流在数字贸易中的重要作用

（一）支撑供应链高效运作

物流是数字贸易中不可或缺的一环，确保商品从生产地到消费地的顺利流转。如果没有高效的物流供应链系统，数字贸易的发展将会受到严重阻碍。

（二）提高数字贸易效率

物流提高数字贸易的效率，缩短商品在途周期，降低交易成本，减少库存压力，提高供应链的透明度。这使得数字贸易更具竞争力，也更加灵活。

（三）推动数字贸易全球化

物流通过实现全球范围内的供应链连接，为数字贸易的全球化提供了有力支持。物流系统跨越国界、不同的经济和文化环境，实现无缝物流运作。

（四）增强数字贸易信赖度

物流是连接消费和生产的桥梁，良好的物流服务能够确保商品在预期的时间内到达消费者手中，提高消费者的满意度，增强消费者对数字贸易的信任度。

二、物流在数字贸易中的主要短板

（一）物流成本高

数字贸易需要快速、高效的物流服务，但目前物流成本较高，包括运输成本、仓储成本、人力成本等，这在一定程度上限制了数字贸易的发展。

（二）信息化程度低

物流信息化程度低，导致物流信息传递不畅、数据不准确等问题，影响了数字贸易的效率和准确性。

（三）基础设施不完善

物流基础设施不完善，如公路、铁路、港口等设施不足，导致物流运输能力不足，影响了数字贸易的规模和速度。

（四）服务质量不稳定

物流服务质量不稳定，如运输时间不确定、货物丢失等问题，影响了数字贸易的信任度和消费者满意度。

（五）市场监管不到位

物流监管不到位，导致一些不合规的物流企业进入市场，影响了数字贸易的健康发展。

为了解决这些问题，需要降低物流成本，加强物流信息化建设，提升物流基础设施和服务质量，强化物流市场监管力度，以提高数字贸易的效率和安全性。

三、物流促进数字贸易高质量发展的对策

在当今数字化浪潮汹涌澎湃的时代背景下，物流作为数字贸易的血脉，其高效运转对于促进数字贸易的蓬勃发展至关重要。为了确保数字贸易能够持续稳健前行，应从物流的角度，采取一系列精准而有力的措施。

（一）优化物流基础设施网络

加强物流基础设施建设，构建智能化的物流网络系统，提高物流设施的覆盖范围和效率，为数字贸易提供更加便捷、高效的物流服务。

（二）推进物流数字化转型

鼓励物流企业加快数字化转型，提高物流数据的收集、处理和分析能力，实现物流信息的实时传递和共享，提高物流的智能化水平。加强物流信息技术的研发和应用，提高物流信息的透明度和准确性，降低物流成本，提高物流效率。

（三）加强与数字贸易融合

推动物流企业与数字贸易企业的深度合作，实现资源共享和优势互

补，促进数字贸易和物流的融合发展。共同打造数字贸易生态圈，提高数字贸易的竞争力。

（四）加强物流人才培养

加强物流人才的培养和引进，提高物流从业人员的素质和技能水平，为数字贸易提供更加专业、高素质的物流服务。

（五）创新物流新模式

探索新型物流模式，注重开放协同与共享，以多式联运为重点，推动干线组织模式高效融合，提高物流资源的利用效率和配置效率。

（六）建立国际合作机制

加强国际合作，建立完善数字贸易政策体系，健全数字化贸易平台，主动对接贸易规则统一标准，培育创新能力强、国际竞争力强的数字贸易和供应链领军企业，提升企业在全球范围内配置资源、布局市场网络能力，共同推进数字贸易和物流的国际交流与合作，推动数字贸易和物流的全球化发展。

通过推动物流行业的发展，促进数字贸易的高质量增长，进而提升我国在全球贸易中的竞争力，共同推动数字贸易和物流行业的协同发展。

物流产业新分类与密集型产业间的
逻辑关系

本文主要从物流产业新划分方法出发，阐述物流产业与密集型产业之间的逻辑关系，消除人们对物流产业认识上的一些误区。物流产业已从劳动密集型产业全面渗透为资源密集型、资本密集型、知识密集型复合产业。

一、物流产业传统分类方式

物流在国民经济中的地位与作用日益凸显，规模不断扩大，地位逐步提升。随着内部分工日益细化，内涵与外延不断扩大，物流产业逐渐发展为一个种类繁多、体系庞大的产业门类。为全面、准确认识物流产业的特点与功能，探索物流产业发展规律，有必要从不同的角度对物流产业进行分类。物流产业的分类方法很多，通常可按如下方式对物流产业进行分类：

（一）按物流系统的构成要素进行分类

可将物流产业划分为运输业、仓储业、包装业、装卸业、流通加工业、物流信息业。由于装卸与流通加工活动同运输仓储活动具有高度相关性，是运输仓储活动的附属活动，因此，在各国的物流产业分类中，没有独立的装卸产业，也很少有独立的流通加工产业；此外，在各国的物流产业分类中，也没有独立的包装业，而是将其划归为工业，即包装工业。随着信息化程度的提高，物流信息在物流中的地位与作用日益重要，从而促进了以专门从事物流信息的生产、销售为主要事业的物流信息产业的发展。从理论上讲，物流信息产业既可以划归为物流产业，也可以划归为信息产业。目前多数国家仍将物流信息产业划归为信息产业。从理论上讲，物流产业可以按物流构成要素进行分类，在现实的产业分类中，特别是经济统计中，多数国家仅将物流产业划分为交通运输业、邮政业和仓储业。

（二）按物流产业主体进行分类

按专业化物流主体对物流产业进行分类。物流产业主体主要包括铁路、公路、水运、航空、邮政等，可将物流产业划分为铁路物流业、公路物流业、航运物流业、航空物流业、邮政物流业等。

（三）按物流客体进行分类

按物流的对象物，即物品的不同而进行的分类，可以将物流产业划分为生产资料物流业与消费品物流业。生产资料物流业可进一步划分为金属材料物流业、机电产品物流业、化工产品物流业、危险品物流业等；消费品物流业可进一步划分为加工食品物流业、生鲜食品物流业、纺织品物流业、家电产品物流业等。

（四）按物流经营方式进行分类

按物流经营主体是否拥有物流设施与工具对物流产业进行分类，将物流产业划分为自营物流业与代理物流业。自营物流业是指物流经营主体利用自有物流设施与物流工具开展的物流经营事业；代理物流业是指物流经营主体利用他人物流设施与物流工具开展的物流经营事业。

（五）按物流作用进行分类

按物流作用将物流产业进行分类，可分为五大类。采购物流。企业采购所需原材料、零部件等物资的物流过程，包括原材料的选购、供应商选择、订单的发放、物流运输等环节。生产物流。企业在生产过程中的物流活动，包括原材料入库、生产过程中的半成品运输和加工、成品包装和储存等环节。销售物流。企业销售产品和服务的物流过程，包括订单的处理、存货管理、订单拣配、配送和售后服务等环节。库存物流。企业为满足生产和销售需要，对物料、产品等物资进行储存管理的物流过程，包括库存管理、货物清点、仓储管理等环节。逆向物流。物流过程中退货、换货、售后维修等活动的物流过程，包括退货管理、产品回收、售后维修等环节。

二、物流产业新分类方式

从转变经济发展方式，构建新发展格局，推动经济高质量发展的角度，按照物流在创新链、产业链、资金链、人才链和供应链中的作用，物流产业分类可以从以下几个方面进行考虑。这种分类方式强调了物流在不同链条中的作用和影响，有助于更好地理解和分析物流在产业发展中的综合作用，同时，也为物流行业的发展提供了指导和战略方向。

（一）创新链物流

创新链物流强调物流在推动技术创新和业务模式创新方面的作用。它涵盖了物流信息技术、物流智能化设备和物流服务的创新，以提高物流效率、降低成本和提供更优质的物流服务。

（二）产业链物流

产业链物流强调物流在整个产业链上的流程管理和协同运作，它包括原材料采购、生产制造、产品配送等环节。通过优化物流运输、仓储和配送等网络，提高产业链效率、响应能力和服务质量。

（三）资金链物流

资金链物流关注物流在资金流动和融资方面的作用，它包括供应链金融、物流金融、仓储质押融资等。通过提供融资支持和优化资金流动的服务，促进物流供应链各参与方的良性循环和发展。

（四）人才链物流

人才链物流关注物流人才的培养和流动，它包括物流专业人才的培养、跨领域人才的引进和物流人才的流动与交流等。通过优化人才供给、搭建人才培养平台和促进人才流动，提升物流行业的人才素质和创新能力。

（五）供应链物流

供应链物流强调物流在供应链中的协同管理和优化，它涵盖了物流运输、仓储配送、信息传递等环节。通过提供全链条的物流服务和协同管理，实现供应链各参与方之间的高效协作和资源优化。

三、物流新分类与密集型产业的逻辑关系

根据劳动力、资本、技术和数据四种生产要素在各产业中的相对密集度，可将产业划分为劳动密集型、资本密集型、技术密集型、资源密集型。

劳动密集型产业，指生产主要依靠大量劳动力，而对技术和设备的依赖程度低的产业。

资本密集型产业又称资金密集型产业，指在单位产品成本中，资本成本所占比重较大，每个劳动者所占用的固定资本和流动资本金额较高的产业。

技术密集型产业又称知识密集型产业，介于劳动密集型产业和资本密集型产业之间的一种经济类型的产业部门，属于高技术产业部门。其特点是单位劳动力占用资金比劳动密集型产业多、比资本密集型产业少。在生产结构中，技术知识所占比重大，科研费用高，劳动者文化技术水平高，产品附加价值高，增长速度快。

资源密集型产业又称土地密集型产业，指在生产要素的投入中需要使用较多的土地等自然资源才能进行生产的产业。

根据劳动力、资本、技术和数据四种生产要素在各产业中的相对密集度进行划分的优点是根据各国资源特点，实行有效配置，以发挥国家或地区的资源优势，易于分析各种生产要素的互相替代关系。这种方法的劣势主要是有些笼统，不便于进行经营活动分析，也不便于安排各种产业的比例关系，因此是分析产业结构的一种辅助方法。

物流业是支撑国民经济发展的基础性、战略性、先导性产业，它贯穿于经济发展的各个领域和环节。物流在创新链、产业链、资金链、人才链、供应链中都起着重要的作用，它们之间存在一定的逻辑关系。

（一）在创新链中，物流主要扮演着降低成本和提高效率的角色

对于劳动密集型产业，如制造业，物流是企业生产过程中不可或缺的一环。资本密集型产业，如能源和重工业，同样依赖物流来提高原材料采购、生产和产品销售的效率。资源密集型产业，如农业和采矿业，需要物流来优化资源配置，提高产业效率。技术密集型产业，如高科技产业，则依靠物流实现产品研发、生产和销售的一体化。

（二）在产业链中，物流主要着眼于优化资源配置和提高产业竞争力

劳动密集型产业，如制造业，需要物流来协调原材料采购、生产和销售，以降低成本和提高效率。资本密集型产业，如能源和重工业，依靠物流实现资源的优化配置，提高产业整体效益。资源密集型产业，如农业和采矿业，依靠物流获取原材料、设备和销售产品。技术密集型产业，如高科技产业，需要物流保障企业的研发、生产和销售的顺利进行。

（三）在资金链中，物流主要起到优化资金配置和降低资金风险作用

劳动密集型产业、资本密集型产业、技术密集型产业和资源密集型产业在生产经营过程中都需要资金的投入和支持。物流通过缩短账款回收周期、降低库存等方式，为企业提供更加稳定的资金流，从而降低了资金风险。

（四）在人才链中，物流主要提高人才资源配置效率和降低人才流失率

物流通过人才的合理配置，使得企业能够更快地找到合适的人才，提高了企业运营效率。同时，物流企业通过提供良好的工作环境和待遇，降低了人才流失率，节约了人力资源成本。

（五）在供应链中，物流主要提高供应链效率、降低供应链成本

无论是劳动密集型产业、资本密集型产业、技术密集型产业，还是资源密集型产业，都需要供应链的协调与优化。物流作为供应链管理的重要环节，通过合理的运输、仓储和配送等手段，提高供应链的响应速度和准确性，降低企业的库存成本和运输成本。

物流在创新链、产业链、资金链、人才链和供应链中具有重要的地位和作用。对于各类型产业而言，物流既是企业运营的基础，也是提高企业竞争力的关键因素。随着科技的进步和社会经济的发展，物流业已经成为集劳动密集型、资本密集型、技术密集型和资源密集型于一体的复合型产业，将为各类型产业的升级和发展提供更加优质的服务和支持。

物流新质生产力成为投资风向标

物流新质生产力是指在物流业发展过程中，通过引入新技术、新模式、新业态、新理念，以及创新的组织管理和协同机制，提高物流服务质量和效率，推动经济增长和社会发展的能力。

一、物流新质生产力的内涵

（一）物流新质生产力强调服务创新

通过整合和优化物流资源、运输方式、仓储设施和信息技术等方面的创新，物流企业提供更加高效、便捷和可靠的物流服务。包括准时交货、准确配送、追踪与追溯、客户满意度等方面的提升，以满足客户不断升级的需求。

（二）物流新质生产力强调技术创新

通过数字化、智能化和自动化等新技术的应用，物流企业实现流程优化和物流环节的精细管理，提高物流效率和操作效能。包括物流路径的优化、仓储管理的自动化、配送路线的智能调度等方面的提升，从而降低物流成本，提高运作效率。

（三）物流新质生产力强调管理创新

通过建立合理的物流网络、平台和生态系统，推动各参与方之间的协调合作和资源共享，物流企业实现供应链的整体优化和价值链的协同增效。包括物流信息共享、共同配送、多方协同决策等方面的提升，以提高物流的整体效益和社会经济的综合效益。

（四）物流新质生产力强调人才创新

物流业是集多种密集型产业于一体的复合型产业，物流人才是具有物流规划、策划、咨询、管理和运作等方面能力的人才。

二、物流新质生产力为何成为投资风向标

（一）物流产业地位的提升

物流业是支撑国民经济的基础性、战略性、先导性产业，是连接生产、分配、流通、消费的纽带。物流新质生产力是提升供应链韧性的有效手段，是带动产业链走向中高端的有效路径，是经济高质量发展的有效支撑，是畅通双循环的有效保障。

（二）物流产业本质的需求

物流新质生产力的出现，正在改变传统的物流运作模式，促进物流业转型升级。这些新技术、新模式、新业态的应用提高了经济的竞争力，也为投资者提供了更多的投资机会和领域。投资者通过投资与物流新质生产力相关的领域和产业，获取更多的收益和回报。投资物流新质生产力，就是投资未来。

（三）国家产业政策的支持

物流新质生产力的发展与国家政策密切相关。近年来，国家对物流业高度重视，出台了一系列政策措施，鼓励物流业转型升级，提高物流效率，降低物流成本。这些政策措施为投资者提供了更多的政策支持和保障，也吸引了更多的投资者关注物流新质生产力的发展。

物流新质生产力的发展趋势和投资机会吸引了越来越多的投资者关注和投资。因此，物流新质生产力成了投资风向标。

三、物流新质生产力投资方向和重点

物流新质生产力投资方向和重点应该以数字化、智能化、绿色化、智慧化和人才培养为核心，加大对新技术、新设备、新模式、新人才的投入，推动物流行业的转型升级和创新发展。

（一）数字化技术投资

数字技术是推动物流新质生产力提升的重要驱动力之一。在数字化转型的背景下，加大对物流数字化技术的投资，通过建立智能化的物流信息系统和提升数据分析能力，实现物流数据驱动决策，提高物流的运作效率和决策效果。

（二）智能化设备投资

智能化设备的应用提高物流操作的效率和精确度，降低劳动力成本。投资于自动化货架系统、机器人拣选系统、自动化输送线、无人机配送等自动化设备和技术，实现物流仓储和配送环节的自动化、智能化，提高物流效率和准确度。

（三）网络平台建设投资

构建物流网络和平台是推动物流新质生产力提升的关键。投资于物流网络的建设和拓展，包括物流中心、仓储设施、运输网络等的建设与优化，同时，投资于物流平台的开发和建设，实现物流信息共享、资源共享等功能，提高物流协同效能和供应链透明度。加强智慧供应链的投资，通过数据分析和智能决策，优化供应链流程，提高供应链的敏捷性和弹性，降低物流成本和风险。

（四）人才培养与创新投资

人才是物流新质生产力的重要支撑。需要加强对人才的培养与引进，培养具备新技术、新模式和创新能力的物流专业人才。此外，需要投资于创新研发和技术推广，建立创新团队和实验室，推动物流业的创新发展。重视绿色物流的发展，加大对新能源车辆、环保包装材料的投入，降低物流对环境的影响，实现可持续发展。

通过加大对物流新质生产力的投资，提高物流服务的质量和效率，推动物流业的创新发展，有效提升经济社会的竞争力和可持续发展能力。

物流促进冰雪经济高质量发展

冰雪经济是指利用冰雪资源和气候条件来发展经济的一种产业形态，主要包括冰雪旅游、冰雪运动、冰雪文化、冰雪科研等方面。随着人们对健康、休闲和体育需求不断增加，冰雪经济逐渐成为新的经济增长点，带动相关产业的发展，促进区域经济繁荣。在一些寒冷地区，冰雪经济已经成为重要的支柱产业，为当地的经济发展和就业提供了重要支持。

一、冰雪经济的主要特征

（一）季节性

冰雪资源一般与冬季和寒冷地区相关，冰雪经济具有明显的季节性特征。冰雪经济活动往往集中在冬季，而在其他季节较为冷清。

（二）多元化

冰雪经济包括多个方面的活动，如冰雪旅游、冰雪运动、冰雪娱乐、冰雪文化等。这些活动形式丰富多样，满足了不同人群的需求。

（三）延伸性

冰雪经济是相对完整的产业链，涵盖了从冰雪资源的开发与利用、运营管理、设备制造、服务提供等多个环节，初步形成了冰雪产业系统。

（四）区域性

冰雪资源分布有限，冰雪经济一般局限于特定地理区域。这些地方通常具有丰富的冰雪资源和良好的自然环境，成为吸引游客和投资者的热门目的地。

（五）带动性

冰雪经济对当地经济的带动效应较为显著。冰雪经济能够创造就业机会，促进旅游业、零售业、餐饮业等相关行业的发展，带来更多的收入和经济增长。

（六）依赖性

由于环境条件相对恶劣，冰雪经济是一种高度依赖环境的高风险行业。人们对环境变化极度敏感，高度依赖现代科技的力量为产业保驾护航。

（七）安全性

冰面交通工具在冰雪经济中起着关键作用，例如高速滑板、雪地摩托等。这些雪地交通产品需要高科技的支持来确保安全。

二、物流与冰雪经济的关系

（一）冰雪供应链支持

冰雪经济的发展离不开各种冰雪物资的供应，例如滑雪装备、冰上运动器材、防寒服装等。物流服务的高效、准时对于确保冰雪物资的供应和满足至关重要。

（二）冰雪设施建设和维护支持

冰雪经济的发展需要大量的冰雪设施，如滑雪场、冰上运动场馆等。这些设施的建设和维护要求物流行业提供相关的物资运输、设备调配和人力资源等支持。

（三）冰雪活动和赛事支持

冰雪经济带动了各种冰雪活动和赛事的举办，这些活动需要物流行业提供场地搭建、设备租赁、物资运输和人员调配等方面的支持，以确保活动的顺利进行。

（四）冰雪旅游服务支持

冰雪经济的重要组成部分是冰雪旅游。旅游者需要通过物流行业的支持来实现出行、住宿、餐饮和购物等方面的需求，保障旅游行业的健康发展。

（五）冰雪产业链支持

冰雪经济涉及各个环节的产业链，如雪具制造、滑雪场运营、冰雪培训等。物流行业在这些环节中提供物资运输、仓储、库存管理和配送等支持，确保各个环节的协同运作，促进冰雪产业链的发展。

物流行业在冰雪经济中扮演着重要的角色，保障着冰雪物资的供应链、冰雪设施建设和维护、冰雪活动和赛事的举办，以及冰雪旅游的顺利进行。物流的高效运作和准时配送为冰雪经济的发展和运营提供了关键支持。

三、物流促进冰雪经济高质量发展对策

（一）建立高效的冰雪物资供应链

物流行业建立高效、稳定的冰雪物资供应链，确保滑雪装备、冰上运动器材、防寒服装等物资的快速配送和供应。通过建立完善的仓储、运输和配送网络，提高物资的可获得性和及时性，满足冰雪经济的需求。

（二）支持冰雪设施建设和维护

物流行业为冰雪设施的建设和维护提供支持。在设施建设阶段，物流企业提供设备运输、场地搭建和材料配送等服务。在设施运营维护阶段，物流行业提供设备调配、维修保养和备品备件供应等支持，保障各项工作的顺利进行和设施的良好运营。

（三）提供专业化的冰雪运输服务

物流行业提供专业化的冰雪运输服务，包括冰雪设备的运输、滑雪场地的租赁设备运输、冰上活动器材的运输等，为冰雪运动者、俱乐部和赛事组织者提供便捷、高效的物流解决方案。

（四）优化冰雪旅游供应链

物流行业优化冰雪旅游供应链，提高旅游的整体效率和体验。例如，在旅游景区建立智能化的出行安排和车辆调度系统，提供顺畅的交通服务；在酒店和民宿之间建立配送网络，确保旅游者的需求得到充分满足。

（五）推动跨界合作与创新

物流行业积极推动与冰雪产业的跨界合作与创新。例如，与滑雪设备制造商合作开发可持续环保的包装和运输方案；利用物联网和大数据

技术，改进冰雪场馆的运营管理和设施使用效率。

物流行业与冰雪产业的相关企业、机构协同合作，共同研究和解决冰雪物流领域的挑战，提升物流服务的质量和效率，为冰雪经济的发展提供有力支持，促进冰雪经济高质量发展。

物流业促进服务消费高质量发展的对策

物流业在服务消费领域扮演着重要角色。物流业高效连接供需双方，确保商品和服务的顺畅流通，为消费者提供便捷的消费体验。通过先进的仓储、配送及信息管理系统，缩短了商品流通时间，提升了服务效率，满足了消费者对快速、准时、安全配送的需求。物流业为服务业的供应链提供强大支持，保障供应链的稳定性，促进企业服务的可持续性和增长性。

一、物流业与服务消费的关系

（一）与基础型消费的关系

基础型消费主要涵盖餐饮住宿、家政服务、养老托幼等民生领域，这些领域的持续发展离不开高效、便捷的物流体系作为支撑。物流业通过提供高效、安全、可靠的物流服务，为基础型消费提供稳定的供应链保障。

（二）与改善型消费的关系

改善型消费主要包括文化娱乐消费、旅游消费、体育消费、教育和培训消费、居住服务消费等。随着生活质量的提高，人民日益增长的美好生活需要和不平衡不充分的发展之间的矛盾凸显，消费者对于产品配送效率和服务体验的需求也日益增强，这促进了物流业的发展和提升。而物流业高质量服务激活消费升级，尤其是对改善型消费具有重要推动作用。

（三）与新型消费的关系

新型消费主要包括数字消费、绿色消费、健康消费等。物流业是连接生产与消费的重要桥梁，为新型消费提供了重要的支持。在数字消费方面，物流业通过构建高效的信息化平台，实现了商品的快速流通和交付；在绿色消费方面，绿色物流技术的应用有助于减少碳排放，促进消费经济的发展；在健康消费方面，现代化的物流体系确保了健康产品的快速流通，满足了消费者对健康产品的需求。

二、物流业促进服务消费高质量发展的对策

（一）在基础型消费方面

1. 餐饮业

针对餐饮业，物流业应提供稳定、高效的食材供应链，保障食材的质量，确保舌尖上的安全。同时，做好电商餐饮物流，推动餐饮企业模式创新，提高餐饮业的数字化水平。

2. 住宿业

对于住宿业，应加强住宿用品的供应链管理，确保用品的质量和供应稳定性。通过物流供应链系统提升，推动住宿业的智能化发展，提高住宿体验和服务水平。

3. 家政和养老服务业

针对家政和养老服务业，主要是加快进行适老、适幼、适残、适医全面物流系统改造，确保家政用品和养老用品的及时供应，提高服务质量。

（二）在改善型消费方面

1. 文化领域

在文化领域，应优化图书、音像制品等文化产品的物流配送服务，确保文化产品的快速准确送达。同时，推广品质化文化产品配送模式，满足消费者对便捷高效的文化消费需求。

2. 旅游领域

在旅游领域，应优化旅游产品的包装和运输服务，确保旅游产品安全完好。同时，推动智慧旅游发展，提供个性化、精准化的旅游产品物流服务。

3. 体育领域

鼓励物流园区依法依规改造旧厂房、仓库等物流设施，增加体育消费场所。通过体育用品、器材的高效配送，促进体育资源的均衡配置和体育环境的改善。

4. 教育培训

推动物流教育培训机构开放优质教育资源，满足社会大众多元化、个性化学习需求。提升中西部地区及偏远地区的物流教育设施建设水平，提供物流非学科类优质公益课后服务。

5. 居住服务

鼓励有条件的物流企业与养老、托育、餐饮、家政等企业开展合作，发展"物流+居住服务"模式。强化为定制化整装、智能化家居、标准化产品的物流配送能力。

（三）在新型消费方面

1. 推动数字物流发展，助力数字消费升级

建设智能化物流系统，利用大数据、云计算等先进技术，实现物流信息的高效处理和智能调度。优化线上服务平台，提升电商平台物流服务水平。加强与电商企业的合作，推动电商与物流的深度融合，促进数字产品的流通和交易。

2. 推广绿色物流，助力绿色消费普及

应用绿色包装技术，推广可循环使用的包装材料，减少一次性包装的使用。优化配送路线，通过智能调度系统，减少运输过程中的碳排放。强化环保意识，加强绿色物流理念的宣传和教育，提高消费者和企业的环保意识。

3. 构建健康物流体系，满足健康消费需求

保障产品安全，严格把控产品检验和运输过程中的安全标准，确保产品的质量。优化冷链物流，针对食品的特殊需求，完善冷链物流体系，确保产品的新鲜度和营养价值。加强健康知识普及，通过物流渠道传播健康知识，提高消费者的健康意识和消费水平。

物流产业定位与新产业特征的关系

新产业是指应用新技术发展壮大的新兴产业和未来产业，具有创新活跃、技术密集、发展前景广阔等特征，关系国民经济社会发展和产业结构优化升级。

新兴产业是指关系到国民经济社会发展和产业结构优化升级，具有全局性、长远性、导向性和动态性特征的产业。与传统产业相比，具有高技术含量、高附加值、资源集约等特点，是促使国民经济和企业发展走上创新驱动、内生增长轨道的根本途径。

未来产业由前沿技术驱动，当前处于孕育萌发阶段或产业化初期，是具有显著战略性、引领性、颠覆性和不确定性的前瞻性新兴产业。

一、从物流业战略性定位看与新产业特征的关系

从战略性角度看，物流业与新产业特征之间的关系主要表现为一致性。体现在以下几个方面：

（一）高效一致性

物流业作为新产业的基础设施，需要具备高效、快速、准确的特点，以满足新产业对物流服务的高要求。从新产业看，具备全局性、长远性特征，与物流业战略性定位不谋而合。

（二）智能一致性

物流业作为新产业的基础支撑，随着人工智能、物联网等技术的不断发展，需要不断提升智能化水平，以满足新产业对智能物流服务的需求。新产业最突出的特征之一就是智能制造。

（三）绿色一致性

物流业作为新产业的基础产业，需要关注绿色环保问题。从新产业聚焦的主要领域看，绿色是基本底色。为推动绿色发展，物流业和新产业有着同样的发展路径和共同的使命。

（四）协同一致性

物流业作为新产业的基础纽带，供应链协同已经成为一种趋势。与传统产业相比，新产业具有高技术含量、高附加值、资源集约等特点，供应链协同创新是高质量发展的内生动力。

物流业与新产业特征之间的一致性主要体现在高效性、智能化、绿色化和供应链协同等方面。这些特点不仅有利于物流业的转型升级，也有利于新产业的快速发展和壮大。因此，物流业需要不断适应新产业的发展需求，提升自身的竞争力和服务水平。

二、从物流业先导性定位看与新产业特征的关系

物流业先导性体现在对国民经济其他产业的引导和推动作用上。从

新产业特征的角度来看，物流业与许多新产业之间存在着紧密的联系，尤其体现在融合性上。

（一）物流业与新产业中制造业的融合

新产业中的制造业越来越注重柔性生产和供应链管理，物流业已经成为制造业不可或缺的一部分。两者之间的融合可以提高整个产业链的价值水平，保持产业的稳定与安全。

（二）物流业与新产业中信息业的融合

新产业中的信息业对于物流的时效性和个性化提出了全新的需求。充分发挥物流业在信息流、资金流、商流等方面的集聚作用，有助于优化新产业的资源配置，提高整体经济效益。

（三）物流业与新产业中绿色产业的融合

绿色物流新技术应用和创新实践，可以激发新产业的技术革新，形成新的竞争优势，有助于降低物流成本，减少对环境的影响。新产业绿色、低碳、环保方向是高质量发展的内在要求。

（四）物流业与新产业中前瞻性产业的融合

从新兴产业聚焦的领域和未来产业聚焦的领域看，颠覆性、不确定性的前瞻性新兴产业对物流业的适配性提出了全新且更高的要求。物流业应主动适应新产业对物流的新期待和新需求，为新兴产业的协同发展提供有力支撑。

物流业先导性与新产业特征之间融合性的关系，表现在物流业对新产业发展的推动作用上。这种关系促进了物流业与新兴产业的协同发展，为经济转型升级提供了有力支撑。

三、从物流业基础性定位看与新产业特征的关系

从物流业的基础性看与新产业特征的关系，主要表现为平衡性。物流业是支撑现代经济体系的重要基础，是连接生产、流通、消费的纽带，也是推动供给侧结构性改革、提升国民经济运行质量的重要抓手。这种平衡性体现在以下几个方面：

（一）供需总量平衡

国民经济处于不同的发展水平和阶段，对于物流的需求量有很大区别。在大力发展新产业时期，物流业需要根据新产业的实际需求来调整供应量，以实现供需总量的平衡。

（二）供需结构平衡

不同产业对于物流服务的质量要求不同，各地区经济发展的不平衡也导致其对物流服务的质量要求不同。物流业需要针对新产业和地区提供定制化的物流服务，以实现物流供需结构的平衡。

（三）产业结构平衡

新经济的快速崛起需要高效的物流体系作为支撑，而物流业正在不断探索和创新，以满足新经济的需求。物流业的发展需要平衡传统产业和新产业之间的关系，不能因为过度追求新经济而忽视了传统产业的发展。

（四）技术创新平衡

物流业需要根据新产业对物流的新需求，不断引入新技术，以提高物流服务的效率和效能。平衡适配的技术创新有助于物流业与新产业形成良好的互动关系。

物流业作为国民经济的基础性产业，需要与新产业特征保持平衡

性，以实现供需总量、供需结构、产业结构和技术创新方面的平衡。这种平衡性有助于物流业与国民经济的其他产业形成良好的协同发展关系，推动整个国民经济的健康发展。

物流业助力首发经济新业态健康发展

首发经济指企业首次发布新产品，推出新业态、新模式、新服务和新技术等。

一、首发经济的主要内涵

首发经济的内涵会随着经济发展的阶段和环境的变化而不断演进和丰富。

（一）创新是驱动力的核心

首发经济强调通过创新来驱动经济发展，包括技术创新、产品创新、服务创新和商业模式创新等。这些创新活动带来了新的产品和服务，满足消费者的新需求，激发市场的活力，推动经济增长。

（二）体验是生命力的源泉

通过消费者的首次体验和消费行为，进一步推动市场的发展和经济的增长。消费者的首次体验和消费行为，不仅仅是经济交易的行为，更是对新产品或服务的一种认可和推广。通过口碑传播、社交媒体等渠道，进一步扩大了产品和服务的影响力，带动了更多的消费和经济活动。

（三）先行是竞争力的法宝

首发经济鼓励企业在新产品、新技术、新服务等方面率先进入市场，通过抢占市场先机来获得竞争优势。先行者的优势是帮助企业在市场中率先建立品牌认知度，形成市场份额。

（四）协同是产业化的关键

首发经济注重产业链上下游的协同发展，通过产业链的整合和优化，提高整个产业链的竞争力和效率，形成适度的产业规模。

二、首发经济与物流的关系

（一）物流是首发经济的重要支撑

无论是线上还是线下的经济活动，都需要依靠物流来完成商品和服务的流通。对于首发经济来说，新产品、新服务上市后，迅速配送到全国各地甚至国际市场，必须依赖高效、准确的物流系统。这种物流体系不仅能够快速、准确地将商品送达消费者手中，还可以提供实时更新的物流信息，使商家能够根据市场变化迅速调整销售策略。

（二）首发经济推动了物流行业的发展

随着新产品、新服务的不断涌现，物流行业也面临着巨大的发展机遇。为了满足首发经济的需求，物流行业需要不断创新和升级，提高自身的服务水平和效率。首发经济也促进了物流行业的国际合作和交流，推动了全球物流网络的建设。

（三）协同发展提升整体经济效益

高效的物流系统能够促进商品的快速流通和更新换代，推动经济的持续发展。首发经济与物流的协同发展有助于提高消费者的购物体验和满意度，增强市场的活力。

首发经济与物流业是相互依存、相互促进的关系。在经济发展过程中，应该注重两者的协同合作，以实现经济的持续、健康、快速发展。企业应加大投入，提高物流系统的效率和服务水平，为首发经济的发展提供有力保障。

三、首发经济形态下的物流新特征

首发经济活动对物流体系提出了更高的要求，要求物流体系必须具备高度的灵活性和创新能力，以支持其快速发展和满足市场需求。

（一）高效快速

在首发经济背景下，效率成了竞争的关键因素。因此，新型物流体系应能够迅速应对需求，从仓储到运输到派送都能快速高效地进行。通过优化运输网络和提高物流信息化水平，实现物流的快速响应和高效配送。

（二）科技引领

利用现代科技手段，如大数据、云计算、人工智能等，来优化物流流程，提高物流效率。通过智能化的仓储管理系统和配送系统，实时监控货品的位置和状态，实现物流过程的自动化和智能化管理，有效地进行调度和分配。

（三）绿色环保

随着消费者对环保的日益关注，绿色物流成为首发经济的重要首选。新型物流体系应采用环保包装材料、节能减排的运输工具等，以减少对首发经济环境的影响。

（四）高度协同

在首发经济中，物流的协同性至关重要。这包括与供应链上下游企业的协同、与电商平台或实体零售商的协同等。通过建立高效的协同机制和信息共享平台，确保整个物流过程的顺畅进行。

（五）智能管理

通过先进的供应链管理技术，如预测分析、需求管理、库存优化等，确保商品在正确的时间、地点以最有效的方式流动。运用先进的供应链管理技术，有助于减少库存积压和浪费，提高整体运营效率。

通过构建新型物流体系，有效支撑首发经济的发展，提升城市的国际影响力和消费能级，促进消费升级和产业升级。

物流载体的主要功能和发展趋势

物流载体是指为促进物流业发展，建立和完善物流网络、基础设施和平台等一系列支撑物流活动的物质和信息载体。物流载体是物流系统最重要的资源，其决定了物流的质量、效益和效率。

一、物流产业载体

物流产业载体是指为物流行业发展提供基础设施和支撑服务的平台或集聚区域。它是物流活动的承载体，主要包括物流园区、物流基地、物流中心、物流枢纽等不同形式的载体。

（一）物流产业载体的主要功能

1. 集聚功能

物流产业载体能够集聚一定规模的物流企业和服务机构，形成物流资源的集中化。通过共享设施和资源，提高物流效率和降低成本。

2. 服务功能

物流产业载体提供物流配套服务，如交通运输、货场、仓储设施、信息系统等，满足物流运输和仓储需求。同时，物流产业载体还提供物流金融、保税、商务咨询等增值服务。

3. 协同功能

物流产业载体促进物流各环节的协同发展。通过物流园区、物流中心等载体，实现供应链的协同管理，优化物流流程，提高物流效率。

4. 创新功能

物流产业载体提供创新环境和创新资源，鼓励企业进行技术研发和创新实践。通过技术创新和业务模式创新，推动物流业的升级和转型。

物流产业载体是推动物流业高质量发展的重要抓手。通过优化载体功能和提供适配服务，促进物流资源的集聚和优化配置，提高物流运输效率和服务水平。同时，物流产业载体还能够吸引投资、吸纳就业、推动地方经济发展。

（二）物流产业载体的发展趋势

1. 多式联运物流中心将迎来快速发展

多式联运是一种基于使用多种交通运输方式的物流服务模式，它以铁路、公路、航空、水路等多种运输方式为基础，通过协调、整合和组合不同运输方式，形成全方位、多层次的物流服务网络。多式联运物流中心是实现多式联运的重要支撑。未来将会有更多的多式联运物流中心出现，以满足市场需求。

2. 一体化物流园区将成为主流

一体化物流园区是由多个物流企业组成，共享设施和资源，形成协同效应，提高物流效率和服务水平。

3. 冷链物流布局将越来越广泛

随着国家对食品安全的重视和人们对食品安全的关注，冷链物流逐渐成为物流市场的新宠。未来，冷链物流的发展将越来越广泛，应用范围将不断拓展。

4. 物联网技术将成为物流空间布局的重要支撑

随着物联网的快速发展，它将为物流空间布局不同物流产业载体提供强有力的技术支持。

5. 智能化物流中心将成为趋势

随着人工智能、大数据、云计算等技术的发展，智能化物流中心将会越来越普及，不断提高物流数智化程度，降低物流成本，提高物流效率。

二、物流重构载体

物流重构载体特指物流供应链载体。物流供应链载体是在整个物流供应链中具有关键地位和重要作用的实体或平台，主要包括物流节点与枢纽、信息系统与技术平台、供应链金融与服务平台、合作伙伴与协同机制等。

（一）物流重构载体的主要功能

1. 深度融合功能

推进物流业与制造业空间布局衔接，形成内外结合、无缝衔接的物流服务体系，为制造业企业提供供应链管理库存、线边物流、逆向物流、准时物流、供应链一体化服务，构建标志性产业链供应链体系。聚焦农业产业集聚区，构建云端协同、全程覆盖、开放共享的农业供应链大数据载体体系，畅通农产品流通渠道。健全商贸供应链体系，将物流服务深度嵌入商贸供应链体系，提升市场需求响应能力和供应链协同效率。

2. 健全体系功能

按照"聚焦链条、协同推进"原则，以城市群、都市圈为重点载体，聚焦重点行业，加快推动供应链各主体各环节设施设备衔接、数据交互顺畅、资源协同共享，促进资源要素跨区域流动和合理配置。整合供应链、发展产业链、提升价值链，加快发展大市场、大物流、大流通，实现供应链提质增效降本。

3. 创新协同功能

运用人工智能、大数据、区块链、云计算、物联网、工业互联网、虚拟现实与增强现实等数字技术，物流供应链载体通过信息管理系统收集、处理和传递，协调相关供应链参与者的一致性活动，实现供应链的高效运作，提升传统产业的运行效率和竞争力。

4. 价值增值功能

供应链载体的构建呈现出增值性、交叉性、动态性和供求性等特点。在整合物流、商流及资金流等信息的基础上，通过供应链上下游企业之间的高效协作、专业化需求对接与保障服务，实现资源配置效益、市场竞争优势、一体化协同效率、产业控制力的全面提升。

（二）物流重构载体的发展趋势

1. 多元化布局

随着全球经济一体化的深入推进，物流供应链载体的布局越来越多元化。除传统的港口、机场、铁路等载体外，城市物流园区、综合交通枢纽、海关特殊监管区域等新型载体依托当地产业优势和资源禀赋，通过嵌入产业，再造流程，必将得到快速发展。

2. 智能化应用

物流供应链载体的发展离不开信息技术的支持。智能化技术在载体中的应用日益广泛，如物联网、大数据、人工智能等，可以实现实时监控、智能调度、预测分析等功能，提高供应链协同水平，促进实体经济健康发展。

3. 绿色化发展

环保和可持续发展已成为全球共识。物流供应链载体的发展也越来越注重节能减排、降低环境污染的要求。例如，推广使用清洁能源车辆和绿色包装材料，提倡绿色路径选择等。此外，还可以通过改善物流网络布局和优化物流模式，降低能耗和排放。

4. 网络化协同

物流供应链的协同管理至关重要。通过建立电子商务平台、物流信息平台等网络化协同机制，实现各个环节的信息共享和协同作业。网络化协同管理将成为促进物流供应链效率和效益提升的重要手段。

三、物流平台载体

物流平台载体是指通过信息技术手段，整合物流资源和服务，提供全链条、多模式的物流运输、仓储配送、信息查询等服务的平台。它是物流活动的承载体，为物流业务的开展和协同运作提供基础设施和支撑。

（一）物流平台载体的主要功能

1. 信息整合和共享

物流平台载体整合各个物流环节的信息，并实现不同参与方之间的共享。通过集中管理和共享信息，提高物流运作的效率和准确性。

2. 系统管理和协同

物流平台载体提供系统化的管理工具，用于跟踪货物的运输状态、仓储管理、订单管理、车辆调度等，提高物流运作的可视化程度和管理效能。

3. 智能调度和优化

物流平台载体利用智能算法，在保证物流服务质量的前提下，实现货物、车辆等资源的合理调度和优化，提高运输效率和降低物流成本。

4. 信息安全和风险控制

物流平台载体具备有效的信息安全和风险控制机制，确保物流信息的安全性和可靠性，防止信息泄露、恶意攻击等问题的发生，保障物流运作的稳定性和可持续性。

5. 数据分析和决策

物流平台载体对大量的物流数据进行分析和挖掘，为物流企业提供数据驱动的决策支持，从而优化资源配置。

（二）物流平台载体的发展趋势

1. 数字化和智能化

随着信息技术的快速发展和应用，物流平台将越来越数字化和智能化。通过物联网、大数据、人工智能等技术应用，实现物流过程的自动化、智能化、可视化，提高物流效率和服务质量。

2. 多元化和综合化

物流平台不再局限于传统的货运车辆调度和物流仓储服务，而是逐渐向多元化和综合化的方向发展。物流平台将增加业务板块，满足客户不同层次的需求。还将促进不同运输模式的协同发展，通过整合公路、铁路、水路等运输网络，提供一站式的运输服务，实现网络化的多式联运体系。

3. 跨界化和开放化

为提升服务质量和竞争力，物流平台将开展跨界合作和跨行业创新。物流平台与电商、快消品企业、金融机构等进行合作，共享资源和数据，优化物流网络布局，提升运输效率和成本控制。

4. 网络化和增值化

物流平台通过互联网技术，实现物流网络的拓展和连接。通过建立物流新型平台载体，实现一体化的物流服务。物流平台也将更加注重提供增值服务，如保税仓储、跨境物流、供应链金融等，提升客户体验感和附加值。

5. 共享化和合作化

物流平台促进数据共享与合作。通过建立统一的数据标准和共享机制，促进各方数据的共享与交换，提高战略决策水平。

四、物流空间载体

物流空间载体是指承载物流活动的空间实体，更重要的是物流设施空间布局的合理性和协同性。

（一）物流空间载体的主要功能

1. 物流集散功能

在全国范围内，物流空间布局需要合理设置物流集散中心，以便实现货物的集散、仓储、分拨等环节的高效连接和流通。通过其集聚的交通节点、仓储设施和物流服务资源，提供便捷的物流网络。

2. 区域支撑功能

全国物流空间布局应该兼顾不同区域的特点和需求，为各地提供适配的物流支撑。根据地区的产业结构和经济发展情况，布局物流业基础设施和配套服务，满足区域物流需求。

3. 对外连接功能

全国物流空间布局需要考虑物流与外部环境的连接，包括与其他国家、地区、省份和城市的物流衔接。这涉及跨境物流、跨区域物流，以及物流对外交流与合作的需求，要设立合适的物流载体和通道，促进物流在国内外的畅通连接。

4. 创新发展功能

全国物流空间布局应鼓励和支持物流创新发展，为物流企业和相关领域的科研机构提供创新环境和条件。通过设立创新示范园区、科技创新中心等载体，引导和推动物流技术的进步和应用，提升产业融合能力。

5. 可持续发展功能

全国物流空间布局要注重绿色可持续发展，通过合理的资源配置和环境保护措施，降低物流能源消耗和环境污染。在物流园区、物流枢纽等物流空间载体建设过程中，要注重节能减排和环境保护，促进绿色物流发展。

全国物流空间布局的主要功能需要根据区域经济发展、交通网络、产业结构、市场需求等因素进行综合考量和规划，以实现高效、便捷、可持续的物流服务体系。

（二）物流空间载体的发展趋势

1. 适应国家发展战略

物流空间载体应与国家发展战略相结合。根据新一轮发展战略，物流空间载体应围绕经济高质量发展这一主体进行合理布局，以满足国家经济发展的需求。

2. 着力布局重点区域

物流空间载体需要集中在发展速度较快、经济实力较强的重点区域。这些区域资源丰富、产业发达、交通便利和基础设施完善，可以提供更高标准的物流服务。同时，物流空间载体还需要兼顾西部欠发达地区经济发展的客观需求，逐步缩小区域差距。

3. 推动多式联运整合

物流空间载体推动综合交通运输体系快速发展。物流空间载体应与铁路、公路、水运、航空等各种运输方式相衔接，形成便捷高效的物流通道和网络。物流空间载体应更加注重多式联运和互联互通，通过建设高效的物流枢纽和综合交通节点，实现不同运输模式之间的无缝衔接。

4. 强化信息技术支撑

随着信息技术的快速发展，物流空间载体应充分利用信息技术手段，实现物流过程的自动化、智能化和可视化，提高物流管理和服务水平。

5. 区域协同发展

未来的物流空间载体的布局将更加注重区域协同发展。物流空间载体通过构建物流协同网络，建立统一的数据标准和共享机制，促进不同地区之间的物流资源共享和协同运作，提高物流效率和降低物流成本。

6. 绿色低碳发展

绿色低碳是未来物流空间载体布局的重要方向之一。物流空间载体通过推广清洁能源、节能减排技术和绿色建筑标准，减少物流行业对环境的不良影响。同时，在物流空间载体布局中应考虑环保因素和生态平衡，促进绿色物流发展。

总的来说，物流空间载体的发展趋势是适应国家发展战略、着力布局重点区域、推动多式联运整合、强化信息技术支撑、区域协同发展和绿色低碳发展。

五、物流对接载体

物流对接载体是指物流高标准对接国际经贸规则载体，是自贸区和海关特殊监管区内与物流相关的软硬件设施。

（一）物流对接载体的主要功能

1. 促进贸易自由化

高标准对接国际经贸规则可以推动贸易自由化，降低关税和非关税壁垒，减少贸易限制，扩大市场准入，促进国际贸易的畅通。

2. 提升贸易便利化

高标准对接国际经贸规则可以简化贸易程序，提高贸易便利化水平，加强贸易金融合作，推动电子商务发展，提高贸易效率和降低成本。

3. 保护知识产权

高标准对接国际经贸规则可以加强知识产权保护，提高创新力和竞争力，促进物流产业国际化水平。

4. 规范经济行为

高标准对接国际经贸规则可以建立健全经济规则体系，加强市场监管，规范经济行为，维护公平竞争的市场环境，避免不正当竞争和贸易摩擦。

（二）物流对接载体的发展趋势

1. 提升物流基础设施建设

加大对接载体内物流基础设施投资，提高物流供应链的效率和可靠性，推动对接载体物流功能的适应性和实用性。

2. 推动数字化转型

借助信息技术等手段，加速物流行业的数字化转型。推广应用物联网、大数据、云计算等技术，提升物流管理、跟踪和监控能力，优化供应链管理，降低物流成本。

3. 加强国际合作交流

积极参与国际物流规则制定和谈判，加强与其他国家和地区的合作与交流。推动建立更加开放、公平、透明的国际物流贸易规则，促进国际货物流通和物流产业发展。

4. 发展绿色可持续物流

致力减少物流过程中的环境影响，提高物流的节能、减排水平。倡导绿色供应链管理理念，推动物流业可持续发展。

5. 建立健全监管体系

加强对物流行业监管和执法力度，建立健全法规和市场准入机制。加强事中事后监管，促进行业规范健康发展。

消费物流之汽车消费物流的三点启示

消费物流是围绕人们衣、食、住、行等消费者需求而产生的物流活动。随着居民收入水平提高和消费观念的改变，我国消费物流呈现高端化发展态势。本文针对乘用汽车消费的特点，提出发展汽车消费物流的几点启示。

一、乘用汽车消费的特点

（一）体验性

汽车消费是典型的体验式消费，消费者从有购买意向到完成车辆选购，全程参与、亲身体验。随着VR（虚拟现实技术）逐步走进消费领域，汽车消费领域也逐步推出VR试驾汽车、VR智能展厅等新销售模式增强体验感，让消费者可以同时体验不同车型，大大节省了用户的时间成本，同时也给予消费者身临其境的购物体验。

（二）差异性

汽车消费是家庭最大消费之一，受消费者经济状况、职业地位、年龄性别等多重因素影响。消费者在购买时不仅考虑价格、质量、品牌及售后服务等问题，还特别关注车辆的外观造型、排量大小、安全性能、内饰设计等。环保也成为选择的一大因素。

（三）精准性

在激烈的市场竞争环境下，汽车销售服务已经从汽车销售的"前市场"逐步延伸至维修保养、配件供给、美容改装、金融保险、文化运动等汽车"后市场"。提升汽车销售前后两端的服务水平是车企赢得市场的关键。

二、汽车消费物流的几点启示

（一）以合理布局，提升消费服务的体验性

在汽车整车进口口岸，布局高端进口车物流园，打造进口乘用车和平行进口车的区域仓储分拨中心。在物流节点城市，依托铁路分拨场站，布局合资车、国产车物流园区，打造服务区域的商品车配送中心。在城市周边，依托4S店布局驾驶体验场区和专业跑道，满足各品牌乘用车的试乘试驾体验，打造城市汽车文化中心。在商品车仓储分拨中心，建设商品车高层立体存储库，实行多品牌集约化存储和标准化统一管理，降低商品车仓储成本，提高仓储环节的安全性。

（二）以配送时效，提升消费服务的差异性

根据地区消费水平，建立"品牌体验店"，从"以产品为中心"转变为"以客户为中心"，从"产品消费"转变为"体验消费"。根据地区区位优势，建立品牌分拨中心，建立铁路、水运为主，公路为辅的商品车运输通道，实现从工厂到4S店的高效运输。根据差异化消费需求，

提高汽车供应链水平，创新商品车"C2M"（用户直连制造）新模式，实现小批量多批次的柔性化生产，满足客户个性化需求。

（三）以园区功能，提升消费服务的精准性

一是发挥物流功能，配置汽车消费的前市场。根据城市功能布局，合理规划汽车消费物流园，满足商品车运输、仓储等物流需求。依托商品车整车进口口岸，打造整车进口物流金融全产业链。二是发挥物流效能，配置汽车消费的后市场。合理布局汽车用品仓储配送中心，满足汽车维修保养、装饰改装行业小批量多批次的配送服务。合理布局二手车交易中心，满足二手车的评估、交易等需求。

夜经济物流

夜经济是指从当日18时至次日凌晨6时的服务业经济活动。发展夜经济是扩大内需、促进消费、促进产业结构调整的有力举措。夜间消费大多是服务性消费，几乎涵盖了商业、交通运输业、餐饮业、旅游业、娱乐业等第三产业。作为一种经济形态，夜经济是夜间居民消费和企业有效供给的汇合，一头连着消费，一头连着就业，一头连着加工，一头连着物流，是提升城市活力的新引擎。

商务部城市居民消费习惯调查报告显示，60%的居民消费发生在夜间。在旅游人均消费方面，夜间消费额是白天消费额的3倍。

一、物流与夜经济的关系

物流与夜经济密不可分，两者协同融合促进夜经济全面发展。

（一）物流服务是夜经济的重要组成部分

夜间商业活动的活跃增强了对物流服务的需求，特别是对配送、快递、外卖、新零售等服务的刚性需求。物流服务促进了夜经济的兴起和发展。

（二）物流服务强力支撑夜经济的运行

夜经济涉及的商家、企业需要在夜间进行运营和营销，这就需要物流配送及仓储、货运等服务的支撑。高效优质的物流服务对夜经济的发展和运行至关重要。

（三）物流服务带动夜经济的发展

物流服务向夜间商圈和商业企业延伸，为夜经济提供更高质量的支撑，带动夜经济更加活跃和发展。物流中心、配送中心、仓储中心、中央厨房等为夜间拓展配送及周边商业区域提供更加便捷的服务。

（四）物流服务与夜经济相互促进

随着夜经济发展，物流服务需要不断提升和创新，以满足消费者差异化、多样性的需求。相反，在物流服务向夜间经济延伸的同时，也可以带来更大规模的商业活动，繁荣夜经济，促进夜经济健康发展。

二、夜经济物流的主要特征

物流作为夜经济高质量发展的重要支撑，应遵循夜经济发展规律，发挥自身优势，进一步提升服务能力和服务水平。

（一）物流配送是夜经济的关键

随着夜经济的兴起，人们在夜间的消费需求逐渐增加，物流企业应采用先进的配送设备和技术提供高效便捷夜间配送服务，提升消费体验，促进夜经济的快速发展。

（二）高效仓储设施是夜经济的基础

物流企业通过建设高效的仓储和物流设施，为商家提供高质量的货物存储和物流运输，以满足夜经济活动对物流服务的高度依赖。

（三）信息化平台是夜经济的核心

物流企业应建立夜经济物流信息平台，通过精准的物流数据管理和分析优化物流网络，提高物流运营效率，为夜经济的快速发展提供支持。

（四）应用物联网技术是夜经济的发展趋势

夜经济是物联网应用的重要场景。应加大物联网技术在物流设备智能化管理和远程监控等方面的深度应用，提高物流设备的使用效率和安全性；同时，通过物联网技术实现物流信息共享，提升消费者对夜间物流服务的幸福感、获得感。

三、夜经济物流转型升级的路径

以满足消费者对于高效、便捷、安全物流需求为着力点，通过应用新技术、推广新模式实现自身转型升级，为夜经济高质量发展提供全方位服务。

（一）发展智慧物流

智慧物流可双向实现物流业及夜经济降本增效，再造产业新结构。要逐步形成"以互联网为依托，开放共享、合作共赢、高效便捷、绿色安全的智慧物流生态体系"。一是应用物联网技术。将物流中的货物与网络实现有效连接，实时监控、追踪和管理，实现物流环节数字化、可视化、智能化，提高物流效率，降低误差率，保障货物的储存环境。二是引入人工智能技术。对物流信息进行快速处理、分析和预测，优化物流网络和运营模式，通过人工智能算法优化线路规划和货物配送，降低成本、提高服务质量。三是发展无人配送模式。无人车、无人机、无人仓等为夜经济提供更快捷便利的物流服务，有效解决城市交通拥堵、污染和派送效率低下等问题。

（二）发展便捷物流

一是发展城市共同配送。提升夜经济有效供给能力和消费水平。二是推广末端配送。着重解决末端物流配送智慧化、便捷化、广泛化、协作化、规范化问题，做到精准直达，最大限度地满足市民购物的需求。三是发展集约化配送。加快培育组建物流配送龙头企业，为开展集中配送、共同配送、统一配送等集约化配送提供主体保障。四是推行无接触配送。大力推行窗口售卖、外卖、网上订餐等无接触服务，推动"互联网＋物流"模式发展。

（三）发展安全物流

一是发展绿色物流。采用电动车辆、清洁能源、智慧节能等绿色物流方案，提高企业社会责任感，同时满足消费者对于环保、可持续性的需求。推广应用绿色技术装备，对流通设施进行节能改造，更好地推动夜经济向绿色低碳转型。引导电商、快递企业使用原发包装、简约包装、纸箱减量化、胶带瘦身、填充物减量化、仓内作业无纸化等，切实推动物流包装减量化、绿色化。二是发展食安物流。大力发展前置仓等物流基础设施，特别是冷链设施，通过智能化仓储设备和自动化分拣系统，实现大规模存储和快速取货，保障食品安全。三是发展即时物流。加强物流与即时零售、社区电商等多种业态融合发展，促进消费基础设施更齐全、服务更完善，更好地满足市民夜间"延时消费"的需求。

以物流推动免税业高质量发展行稳致远

免税业是一些国家和地区选择设立在口岸、运输工具和市内的零售商并给予特殊待遇，允许其向出入境旅客销售免税商品的旅游服务行业。大力发展免税经济新业态，有助于引导境外消费回流，推动构建双循环相互促进的新发展格局。

一、物流为免税业发展提供重要基础支撑

物流业与免税业是相互依存、相互促进的。物流业为免税业提供了必要的供应链支持和服务保障，免税业的发展也为物流业带来了新的商机和市场需求。两者之间的合作与协同，有助于推动免税业的健康发展，促进物流业的创新和升级。

（一）供应链支持

物流业为免税业提供必要的供应链支持。免税商品需要从生产地或供应商处运送到免税店或免税区域，高度依赖物流业高效的运输、仓储和配送服务，确保商品能够及时、安全地到达目的地。

（二）跨境物流支持

免税业涉及跨境交易，需要物流业提供跨境物流服务。物流企业通过建立跨境物流网络、优化海关通关流程等方式，帮助免税商品顺利跨越国境，满足不同国家和地区的免税需求。

（三）库存管理支持

免税业对库存管理要求较高，需要物流业提供专业的仓储管理和库存控制服务。物流企业通过先进的仓储设施和信息系统，帮助免税业实现库存的精确控制，以应对消费者的需求波动。

（四）信息管理支持

物流业通过信息技术的应用，为免税业提供实时的物流信息跟踪和管理服务，有助于免税业实现订单处理、库存监控、运输跟踪等环节的信息化管理，提高运营效率和服务质量。

（五）增值服务支持

物流业可以为免税业提供一系列增值服务，如定制包装、商品分拣、退货处理等，满足免税业的个性化需求，提升消费者的购物体验。

二、物流推动免税业高质量发展

物流推动免税业发展需要多方施策，协同发展，才能推动免税业的高质量行稳致远。

（一）实施基础设施建设行动

加强机场、港口、车站等物流枢纽的建设，优化物流网络布局，提升物流运输能力，提高物流效率和质量。加强物流信息化建设，提高物流信息透明度和准确性，为免税企业提供更好的信息服务。

（二）实施新业态发展行动

跨境电商具有高效率、低成本、高附加值等特点，可以为免税企业提供更多的销售渠道和机会。通过跨境电商平台，免税企业可以更好地拓展海外市场，提高品牌知名度和竞争力。同时，跨境电商为消费者提供更多的选择和便利，促进免税业的转型升级。

（三）实施人才培养行动

物流和免税业的发展需要高素质的人才支持。物流企业要加强物流专业人才的培养和引进，提高物流从业人员的素质和技能水平，为物流推动免税业高质量发展提供人才保障。同时，免税企业要注重培养自己的专业人才，提高企业的核心竞争力。

（四）实施协同合作行动

免税企业与物流企业、电商平台等合作伙伴共同探索新的商业模式和合作模式，实现资源共享和优势互补。例如，免税企业与物流企业建立战略联盟，共同开发新的市场和产品，提高企业的综合实力和市场竞争力。

（五）实施绿色发展行动

物流推动免税业高质量发展不仅要关注经济效益，还要注重环保和社会责任。物流企业要积极推广绿色物流和可持续发展的理念，加强环保技术的研发和应用，降低物流对环境的影响。

三、物流业提质增效吸引境外消费回流

（一）提高物流效率

物流业通过技术创新和优化流程，提高物流效率，缩短运输时间和降低运输成本，提升消费者的购物体验感和满意度。

（二）强化平台建设

物流业建立完善的物流信息平台，实现物流信息的实时共享和交换，提高物流运作的透明度和可追溯性，增强消费者对物流服务的信任度。

（三）优化网络布局

根据不同地区的消费需求和特点，物流业优化物流网络布局，提高物流覆盖范围和服务质量，为消费者提供更加便捷、高效的物流服务。

（四）推动可持续发展

物流业加强绿色物流宣传和推广，鼓励企业采用环保、节能、高效的物流技术和设备，减少物流过程中的环境污染和资源浪费，提高可持续发展水平。

（五）加强国际合作

国内物流企业加强与境外物流企业的合作，引进先进的管理理念和技术，提高国际竞争力，为境外消费回流提供更好的物流服务保障。

文化物流篇

发挥社会主义经济制度优势，
实现由物流大国到物流强国跨越

社会主义市场经济体制优势是推动我国由物流大国向物流强国跨越的强大制度保障。

一、物流强国的制度优势

（一）所有制结构优势

以公有制为主体、多种所有制经济共同发展所有制结构，决定了一切符合"三个有利于"标准的所有制形式都可以而且应该用来为社会主义服务。在公有制为主体的前提下，公有制企业与其他所有制企业在市场经济中平等竞争、共同发展。国有经济发挥在国民经济中主导作用，在交通物流基础设施建设、重大物流项目投资、服务国家战略等方面积极作为；民营经济依托灵活的运营体制，不断创新物流新模式、新业态，形成功能互补、多业并存、百花齐放的物流业发展新格局。

（二）分配制度优势

以按劳分配为主体、多种分配方式并存的社会主义分配制度，运用包括市场在内的各种调节手段，既鼓励先进、促进效率、合理拉开收入差距，又防止两极分化、注重社会公平、逐步实现共同富裕。物流业是吸纳就业较多的行业之一，涉及的岗位既有面向基层大众的基础性岗位，又有适合高层次人才的专业化、国际化岗位。习近平总书记多次看望并点赞"快递小哥"，称赞他们是美好生活的创造者、守护者。快递小哥、货运司机等物流从业者完美诠释了按劳分配制度优势，为全体中国人树立了劳动创造美好生活的鲜活榜样。

（三）治理体系优势

我国国家制度和国家治理体系的显著优势，是党的集中统一领导，确保国家始终沿着社会主义方向前进，推动各方面制度形成制度合力，强化制度的整体性、聚合性、统筹性，集中力量办大事，把我国制度优势更好转化为国家治理效能。物流业发展涉及发改、交通、商务、农业农村、税务、财政等多个部门。近年来国家各部委针对道路货运、商贸物流、冷链物流、跨境电商、航空物流、电商快递等多个方面联合出台多项支持物流业发展的政策意见，加大对物流业财税、金融等支持力度，促进了我国物流业健康、快速和高质量发展。

（四）发展宗旨优势

新发展理念强调实现创新发展、协调发展、绿色发展、开放发展、共享发展，符合我国国情、顺应时代要求，对破解发展难题、增强发展动力、厚植发展优势具有重大指导意义。新发展理念坚持以人民为中心的发展思想，增进人民福祉，体现社会主义的本质要求。现代物流业牢固树立和贯彻落实创新、协调、绿色、开放、共享的新发展理念，以提高发展质量和效益为中心，以信息化、标准化、信用体系建设和人才培养为支撑，创新发展新技术、新模式，高效整合各类资源和要素，提升产业集成和协同水平，是推进供给侧结构性改革、提升我国经济全球竞争力重要手段。

（五）资源配置优势

现代物流业是随着社会主义市场经济发展快速壮大的行业之一，物流需求存在于社会经济运行的各个方面，服务内容贯穿于生产、制造、流通和消费各个环节。近年来，政府发挥宏观调控优势，不断完善物流业发展体系、出台促进物流发展各项政策，引导和推动了物流业规范健康发展。

二、物流强国的战略定位

（一）促进生产力发展

物流业在国民经济中起到促进生产和拉动消费的重要作用，保障生产力要素的合理流动，服务各生产资料从生产、流通到销售、回收的全过程。随着产业结构升级，物流需求也由大规模运输方式逐步朝小批量、多频次、灵活多变的物流需求转变。现代物流通过集中采购、集中运输、集中储存、集中管理等专业化、规模化服务，有效降低采购成本，提高人员、车辆和仓库等物流设备和设施的利用率，促进生产力的发展，提高综合经济实力。

（二）促进综合国力增强

现代物流业在促进产业结构调整、转变经济发展方式和增强国民经济竞争力等方面都能够发挥重要作用。物流业发展水平是衡量一个国家现代化程度和综合国力的重要标志，一个国家物流成本越低、流通效率越高就越有竞争力。改革开放以来，我国物流业经过四十多年发展，促进了制造业和流通业的集约经营，创造附加价值和拓展新利润源，极大地提高了产业的国际竞争力。同时，通过创新发展理念、通畅政府部门间的协调机制、健全完善的物流法规等措施，逐步加快我国物流业现代化、国际化进程，使物流业成为支撑国民经济和社会发展的基础性、战略性、先导性产业。

（三）促进人民福祉提升

我国社会主义经济制度的优越性体现在以人民为中心的发展思想，以人民对美好生活的向往为奋斗目标，让广大人民群众共享改革发展成果。现代物流业促进市场体系发展和完善，不仅加速商品流通、降低流通费用、减少流通环节、调节市场供求，还促进商品在区域之间、城乡之间流通，满足城乡居民基本生活需求。同时，现代物流业有利于形成安全通畅、舒适便捷的消费服务环境，满足人民群众生活改善、消费升级的需求；有利于扩大就业，改善民生，减轻资源和环境压力，为构建和谐社会和全面建设小康社会作出积极贡献。

以党建为引领，促进物流业高质量发展

党的十八大以来，以习近平同志为核心的党中央科学认识和把握发展规律，成功驾驭我国经济发展大局。近年来，在极其复杂、不断变化的国内外经济形势下，我国经济依然保持平稳增长和健康发展，根本原因在于党的正确领导。要发挥党组织政治核心、战斗堡垒、先锋模范三大作用，坚定发展信心、克服一切困难，为推动我国物流业高质量发展顽强进取，为经济社会高质量发展保驾护航。

一、发挥政治优势，是提升竞争力的重要途径

（一）加强组织体系建设

习近平总书记在全国组织工作会议上强调，进入新时代、开启新征程，必须更加注重党的组织体系建设，不断增强党的政治领导力、思想引领力、群众组织力、社会号召力，把党员组织起来、把人才凝聚起来、把群众动员起来，为实现党的十九大提出的宏伟目标团结奋斗。党的全面领导、党的全部工作要靠党的坚强组织体系去实现。应根据物流

业企业数量大、从业人员多、地域分布广、管理部门多等特点，在行业内依托物流园区、骨干企业、行业协会加强党的组织体系建设，推动党建工作融入物流业生产经营管理中。在大型物流园区建立党委，在骨干物流企业建立党支部，培育一批党建示范单位，让党建引领成为物流行业的核心优势和鲜明底色；加强物流行业协会党建工作，依托行业协会组织力量，积极推进非公党建工作，形成新型的网络党建新格局。

（二）加强人才队伍建设

千秋基业、人才为本，人才是推动社会经济发展的第一资源。近年来，以习近平同志为核心的党中央站在党和国家事业全局的高度，围绕我国人才事业和人才工作，作出一系列重要指示、提出一系列关键命题，为我国的人才工作创新发展指明了方向、提供了遵循。当前，物流业正处于新旧动能转换的关键期，在物流装备研发、物流信息应用、物流大数据分析、供应链优化等方面需要一大批专业水平高、实践能力强的高端人才，应实行更加积极、更加开放、更加有效的人才政策，吸引高端人才，加强物流领域的科技研发工作；应拓宽人才培养、培训的渠道，为在校学生、在职职工提供更加良好的学习、进修环境；应鼓励企业重视人才，引进和培养，为物流人才提供适宜的工作环境和晋升通道。推动物流行业加快形成人人渴望成才、人人努力成才、人人皆可成才、人人尽展其才的良好局面，激发各类人才的创造活力和投身物流业的热情激情。

（三）加强纪律作风建设

党的十九大报告提出，全面推进党的政治建设、思想建设、组织建设、作风建设、纪律建设，把制度建设贯穿其中，深入推进反腐败斗争。在物流企业中，加强工作人员特别是主要领导的思想作风、工作作风、生活作风建设，把企业建设成为和谐、向上、高效、快捷、务实、廉洁的健康企业，提高企业整体的市场应变力和综合竞争力。鼓励物流企业创建学习型企业、强化服务理念、提升服务水平、增强安全意识，切实发挥促进生产、保障民生作用；鼓励物流从业人员争当学习型个人，提高综合素质，增强履职能力，树立奉献意识，提升团队精神。

二、发挥组织优势，是提升高质量发展的重要举措

（一）抓党建促企业发展

坚持党的领导，坚定不移加强党的建设，是企业发展的动力，也是促进企业高质量发展的不竭源泉。只有把党的建设和企业工作有机结合，把各条战线、各个环节、各个领域的党建工作抓实抓细，企业发展才有希望。物流企业要把坚持党的领导作为推进企业发展必须坚守的政治方向和政治原则，把加强党的领导与完善公司治理结构统一起来，充分发挥党支部的战斗堡垒作用和党员的先锋模范作用，把党的优势转化为企业的创新优势、发展优势和竞争优势。要不断提高创新意识，把转方式、调结构作为一项重要任务，引入新思维、新技术，走创新发展之路。

（二）抓党建促行业发展

物流行业与社会生产、居民生活息息相关，加强党对物流行业的全面领导，是持续推动行业高质量发展的政治保障。应通过建立物流行业综合党委，全面开展物流行业党的建设工作。依托综合党委推动建立智慧物流、冷链运输、城市配送、多式联运等特色产业门类龙头企业党建联盟，推动物流企业与产业上下游企业间形成采购、生产、物流一体

化的协同体系。牵头组织开展经验交流、技术推广、项目对接、党建观摩、学习沙龙、职工服务等各类活动，推动强化组织链接、深化业内合作等，以党建引领行业健康发展。

（三）抓党建促产业发展

党建工作是一切工作的核心和保障，以党建提升党员干部思想政治素质，增强政治信仰，团结干部队伍，产业发展才有根本保障。应提高党员干部尤其是主管部门领导对现代物流业认识，发挥物流业在推动区域经济发展和产业优化升级的作用，围绕产业布局，科学规划物流基础设施，形成合理产业分区。推动物流业与加工业和制造业的融合发展，发挥物流集聚作用，促进产业上规模、上水平、上层次，形成物流+产业融合发展的综合生态集群。

三、发挥联系群众作用，是提升行业幸福感的重要手段

（一）提升职工的责任感、荣誉感、使命感

加强党员先进性教育和培养，发挥党员干部先锋模范作用，弘扬奋斗、奉献、担当精神，带领广大职工攻坚克难、勇于创新。弘扬企业家精神，激发职工积极进取、勇于创新、奋勇争先的热情；弘扬劳模精神，激发职工踏实工作、多作贡献的热情；弘扬工匠精神，激发职工钻研技术、精益求精的热情。建立健全表彰激励机制，组织开展"创先争优"活动，调动广大职工干事创业的积极性。

（二）提高职工的获得感、归属感、幸福感

依托党组织开展党员素质提升、职工思想提升工程，把党员培养成为生产经营能手，把生产经营能手培养成为党员，把党员中的优秀分子

培养成为党组织负责人，让广大党员干部和普通职工增强业务能力、提升专业技能。重视和加强党建工作与企业的中心任务相融合，将党建工作与业务工作同步推进，推动企业走规模化、规范化发展之路，为职工提供良好的职业发展环境，切实提高职工的归属感和幸福感。

充分利用辩证唯物主义观点、方法
推进物流业高质量发展

辩证唯物主义始终坚持唯物主义基本观点，强调事物有两个方面，即矛盾的两个方面，同时强调过程性和发展性，使我们能够更好地认识事物的本质和发展趋势，指导实践活动。

一、从辩证唯物主义的多个视角看待物流

（一）生产力与物流

辩证唯物主义认为，生产力的发展是推动社会变革和经济发展的根本动力。物流业作为现代生产力之一，在促进生产要素流动和提高生产效率方面发挥着重要作用。物流能够将生产要素（劳动力、原材料、设备等）进行有序调配，通过优化供应链，提高生产过程中的物资流通效率，推动生产力的发展和经济的繁荣。

（二）生产关系与物流

辩证唯物主义认为，生产关系是经济基础和社会发展的决定性因素，而物流作为一种经济活动，是为了满足生产关系的需要而存在的。

物流在生产过程中发挥着为生产关系提供支持和保障作用。物流的发展也会对生产关系产生反作用。通过物流的优化和改进，可以提高生产效率、降低成本、改善供应链管理等，从而对生产关系产生积极影响。物流的发展促进生产关系的变革，引入新的分工形式和合作模式，推动生产方式的升级。

（三）量变与质变

辩证唯物主义强调事物的发展是通过量变引发质变的过程。在物流领域，随着科技的进步和数字化技术的应用，物流系统不断进行改进和优化，实现信息化和智能化的升级。这种量变的积累最终引发物流系统的质变，带来更高效、精确和可持续的物流服务。

（四）矛盾和冲突

辩证唯物主义认识到社会存在着各种各样的矛盾和冲突，并且这些矛盾和冲突是推动社会发展和变革的动力。在物流领域，存在着效率与环境、供应链协调与信息共享之间的矛盾。通过正确认识和解决这些矛盾，推动物流系统的进一步完善和发展。

从辩证唯物主义的角度看待物流，可以将其视为促进生产力发展和推动社会变革的重要力量。同时，也需要意识到物流领域存在的矛盾和冲突，需要通过合理协调解决，从而推动物流系统的进一步完善和可持续发展。

二、辩证唯物主义揭示了物流业发展的规律和趋势

辩证唯物主义是一种科学的哲学理论和方法，它强调了事物之间的相互联系和相互作用，以及事物发展的内在规律和趋势。在物流业

中，正确运用辩证唯物主义理论、观点和方法可以有效地推动其高质量发展。

（一）满足客户需求为第一要务

辩证唯物主义强调事物的变化和发展是内在的、必然的，因此，物流企业需要深入了解市场和客户需求，不断调整和优化自身的运营模式和流程，以适应不断变化的市场环境。同时，物流企业还需要注重技术创新和数字化转型，提高物流运作的效率和准确性，以更好地满足客户的需求。

（二）供应链协同为核心能力

辩证唯物主义认为事物的发展是相对的，因此，物流企业需要注重与其他企业的合作和交流，加强与产业链上下游企业的协同和配合，以实现资源的共享和优化配置。同时，物流企业还需要注重自身品牌的建设和推广，提高自身的竞争力。

（三）差异化发展为突破路径

辩证唯物主义强调事物的矛盾是普遍存在的，因此，物流企业需要注重自身存在的问题，积极寻求解决方案，以差异化发展应对市场变化和挑战。

（四）规划统一为产业引领

辩证唯物主义强调要统一思想，即形成科学的观点。在物流业中，运用辩证唯物主义的观点，将物流产业纳入到国民经济的整体规划中，加强物流与其他行业的协同发展，实现全局最优。

三、运用辩证唯物主义的观点和方法，推动物流业高质量发展建议

（一）综合分析方法

辩证唯物主义认为事物的发展是复杂而多变的，事物的发展是由内在的矛盾驱动的，需要善于综合分析。在物流业中，可以运用综合分析的方法，考虑各种因素的相互影响，制定全面、科学的物流规划和策略。通过深入分析这些矛盾，寻找解决方案，从而推动物流业高质量发展。

（二）实事求是方法

辩证唯物主义强调实事求是，即从客观实际出发，进行科学研究和实践。在物流业中，需要根据实际情况，进行客观、全面的数据收集和分析，不盲目跟风，制定适合的发展策略。

（三）突破瓶颈方法

辩证唯物主义强调矛盾的普遍性和发展的曲折性，认为事物的发展是通过解决矛盾、克服困难而实现的。在物流业中，要运用辩证唯物主义的方法，开展技术创新、管理创新和商业模式创新，突破发展的瓶颈。

辩证唯物主义理论、观点和方法在推动物流业高质量发展方面具有重要的作用。具体而言，可以从深入了解市场和客户需求，不断调整和优化自身的运营模式和流程；加强与产业链上下游企业的协同和配合，实现资源的共享和优化配置；注重品牌建设和推广，提高自身的竞争力和市场占有率；注重自身存在的问题，积极寻求解决方案；加强与其他企业的合作和交流，共同应对市场变化和挑战；注重技术创新和数字化

转型，提高物流运作的效率和准确性；培养创新意识和创新能力，不断探索新的物流模式和服务方式；坚持绿色发展理念，推动物流业的可持续发展等几个方面入手。

通过运用辩证唯物主义的理论、观点和方法，促进物流业高质量发展，提升物流行业的效率、安全性及可持续发展能力，促进整个社会经济的发展。

坚持中国物流发展道路的"四个自信"

坚持发展道路自信是对物流发展方向和未来命运的自信，是对物流经济体系科学性、真理性的自信。从实践和趋势看，物流业要实现高质量发展，必须走规模经济道路，走降本增效道路，走融合发展道路，走科技创新道路。

一、规模经济是物流发展的路径

（一）规模经济降低全社会物流成本

规模经济通过分工协助、现代化技术和经济批量生产等方式降低成本，提高生产效率，使企业处于长期竞争优势地位。随着生产规模的扩大，企业通过优化供应链、优化流程等方式，提高供应链的管理水平和协同效应。规模经济使企业的产品、服务价格更具竞争性，能够提高产品和服务质量，提升品牌价值，扩大品牌影响力。通过扩大物流规模，获得更多的资源和技术支持，提高物流企业的抗风险能力。

（二）规模经济提高物流服务水平

规模经济在提高物流服务水平中发挥着关键作用。随着企业扩大其物流网络和服务范围，运营成本逐步降低，有助于提高物流服务的质量和效率。通过优化物流网络，调整运输方式；通过集中采购和库存管理，提高物流效率；通过自动化和数字化建设，提高产业链的适配度；通过合作与联盟，实现资源共享和优势互补；通过优化配送，提高物流效率和质量；通过跨部门合作，提高整体运营效率和质量。

（三）规模经济加速物流现代化进程

规模经济在加速物流现代化进程中扮演着重要的角色。通过降低成本、提高效率、优化资源配置、推动技术创新和培养专业人才，规模经济为物流行业的现代化发展提供了强大的动力。然而，实现规模经济并非易事，企业需要在运营、技术、人才等方面进行全面的投入和优化，才能真正发挥规模经济的优势，打造物流新质生产力，加速中国式现代化进程。

（四）规模经济推动物流行业转型升级

随着经济发展和市场竞争的加剧，物流行业面临着转型升级的压力和挑战。通过扩大物流规模，企业可以加快技术进步和管理创新，推动物流行业的转型升级，提高整个行业的竞争力和发展水平。

二、降本增效是物流发展的本质

（一）降本增效提高服务效率

物流业作为连接生产和消费、内贸与外贸的"筋络"，其核心任务是必须有效降低全社会物流成本，增强产业核心竞争力，提高经济运行效率。通过提升物流服务品质，满足产业链需求，提升消费者满意度，服务于实体经济和人民群众。

（二）降本增效推动创新发展

随着科技不断进步，物流业不断引入新技术和新模式，如物联网、人工智能、大数据等。通过提升物流服务质量和效率，提高运营效能，降低物流成本，实现内涵式创新发展。

（三）降本增效提升核心竞争力

在竞争激烈市场环境下，物流企业需要不断提升核心竞争力，降低运营成本，以满足客户对高品质、高效率的物流服务的需求。只有通过质量提升和成本降低，物流企业才能在市场中获得竞争优势。

（四）降本增效推动可持续发展

在资源紧张和环境压力日益加大的背景下，物流业需要通过提高资源利用效率和降低能源消耗，减少对环境的影响。通过提质降本增效，推动可持续发展目标的实现。

提质降本增效是物流发展的本质，它能够促进物流服务的提升、推动创新发展、适应市场竞争和需求变化，且本质符合可持续发展的要求。只有通过提升质量和效率，物流业才能不断发展壮大。

三、融合发展是物流发展的基石

（一）融合发展建立高效物流体系

物流业本质上是一个复杂的系统，涉及多个环节和参与方，包括供应链管理、运输、仓储、信息技术等各个环节，以及生产者、供应商、物流企业和消费者等多个参与方。只有通过融合这些环节和参与方的发展，才能构建高效、协同、有序的物流体系。

（二）融合发展提高物流整体效能

由于物流环节之间存在相互依赖和联系，各环节的发展状况直接影响整个物流系统的运行效率。通过融合发展，物流业可以实现信息、资金、物流等要素的高效流通和共享，提高运营效能和资源利用效率。

（三）融合发展提升物流业创新能力

在不断变化的市场环境下，物流业需要不断引入新技术、新产业、新业态、新模式。通过融合不同领域的资源和专业技术，物流业才能全面进行创新和转型，推动产业发展。

（四）融合发展实现物流业联动发展

随着经济全球化和产业链的深度融合，物流业需要与其他行业进行密切合作，形成良好的协同效应，从而实现信息共享、资源共享和市场共享，推动整个产业链的协同发展。

融合发展是物流发展的基石，它能够构建高效的物流体系、提升整体效能、推动创新发展、促进跨界合作。只有通过融合发展，物流业才能适应市场需求和变化，提供更优质、更高效的物流服务，实现可持续发展。

四、科技创新是物流发展的动能

物流行业是一个充满活力和变革的领域，只有不断地适应社会和经济发展的需求，才能实现创新和发展。

（一）技术创新是物流发展的重要推动力

随着科技的发展，物流行业需要不断地引入新的技术和设备，提升效率，降低成本，提高准确性和安全性。

（二）模式创新是物流发展的重要推动力

传统物流模式是粗放式的发展路径，但随着互联网、物联网等新一代信息技术的发展，物流行业也在不断地探索新的商业模式，如共享经济、智能物流等。这些新型商业模式不仅可以提升物流效率，降低成本，同时助力全领域提高产业的融合度。

（三）供应链管理创新是物流发展的重要推动力

随着全球化和数字化的发展，供应链管理不再仅仅局限于传统的物流运输和库存管理，而是更加注重整个供应链网络的协同与优化。通过引入先进的技术和创新的业务模式，供应链管理可以实现更高效、更灵活和更可持续的运作。这将为物流行业带来更大的竞争优势和长期发展潜力。

（四）人才培养创新是物流发展的重要推动力

物流业是高度专业化和技术密集的行业，需要拥有一支具备专业知识和技能的人才队伍。随着物流行业的发展和变革，需要具备创新意识、专业技能和解决问题能力的人才来推动行业的进步。人才培养创新能够促进物流业与其他相关行业的融合，人才培养创新有助于提升物流企业的竞争力，人才培养创新可以推动物流行业引领科技发展、提升服务质量、实现可持续发展。重视人才培养，并为人才提供学习、成长和发展的机会，是推动物流行业持续发展的关键之一。

建设物流强国的重大现实意义
和必须坚持的方法论

物流业是支撑国民经济发展的基础性、战略性、先导性产业。物流业高质量发展是经济高质量发展的重要组成部分，也是推动经济高质量发展不可或缺的重要力量。物流业对于促进经济发展，形成强大国内市场，构建现代化经济体系，提高人民生活水平具有重要意义。然而，当前我国物流业存在诸多问题，因此，有必要探讨和重新认识推动物流强国建设的现实意义和方法论，以加快提升国民经济综合竞争力。

一、推动物流强国建设的重大现实意义

总的来说，推动物流强国建设对国家具有重要的现实意义，为国家的长期发展和可持续发展奠定坚实基础。

（一）物流强国建设是国家经济建设和社会发展的重要基础

物流业作为支撑国民经济发展的基础性、战略性、先导性产业，在推动产业升级、促进经济发展、服务人民生活等方面发挥着重要作用。在全球化、数字化、智能化的发展趋势下，物流业能够更好地连接全球

供应链、产业链和创新链。物流业的发展水平已经成为衡量一个国家综合国力的重要指标之一。

（二）物流强国建设有助于提高国家经济竞争力和可持续发展能力

物流业是连接生产、流通、消费的桥梁和纽带，是推动经济高质量发展的重要支撑。建设物流强国，可以提高物流效率，降低物流成本，提高资源配置效率。借助先进的技术和绿色物流理念，物流业实现可持续发展，达到经济效益和环境效益的双赢，从而提高国家经济竞争力和可持续发展能力。

（三）物流强国建设有助于服务民生，促进消费升级，提高人民群众的生活质量和幸福感

物流业联系着千家万户，沟通着生产、流通和消费。满足人民日益增长的美好生活需要，是现代物流服务发展的立足点和落脚点。充分发挥物流业在现代流通体系中的战略支撑保障作用和动脉循环系统功能，进一步推动物流干线、支线和末端配送有机衔接、高效贯通、一体发展，不断降低循环成本，提升循环质量，加快补齐区域间、城乡间服务短板，支撑扩大优质消费品供给和服务保障。建设物流强国，可以提高物流服务的质量和效率，缩短商品流通时间，降低商品价格，满足人民群众日益增长的需求。

（四）物流强国建设有助于推动区域协同发展，全面提高区域经济运行的质量和效率

物流产业发展与区域协同发展具有相互驱动、相互促进、相互影响的迭代关系，推进物流强国建设，能更好地发挥物流产业对区域经济和产业发展的支撑作用。通过整合区域内的物流资源要素，优化产业结构、转变经济增长方式，为区域经济发展提供重要驱动力，突破城市规模和经济规模的瓶颈，实现产业链、供应链和价值链的深度融合。通过加强区域合作和物流互联互通，促进区域内产业的协同发展和资源的优化配置，提升整个区域的发展质量。

（五）物流强国建设有助于推动全球供应链产业链的优化和升级

物流是全球供应链的重要组成部分，物流强国建设可以推动全球供应链产业链的优化和升级，提高供应链产业链的稳定性和可持续性。依托物流链、带动产业链、创造价值链、重塑供应链，物流业有效整合贸易、物流、信息、资金等资源要素，推进重点产业供应链体系建设，更好服务支撑现代产业体系建设，从而更好地应对全球化和市场变化带来的挑战。

二、建设物流强国的主要衡量指标体系

（一）物流效率指标

物流效率指标主要分为经济性指标、技术性指标和社会性指标三类。经济性指标主要涉及成本和效益两个方面，能够全面反映企业实施第三方物流的经济性。技术性指标主要从技术上衡量第三方物流实施后各项指标的表现程度。社会性指标主要从宏观的角度来衡量第三方物流对整个社会经济的影响程度。这些指标的改善可以提高物流效率，提高企业的竞争力。

（二）物流成本指标

物流成本和其他成本比较，有许多不同之处，最突出的有两点，为物流冰山现象和效益背反（交替损益）现象。按物流功能范围分类：运输成本、流通加工成本、配送成本、包装成本、装卸与搬运成本、仓储成本、物流信息和物流管理成本等。按物流活动范围分类：供应物流成

本、企业内物流成本、销售物流成本、回收物流成本等。低成本会给企业带来高额的边际收益，促进企业的健康发展。

（三）物流信息化水平指标

随着信息技术的不断发展，物流信息化水平的高低已经成为判断是否为物流强国的重要指标之一。从信息化投入水平、信息化产出水平、信息化宏观发展水平三个维度思考，信息化水平高低受物流信息系统的建设、信息技术的应用、信息数据的共享等因素影响。信息化水平的提升会改善物流效率，突破行业瓶颈，实现企业高质量发展。

（四）供应链韧性指标

供应链韧性指标主要包括供应链信息透明度、信息共享程度，供应商合规性、交互性、满足度、稳定性，供应商地区分布多样性、类型多样性，生产线灵活性，物流网络多元性，供应链应急能力，库存调配灵活性等因素。供应链韧性程度反映了抵抗风险和冲击的能力。物流业不断提高供应链韧性和竞争力，可以更加深入地融入全国、全球产业链，提升价值链。

以上几个方面是推动建设物流强国的主要衡量指标体系。这些指标可以用来评估物流强国的建设成果，同时也为相关企业和政府部门提供参考和指导。此外，这些指标也需要不断调整和完善，以适应不断变化的市场环境和政策要求。

三、推动物流强国的建设需要坚持的方法论

（一）推动物流强国建设必须坚持效率原则

高效的物流体系是推动物流强国建设的核心。物流业坚持效率原则，

优化物流运作效率，降低成本，优化物流网络布局，提高服务质量和资源利用效率，推动经济发展和提升国家的竞争力，从而实现物流强国建设的目标。

（二）推动物流强国建设必须坚持创新原则

创新是推动物流强国建设的关键。物流业坚持创新原则，鼓励企业不断进行技术创新、服务创新和商业模式创新，促进行业的发展和进步，提高企业竞争力，推动物流强国建设的进程。

（三）推动物流强国建设必须坚持可持续发展原则

可持续发展是推动物流强国建设的客观需求。物流业坚持可持续发展原则，实现经济、社会和环境的协调发展，实现物流产业的长期稳定和可持续增长。同时，强力提升物流企业的品牌形象和市场竞争力，促进国家在全球物流体系中的地位和影响力的提升。

（四）推动物流强国建设必须坚持协同发展原则

协同发展是推动物流强国建设的精髓要义。社会各方应加强合作与协同，形成良好的物流生态系统。物流业加强与相关产业的合作，实现产业联动和资源共享，推动产业链、供应链和价值链的深度融合，实现整体效益的最大化。

（五）推动物流强国建设必须坚持公平竞争原则

公平竞争是推动物流强国建设的必然选择。坚持公平竞争原则不仅有助于打破垄断、保护消费者利益、促进产业创新，还有助于提高市场效率和资源配置能力，促进整个行业的健康发展。物流业应进一步加强监管，完善法律法规，推动市场竞争的公正、透明和规范，以确保物流行业的公平竞争环境得到维护和加强。

（六）推动物流强国建设必须坚持国际合作原则

国际合作是推动物流强国建设的重要前提和保障。物流业作为全球性的产业，其发展需要全球范围内的合作与交流。国际合作原则不仅有助于我们借鉴国际先进经验，提升物流业的技术水平和服务质量，还有助于我们应对全球性的物流挑战。只有通过国际合作，我们才能更好地理解全球物流市场、应对全球性挑战、建立互利共赢的合作关系，实现物流强国的目标。

这些重大原则是推动物流强国建设的基础和指引，需要社会各方共同遵循和践行。推动物流强国建设是一项长期而复杂的系统工程，需要社会各界的共同努力。

中国大运河的现实物流价值

中国大运河是中国古代水利工程，包括京杭大运河、浙东大运河和隋唐大运河三部分，全长3200千米，地跨北京、天津、河北、山东、河南、安徽、江苏、浙江8个省（直辖市），35座城市。纵贯中国华北大平原，通达海河、黄河、淮河、长江、钱塘江五大水系，是中国古代南北交通的大动脉。大运河全程分为通惠河、北运河、南运河、鲁运河、中运河、里运河（古称"邗沟"），以及"江南运河"七段。新中国成立后，大运河进行整治，拓宽加深，裁弯取直，增建船闸，并建有江都、淮安等水利枢纽工程，使之成为"南水北调"东线工程主要通道之一。中国大运河是世界规模最大的人工运河，也是我国唯一一条纵贯南北的商业航道。

一、大运河全线通航的难点

（一）黄河是大运河局部断航的直接原因

自19世纪中期黄河改道以来，大运河济宁段和聊城段被拦腰截断，古运河被分成南北两段。20世纪60年代，梁济运河工程开挖，修建连接大运河与黄河的入黄船闸，但工程建成后却无法投入使用。黄河—东平湖段的高程最高，其水位高于南北两岸的运河水位。大运河要想实现通航，就必须跨越地势的阻碍。

（二）水位稳定性难以保证全流域通航

黄河下游水面宽阔，天然水深只有1米左右。大运河内1000吨级以上的船舶，吃水深度在2米以上，无法顺利穿黄。另外，黄河下游的水位落差较大，丰水期河面一片汪洋，水沫线几乎与岸齐平；枯水期岸边则露出几公里宽的台地。因此，多变的水位也难以保证大运河通航的稳定性。

（三）水资源获取严重不足

基于京杭运河目前的河道现状，若达到Ⅰ—Ⅱ级航道通航水平，需要的水量约为12.92亿立方米，Ⅲ—Ⅳ级航道需水量约为12.00亿立方米，Ⅴ级航道需水量约为11.28亿立方米。由于黄河以北京杭运河沿线区域水资源开发利用程度过高，地下水采超现象，且沿线地区的降水量较少，很难满足大运河全线通航水量。

二、大运河的现实物流价值

（一）物流生态的示范价值

中国大运河为我国的物流业绿色发展提供了宝贵的经验与借鉴，可以实现生态效益与经济效益的双赢。

1. 推动绿色发展

大运河的绿色生态建设为我国物流业绿色发展提供了宝贵的经验。

通过科学规划、合理利用与有效保护，实现了经济与生态的协调发展。

2. 促进文化传承

大运河作为我国历史文化的重要载体，其绿色生态建设促进了文化的传承与发展。通过物流生态等项目，让更多的人了解大运河的历史与文化，增强了物流人的民族自豪感与文化自信心。

3. 引领生态文明建设

大运河绿色生态建设为我国生态文明建设提供了重要的示范。其成功的经验可以为物流业的生态文明建设提供借鉴与参考，推动我国物流生态文明建设的进程。

我们应该持续加大对大运河等文化遗产的保护力度，发挥其独特的示范价值，推动我国绿色物流的发展进程。

（二）物流文化的教育价值

中国大运河是文化的承载者，其独特的物流文化，在历史长河中积淀，对于现代社会有着不可估量的教育价值。

1. 历史教育

大运河历史悠久，见证了中国历史的变迁。通过学习大运河的物流文化，可以让物流人更好地了解中国的历史和文化。

2. 地理教育

大运河的线路设计充分体现了地理学的智慧。通过学习大运河的物流文化，可以了解中国的地理特征和河流分布。

3. 经济管理教育

大运河的物流管理对于当时的经济发展起到了重要作用。通过学习大运河的物流文化，可以了解古代的经济管理模式和物流运作方式。

4. 创新教育

大运河的修建与维护需要大量的创新和智慧。通过学习大运河的物流文化，可以培养人们的创新意识和实践能力。

5. 道德教育

大运河的物流文化体现了中华民族的勤劳、智慧和团结协作的精神。通过学习大运河的物流文化，可以培养物流人道德品质和团队协作能力。

中国大运河的物流文化具有丰富的教育价值，对于培养物流人的历史素养、地理知识、经济管理能力、创新意识，以及道德品质等方面都有重要作用。

（三）物流历史的传承价值

中国大运河承载着丰富的物流历史，其传承价值不仅体现在经济交流的桥梁作用上，更在经济、文化、社会等多个层面具有深远的意义。

1. 经济交流的桥梁

自古以来，大运河就是连接南北经济的重要通道。大运河的开通促进了各地的商品流通，丰富了市场供应。大运河的物流历史见证了我国古代经济的繁荣与发展，也为后来的经济建设提供了宝贵的经验。

2. 文化传承的载体

大运河的物流历史不仅是经济交流的桥梁，更是文化传承的载体。大运河的物流历史传承了我国古代的智慧和文明，为后人留下了丰富的文化遗产。

3. 社会发展的见证

大运河的物流历史见证了我国社会的发展与变迁。在漫长的历史长河中，大运河承载了无数商旅的艰辛与希望，也见证了社会的繁荣与衰落。大运河的物流历史是社会发展的缩影，为我们了解过去、把握现在、展望未来提供了宝贵的资料。

4. 环境保护的责任

随着科技的发展和交通方式的多样化，大运河的物流功能可能有所减弱，但其传承价值却不容忽视。保护大运河，就是保护我国的历史文化遗产，也是保护我们的环境。我们应该加强对大运河的保护和利用，让更多的人了解其物流历史的传承价值。

中国大运河的物流历史具有丰富的传承价值，我们应珍惜这宝贵的文化遗产，加强保护和利用，让更多的人了解其历史价值和文化内涵。

（四）内河航运的借鉴价值

中国大运河对现代内河航运具有重要的借鉴价值。

1. 内河航运的规划与建设

大运河的规划与建设充分体现了古代中国人民的智慧和努力。大运河在河道的选取、航道的疏浚、船闸的设计等方面，都有着精湛的技术和严谨的规划。现代内河航运可以借鉴这些经验，科学规划，合理建设航道，提高内河航运的通行能力和效率。

2. 绿色环保的航运理念

大运河的内河航运在历史上一直是绿色环保的典范。通过科学的航道管理、船只设计，以及沿岸生态保护，大运河实现了航运与环境保护的有机结合。现代内河航运应借鉴这一理念，注重生态保护，推广绿色航运技术，实现经济与环境的和谐发展。

3. 内河航运的经济价值

大运河的内河航运对古代的经济繁荣起到了巨大的推动作用。大运河通过连接南北地区，促进了物资的流通和商品的交换，为当时的经济繁荣作出了重要贡献。现代内河航运同样具有巨大的经济潜力，可以借鉴大运河的经验，加强内河航运与沿岸产业的联动发展，推动区域经济的繁荣与进步。

4. 科技创新的推动力

在大运河的建设与使用过程中，不断涌现出新的技术和创新，这些技术和创新不仅推动了当时内河航运的发展，也为后世留下了宝贵的经验。现代内河航运应积极借鉴这些科技创新经验，推动内河航运的现代化发展。

5. 综合利用水资源的智慧

大运河的开凿与使用充分体现了古人综合利用水资源的智慧。大运河通过科学的水利工程设施和精巧的船闸设计，实现了水资源的合理利用和航道的畅通无阻。现代内河航运应借鉴这一智慧，加强水资源的管理和利用，实现水资源的可持续利用。

中国大运河内河航运具有丰富的借鉴价值。通过传承历史文化、规划与建设、绿色环保、经济价值、科技创新，以及综合利用水资源等方面的经验，我们可以推动现代内河航运的发展，实现经济与环境的和谐共生。

加强物流业诚信治理能力建设，转变物流业信用治理模式

物流业信用体系建设是社会信用体系建设的重要组成部分，是发挥市场在物流资源配置中的决定性作用和强化市场监管的重要基础。建立完善的信用体系，是加强对物流企业诚信管理，提高物流服务质量和水平，增加客户满意度，提高物流效率，增强物流企业核心竞争力的重要手段。文章结合当前形势提出推动物流业诚信体系建设的思路，以及加强物流业诚信治理能力建设和转变物流业信用治理模式的若干措施。

一、推动物流业诚信体系建设的思路

坚持政府监管与企业自律相结合，诚信褒奖与失信惩戒相结合，制度约束与教育培训相结合，建立物流行业的诚信法规体系、诚信信息征集体系、信息披露体系、诚信评价体系、失信惩戒体系等五大体系。通过诚信体系建设，促使物流行业增强诚信意识，形成遵章守法、诚实守信风尚，提升行业公信力，改善服务质量，同时有效遏制弄虚作假、损人利己等侵害群众利益行为，提高物流行业的社会满意度。政府相关部

门加大对物流行业诚信体系建设的支持力度，加强统筹与部门协作，努力营造良好的发展环境，及时研究解决物流诚信体系建设过程中存在的问题和困难，有效推进物流诚信体系建设步伐。

二、加强物流业诚信治理能力建设

（一）提升政府诚信监督能力

加强政府有关职能部门的监管力度，逐步建立物流企业行业登记备案制度，完善物流企业市场准入与退出机制，建立综合信用登记和诚信认证管理体系。政府相关职能部门要加强规范管理，明确监管责任，建立涵盖事前、事中、事后全监管环节的新型监管机制，出台物流业诚信管理条例，不断提升监管能力和水平。

（二）提升政府信用管理能力

政府相关部门要立足各自职能，推动建立物流业信用诚信机制。定期将客户对物流企业服务质量的投诉信息、重大失信信息，以及企业在工商、交通、税务、银行等部门的不良信息通过网站、媒体向社会披露，综合运用诚信法律法规，结合诚信和失信信息，实现信息资源共享，形成部门齐抓共管的新格局。

（三）提升政府诚信建设能力

一是加强政府采购领域政务诚信建设，要建立政府采购诚信责任制和诚信物流企业采购名单，加强采购人在项目履约验收环节信用情况的监管，完善诚信公共资源交易采购平台。二是加强招标投标领域政务诚信建设，建立健全招标投标信用评价指标、标准体系、招标投标信用信息公开和共享制度，完善招标投标诚信档案和多部门联合奖惩机制，向市场主体和社会公众及时公开有关信息，凡失信物流企业三年内取消参与政府项目的招投标。三是加强政府和社会资本合作领域政务诚信建设，加强政府有关部门在项目筹划、招标投标、政府采购、融资、实施等阶段的诚信责任制，建立项目责任回溯机制。四是加强招商引资领域政务诚信建设，完善招商引资政务诚信法规制度，规范地方政府招商引资行为，认真履行依法作出的政策承诺和签订的各类合同、协议。建立政府招商引资领域信用承诺制度，因国家利益、公共利益或其他法定事由需要改变政府承诺和合同约定的，要严格依照法定权限和程序进行，并对企业和投资人因此受到的财产损失依法予以补偿。

三、转变物流业信用治理模式

（一）信用披露联动治理模式

充分运用大数据、人工智能等新一代信息技术，有效整合公共信用信息、市场信用信息、投诉举报信息和互联网及第三方相关信息，对信用监管数据实时监测，加大对信用风险的预判预警。大力推进信息公开公示，对应当公开的失信被执行人、虚假诉讼失信人等相关信息，以及物流行业的经营失信行为，通过适当渠道做到"应公开、尽公开"。

（二）褒奖惩戒联动治理模式

通过建立诚信褒奖与失信惩戒机制，遏制不良信用产生。将信用等级作为物流企业参与荣誉评选、享受扶持政策的评价依据，限制信用不良企业参与各级各部门的评先树优及政策扶持。针对企业的不良信用程度给予暂停发放营业执照、吊销营业执照、下达整改通知书、停业整顿、限制运力能力等处罚措施。

（三）要素保障联动治理模式

鼓励物流企业与银行加强合作，物流企业充分利用银行现金流管理方式和安全可靠的区域间现金流流通体系，减少现金交易，实现电子结算，同时避免短时间内代收货款在物流公司大量积累留存。推动物流企业加强信息化建设，运用GPS、北斗等车辆定位系统，加强对货物运输和仓储等环节的可视化管理。推动物流企业的信息化平台与银行进行对接，解决银企合作中信息不对称的问题。

（四）培训教育联动治理模式

开展培训教育，树立诚信观念。鼓励物流企业将物流诚信作为企业文化建设的重要内容，并纳入企业管理的重要组成部分。加强对物流高管人员的诚信培训，倡导并大力推动合法经营、诚实守信，促使物流企业形成公平、公正、和谐、守信的企业文化氛围。

（五）行业管理联动治理模式

发挥行业协会作用，大力引导行业自律。行业协会应结合行业特点，建立社会评价、失信惩戒和"黑名单"等行业信用管理制度，研究制定行业职业道德准则，规范从业人员的职业行为，增强物流行业诚信守法意识，定期公布诚信企业名单，取消失信企业参评物流诚信企业荣誉的资格。

树立品牌自信，彰显物流文化影响力

国务院确定每年5月10日为"中国品牌日"，品牌经济上升为国家战略。从微观层面看，在同质化竞争的背景下，打造品牌文化、树立品牌自信是物流企业突破瓶颈的着力点。从宏观层面看，加强品牌建设，是推动物流大国向物流强国转变、提升中国物流世界影响力的客观必然。

一、树立物流品牌自信

（一）强化品牌建设

强化品牌建设，发挥品牌作用，是推动物流业高质量发展的必然选择。一是意识是前提。转变思路，树立适应行业发展要求的品牌建设思维和品牌意识，重视研发和知识产权保护，增强企业市场竞争优势和可持续发展能力。二是文化是动力。从企业实际出发，树立文化自信，创新管理理念，塑造企业形象，全力打造具有自身特质的企业文化。三是人才是核心。健全竞争考核机制、完善教育培训体系、创新人才发展环境，打造一支有品牌创新思维、品牌创新能力的专业人才队伍。四是管理是基础。建立完善现代企业制度，把品牌战略上升到企业最高战略，建立健全品牌内控机制和品牌风险防范机制，推动品牌战略的顺利实施。五是质量是保证。提高物流效率，提升仓储、运输、配送、分拣、包装等全链条服务质量，塑造质量强企新形象。

（二）实施品牌战略

实施品牌战略，提升价值影响力。一是找准品牌定位。结合企业自身资源优势，注重专业化、精细化、细分化，精准设计服务产品，精准定位发展方向，在细分领域打造企业价值影响力。二是实施品牌规划。在深耕业务和服务的同时，扎实稳健树立企业品牌和服务品牌。三是强化品牌设计。以企业文化统领品牌塑造，以企业理念推进品牌设计，打造百姓认可、社会公认的品牌形象。四是提升品牌价值。提高品牌差异化价值，扩大品牌市场占有率，提升品牌超额盈利能力，挖掘特色化服务提升企业品牌价值。

（三）维护品牌形象

品牌维护是品牌战略实施的重要组成，品牌形象是企业竞争的强有力支撑。一是服务质量护品牌形象。成立客户关系部门，严格把控产品和服务质量，及时回应和解决客户反映的问题，不断优化工作流程，提高物流服务的时效性和敏捷性。二是产品创新护品牌形象。运用现代化信息技术和智能装备，创新物流各环节和各细分领域服务能力，提升物流服务深度广度和时效质量。三是上下游产业链护品牌形象。建立标准一致、品质统一的合作关系，不断提升服务产业链、供应链的能力，打造企业专业化服务形象。四是危机公关护品牌形象。树立正确的危机意识，建立危机预警系统，根据不同类型的危机制定管理计划，及时分析处理危机，让每一次危机变为擦亮品牌的实践和行动。五是社会责任护品牌形象。勇于承担社会责任，充分阐释社会责任理念，展现社会责任形象，体现社会责任价值。积极参加社会公益活动，实现企业与社会共赢，为行业树立起良好的品牌形象，提升品牌价值。

（四）打造品牌环境

良好的产业环境、法治环境、营商环境、人文环境是品牌发展的基础，社会各界应共同为培育物流品牌创造条件。一是加强包容监管。在物流业加速创新的机遇期，相关部门应加强对物流新技术、新业态、新模式、新产业领域的知识产权保护，进一步创新执法和监管模式，研究加强对智慧物流、无接触配送、供应链金融、物联网等新业态新领域的容缺包容监管。二是加强行业引导。建立物流行业政府采购、招投标"红名单"，品牌物流企业优先纳入目录。三是加强政策支持。各级政府出台扶持物流企业品牌建设的实施意见，对评为国家、省、市服务名牌的企业给予资金、土地和政策等支持。

二、彰显物流文化影响力

（一）彰显物流温情文化

全力打造会呼吸、有温度的物流文化。一是以温情缔造和谐团队。倡导亲情文化，关爱员工生活、工作和心理，为员工提供业绩优先的晋升空间，激发员工对企业文化的认同感，构建以厂为家、以厂为伴的和谐关系，缔造一支文化认同、唇齿相依、目标一致的企业团队。二是以温情提升服务体验。强化柔性服务，重视细节管理，建立以顾客需求为导向的物流服务体系，提供有关怀度、有亲情力的物流解决方案，打造极致物流体验。

（二）彰显物流效率文化

效率优先，绩效为上。一是以物流效率加速企业提质。物流业深度融入制造业供应链体系，根植物流文化，嵌入物流理念，提高生产效率，降低企业库存，促进制造业企业的生产变革。二是以物流效率提升居民消费。以物流效率提升即时物流、配送物流、在线物流等体验物流的内涵，提高人民对物流需求的获得感、安全感，强化对物流文化的认知。

（三）彰显物流品质文化

物流是品质经济的"最后一公里"，是供应链体系大众认知的重要环节。一是以物流品质保障食品安全。推广标准装载单元在农产品、食品等产业的应用，降低产品的损耗和安全隐患。建立完善追溯体系，促进生鲜农产品和易腐食品的流通效率，提高食品质量安全，推动居民消费升级。二是以物流品质服务高端产业。运用品质物流理念，大力发展面向生物医药、医学检验、高端化工、跨境保税、国防军工、应急保障等产业的物流服务，打造高端、高质物流新产业。

（四）彰显物流诚信文化

诚信是物流文化的重要标志，坚持诚信为基础，标准为灵魂。一是以物流诚信引导行业自律。加强物流业诚信文化建设，向物流从业者广泛普及法律法规知识，宣传物流业诚信规范和相关政策，引导企业主动践行经营理念，自觉抵制各类失信行为，形成崇尚诚信、践行诚信的行业风尚，提升物流业诚信文化软实力。二是以物流诚信规范行业发展。完善物流法律法规，制定规范行业准则，加强行业监督管理，构建诚信保障体系。建立市场准入机制，提高市场准入门槛，加强信用评估和评价。保持物流文化影响力、品牌带动力长久不衰。

改善校园物流乱象的三大对策

校园物流是指寄宿制学生在学习生活中产生的物流活动，尤其在高等院校中表现更为活跃。现阶段校园物流主要包括满足学生正常学习生活的快递物流，满足学生改善生活的餐饮外卖物流和满足学生开学、放假、毕业等特殊时期的行李大件物流等三个方面。随着快递数量的增多，校园物流也暴露出管理无序、环境污染和缺乏合作等突出问题。本文针对校园物流存在乱象，提出推动其规范发展的三大对策。

一、校园物流的主要特点

（一）价值低

学生的群体特征和消费水平决定了校园物流主要分为两大类，一是以学习用品、图书、服装鞋帽、日用品、化妆品、零食、行李等物品为主的国内快递包裹和零担物流，货值一般较低，时效要求性不强；二是以午晚餐、饮料、水果等外卖为主的即时物流，时间段相对比较集中。

（二）季节强

校园物流主要集中在3—6月和9—12月的春、秋两季的开学期，开学后两周和期末放假前两周物流活动尤为明显；而1—2月和7—8月的寒暑假期，除了教师的部分快递外，学生快递包裹数几乎为零。

（三）管理难

受学生宿舍分布分散、上课时间不固定、学校缺乏末端快递投放设备等因素影响，多数快递员选择在校园内或者校门外"摆摊"的方式等待学生自行收取快递，导致快递配送效率低、破损和丢件率高等问题。外卖配送员和快递员频繁进出校园，也带来校内交通安全和师生生活安全等诸多隐患。

二、推动校园物流规范发展的对策

（一）改管理

一是智能化。针对快递和零担物流，采用"校园中心驿站＋智能快递柜"模式。在学生流动密集区域合理布局校园中心快递驿站，满足大部分学生和教师的快递收取和发送需求；在位置较偏的区域布局智能快递柜，满足少数学生的快递取送需求。二是集约化。针对外卖和即时配送，在学校门口设立专门区域定时定点接收，实现不进校园、无接触配送。三是平台化。外卖平台与学校食堂订餐系统有效对接合作，实现入校餐饮统一规范管理。

（二）减污染

一是快递包装集中回收。在宿舍设立快递包装集中回收装置，鼓励学生按照垃圾分类方法分开放置。二是环保包装循环使用。鼓励面向校园的餐饮企业使用可降解餐饮包装物，鼓励校园内外卖开发送餐循环容器。三是餐厨垃圾集中处理。设置餐厨垃圾分类处置系统，与学校食堂的餐厨垃圾统一处理。

（三）强合作

一是招标合作。学校加强与物流企业的合作，通过招投标方式选用1—2家网络覆盖广、服务能力强的零担物流企业，满足学生行李等大件物品的运输。二是建设合作。学校要加强与快递公司的合作，推动快递企业推出校园共配服务，鼓励快递企业与学校合作建设快递中心驿站，减少快递人车进出校园的频次。三是平台合作。学校要加强与外卖平台的合作，在学校食堂为外卖企业提供窗口，丰富学生饮食品类，提高外卖餐饮企业的入校门槛，加强对餐饮企业的安全、品质、环保等各方面的考核。

从物流功能看物流文化的传承与创新

文化是人类在社会发展过程中所创造的物质财富和精神财富的总和。物流文化是人们对物流活动全部理念和整体运行过程的认识，以及人们在社会经济活动中依赖于以物流技术、物流资源、物流信用为支点的经济活动而创造的物质财富和精神财富的总和，其核心是物流人共同遵守一种价值观。本文针对物流活动的八个基本要素，分析了物流文化在物质形态、社会规范、行为方式和精神观念方面的传承与创新。

一、运输、仓储、装卸、搬运其共同的文化内涵是安全

安全是物流业发展的基石和保障。物流企业的安全意识不断增强，运输、仓储、装卸、搬运各个环节的安全制度不断完善。企业在传承原有安全文化基础上，应在以下几个方面进行创新：

（一）人身安全

物流业是劳动密集型产业，在运输、装卸搬运、仓储、分拣、配送的各个环节都离不开人的实际操作，由于流程多、范围广、品类杂，物

流从业人员要应对诸多安全风险和安全隐患。应创新物流从业人员人身安全措施，树立以人民为中心的发展思想，推动由被动安全防护到制度保障；建立健全物流企业管理制度，规范各个环节操作流程；加强对从业人员的安全培训，增加员工的保险覆盖范围，切实保障从业人员安全和权益，形成尊重生命安全的人文关怀文化。

（二）货物安全

货物在装卸、运输、仓储、配送等过程中，常常因为人为操作因素或者天气、温度等客观因素导致损坏或丢失。因此，货损货差率的高低也成为物流企业服务质量的衡量标准之一。应增强责任意识，优化物流作业流程，提高员工专业素质，降低人为因素带来的货物损失；提升企业信息化水平，依托电子单据、电子条码、运输管理系统、仓储管理系统等，降低综合差错率；使用标准化单元载具和包装，减少装卸过程导致的货物损坏，形成货畅其流的体验文化。

（三）设备安全

物流设备装备品类和数量众多，如包装设备、仓储设备、集装单元设备、装卸搬运设备、流通加工设备、信息采集与处理设备等。应加快物流装备由人工化向智能化转型，加快自动化立体仓库、智能仓储、自动化分拣设备、自动化包装码垛设备、无人车和无人机等智能装备的应用，以智能化提升物流设备的安全性，形成解放和发展生产力的效能文化。

（四）环境安全

随着交通路网、场站、仓库等物流基础设施不断完善，物流企业对安全环境需求极为迫切。应加大车辆主动安全防御系统的应用范围，推动由"两客一危"扩大至干线普货车辆、冷链运输车辆，实现车辆全过程的安全监控；应逐步升级物流场站、仓库安防设施，实现智能监控、智能报警、智能分析等功能，及时排除各类安全隐患；应推动保险公司、保险经纪、公估等机构设计适合物流企业的财产、人员险种，为物流操作全流程提供安全保障，形成凝聚人心、提振信心的归属文化。

二、流通、加工、配送、信息处理其共同的文化内涵是高效

物流业的发展历程是一个通过技术、流程、设备的持续创新而不断提高效率的过程。因此，高效是物流企业永恒的目标，"高效文化"也成为全行业共同遵守的价值观。

（一）作业流程的高效

进一步提升物流作业全流程效率，运用大数据、模型和算法对各操作流程进行全面优化，提升流程再造合理化；加强设备标准化，运用标准托盘、周转筐、周转箱、集装箱等单元化装载工具，提高装卸和转运效率；强化设施智能化，运用自动化仓储、包装、分拣设备，降低出错率、提高作业效率，形成以智能化提升企业素质的企业文化。

（二）信息处理的高效

依托5G、物联网、大数据、AI等新一代信息技术，构建集采购、仓储、运输、配送、结算、金融等一体的智能物流信息处理系统，加快信息处理效率、提高信息准确率，变成由单一系统向集成化系统、由碎片信息向网络信息的跃升，形成以信息化支撑高质量发展的行业文化。

（三）资金结算的高效

为提高资金安全和结算效率，物流企业应逐步由传统结算向供应

链结算转变。打通物流企业各操作环节之间，物流企业和上下游企业之间，物流企业与银行、保险等金融机构的信息壁垒，实现商流、物流、资金流、信息流的"四流合一"，加快资金在物流及供应链全链条之间的安全、高效流动，形成以资金高效保供应链稳定的发展文化。

推进社会主义物流文明进入新时代

"十四五"时期是我国由物流大国迈向物流强国的关键期，是转型升级实现高质量发展的攻坚期，也是抢抓机遇迈向价值链中高端的窗口期。践行绿色发展理念、坚持绿色发展道路、创新绿色发展路径、引领绿色发展方向是推动社会主义物流文明发展的核心内涵。

一、构建社会主义物流文明的重大战略意义

（一）践行"三新"理念的重要导向

新发展阶段，构建和谐、文明、绿色物流共同体，是面对百年未有之大变局的首要任务，体现了物流业的担当和使命。新发展理念，"绿色""共享"为物流业创新发展指明了方向，也是现代物流业发展着力点的集中体现。新发展格局，"双循环"战略把物流业推向基础性、战略性、先导性产业的最前沿，应率先发展、责无旁贷。

（二）推进"五位一体"总体布局的重要内容

绿色物流生态文明建设，是"五位一体"总体布局的重要组成部

分。加快建设现代物流体系，有效推动现代物流业质量变革、效率变革、动力变革，是助力产业提质增效和绿色可持续发展的重要支撑，也是生态文明建设和社会和谐发展的重要保障。

（三）建立现代经济体系的基础支撑

现代供应链体系是现代经济体系的重要组成部分，提升产业链供应链现代化水平，进一步完善现代供应链体系，是推动产业链价值增值、实现全球供应链拓展的有效途径，也是提高经济和产业竞争力、助推构建现代化经济体系的基础支撑。

二、构建社会主义物流文明的重要路径

（一）物流设施低碳化

物流业作为节能与碳减排的关键产业，在推动实现"双碳"目标的过程中，必须贯彻绿色低碳循环发展理念，推动物流园区智慧化、绿色化升级，加快新能源车辆、智能化仓储和分拣等绿色低碳设施设备应用等，努力成为绿色低碳的参与者、贡献者和领跑者。

（二）物流生产绿色化

绿色物流与绿色制造、绿色消费共同构成了一个节约资源、保护环境的绿色经济循环系统。推动物流企业大力发展绿色物流，最大限度降低经营成本、提升核心竞争力，是促进企业转型升级、由大变强实现高质量发展的必然选择。

（三）物流服务循环化

从物流系统可持续发展角度看，不仅要考虑物流资源的正常合理的使用，同时还需要实现物流资源的再使用、再利用。建立正向物流与逆

向物流有效协同的循环物流系统，促进生产、流通、消费过程中的物资回收和再利用，是降低环境污染和资源消耗的有效途径。

（四）物流产业生态化

树立保护生态环境就是保护生产力、改善生态环境就是发展生产力理念，有效整合产业和上下游资源，推动政府、企业、行业组织、研究机构等加强合作，共同建立低碳、高效、融合、协同的物流生态系统。

（五）物流管理融合化

第一，物流管理融合于一二三产业，打破信息孤岛，形成以信息链为主导的绿色产业共生共荣发展网络；第二，物流管理融合于从采购、生产、配送到逆向物流全流程，形成以资金链为主导的绿色供应链信息网络；第三，物流管理融合于物流运输、仓储、装卸搬运等各大要素，形成以商品链为主导的绿色物流操作信息网络。

（六）物流教育体系化

第一，依托985、211大学，形成以前沿物流理论、绿色智能装备研发等为主的研究型物流教育体系；第二，依托普通高等院校，形成以综合素质高、专业能力强的人才为主的管理型物流教育体系；第三，依托高等职业院校，形成以具有物流工匠精神、担当绿色物流重任为主的实操型物流教育体系。

到2025年，我国基本建成以物流设施低碳化、物流生产绿色化、物流服务循环化、物流产业生态化、物流管理融合化、物流教育体系化的物流发展路径。到2035年，全社会物流文明指数将大幅提升，社会主义物流文明也将全面进入新时代。

春节是检验物流配送能力的一面镜子

春节是中国的传统节日，也是全国范围内最长的公共假期之一。春节期间，人们通常会进行大规模的购物和赠送礼品等活动。许多人回家团聚，商家停业放假，这对物流配送产生很大的挑战。

一、春节物流配送是评估物流供应链的关键指标

（一）春节期间物流配送的准时性是评估物流供应链的关键指标之一

春节期间订单量急剧增加，物流企业需要通过合理的调配资源和强大的配送能力确保在有限的时间内完成大量的包裹配送工作。因此，物流配送的准时性直接关系到用户体验。

（二）春节期间物流配送的稳定性和弹性是评估物流供应链的关键指标之一

春节期间人员流动性较大，许多物流企业会面临缺乏劳动力等问题。因此，物流供应链需要具备足够的稳定性和弹性，以应对人员不足

和突发情况，灵活调整物流运作计划，从而保证订单的顺利处理和配送。

（三）春节期间物流配送的安全性和可靠性是评估物流供应链的关键指标之一

春节期间，物流企业需要加强对货物的安全保护和防范措施，以防止货物的丢失或损坏。同时，物流企业需要确保配送过程中的可靠性，减少订单出错、延迟配送等问题，提高用户满意度。

二、春节物流配送与平时的主要差异

（一）订单激增压力

春节期间许多人回家团聚，消费者会购买大量礼品等年货，而这些货物需要通过物流来分发到各地，从而导致物流配送的需求量急剧增加。与平时相比，春节期间物流行业需要处理的订单和货物量大幅上升，给物流企业带来较大的压力。

（二）人员短缺压力

春节期间物流从业人员紧缺，引发配送队伍减少、配送速度变慢、配送范围受限等问题，加大了物流企业组织配送的困难。

（三）运力调整压力

春节期间物流运输工具的调度和配备面临挑战。物流企业需要合理调整运输方案，确保客户的配送需求，并尽可能减少延迟和滞留。

（四）协同一致压力

春节期间很多商家会暂停营业或者减少营业时间，导致物流企业可能无法按照平时的节奏进行配送。物流企业需要合理安排配送计划，提前与商家协商，避免货物滞留在停业商家的仓库中。

（五）天气因素压力

春节期间由于天气的不确定性，可能会出现恶劣天气现象，影响道路交通的通行能力和安全程度，进一步制约物流配送的准时性和可靠性。

春节期间物流企业需要提前做好准备，制定合理的配送计划，加强与商家、供应链伙伴的沟通与协调，以应对春节期间的物流配送挑战。

三、提升春节物流配送能力和水平需采取的主要措施

（一）人员调配和培训

春节期间物流企业应提前规划和调配人员，确保足够的配送队伍。同时，加强在岗人员培训和技能提升，提高配送人员的专业素养和服务水平。

（二）合理安排配送计划

春节期间订单需求量增加，需要制定合理的配送计划。物流企业通过分批、预售、预配等方式，提前安排订单的配送顺序和时间，避免集中派送导致的延误和滞留。

（三）适当增加仓储容量

为了应对春节期间的大量货物，物流企业应增加临时仓储设施，提前准备足够的仓储容量，更好地控制和管理库存，确保及时配送，减少对商家的滞留。

（四）强化技术支持

物流企业利用物联网、大数据、人工智能等先进技术手段，提高配送的智能化和精细化水平，并通过实时监测和管理配送过程，优化路线、车辆调度、货物追踪等环节，提高配送的效率和准确性。

（五）加强合作与协调

物流企业与商家、供应链伙伴、快递公司等建立紧密合作关系，加强信息共享和协同配送，从而提高整个供应链的配送能力和弹性应对能力。

（六）加强客户服务

物流企业应加强客户服务，及时沟通和解决问题。物流企业提供更灵活的配送时间窗口、增加配送服务人员，提供更高品质的售后服务，保持良好的客户关系。

物流业提升春节物流配送能力和水平，需要从人员调配、配送计划、仓储容量、技术支持、合作协调，以及客户服务等多个方面进行综合考虑和优化。只有通过合理规划、有效调度和精细管理，才能保证春节期间的物流配送顺利进行，满足消费者的需求。

简析中国物流人精神谱系

2001年，国家经贸委等六部委印发我国第一份指导物流发展的文件《关于加快我国现代物流发展的若干意见》，现代物流正式登上了中国的经济舞台。2006年3月，第十届全国人民代表大会第四次会议批准了《中华人民共和国国民经济和社会发展第十一个五年规划纲要》（以下简称"纲要"），纲要将"大力发展现代物流业"载入史册，成为中国物流业发展的一个里程碑。

一、从我国物流发展阶段看物流人精神

（一）传统计划储运阶段（1949—1978年）

物流概念引入之前，我国一直存在着物流活动，由于处于计划经济时期，所有物流活动都属于传统的运输、保管、包装、装卸、流通加工等，局限于有计划的物资调存储运，不能算是真正意义上的现代物流。在这个阶段，物流业远远不能适应工农业生产和人民生活水平发展的需要。特别是1966—1977年，国家经济遭到严重破坏，物流基本处于停滞

状态。这个阶段物流人精神主要表现为团结一心、为国争光的主基调。

（二）起步发展阶段（1978—1993年）

随着我国改革开放的逐步深入，物流概念与物流意识传入国内，开始受到政府有关部门和部分学者的重视，物流产业逐步形成，特别是运输业、仓储业、包装业发展较快，新建了一批铁路、公路、港口、码头、仓库、机场等物流基础设施，物流技术装备开始出现。这个阶段物流人精神主要表现为"功成不必在我，功成必定有我"的主基调。

（三）快速发展阶段（1993—2012年）

针对国内经济迅速崛起与物流业发展之间不充分、不平衡的矛盾，学习借鉴发达国家物流发展经验，强力推动物流业发展，规模效应开始显现，商贸物流蓬勃发展，并推动传统仓储业、邮政业、运输业向现代物流业转变。但物流发展水平和质量与发达国家相比，特别是产业融合、供应链体系建设方面还有较大差距。这个阶段物流人精神主要表现为逢山开路、遇水架桥的主基调。

（四）高质量发展阶段（2012年至今）

党的十八大以来，我国现代物流领域坚持以习近平新时代中国特色社会主义思想为指导，全面落实党中央、国务院决策部署，大力推进现代物流体系建设，努力夯实物流基础设施网络，着力培育具有国际竞争力的现代物流企业。现代物流实现跨越式发展，先导性、基础性、战略性地位不断提升，新技术、新模式、新业态、新产业不断涌现，智慧物流引领行业创新发展。从2012年起，我国成为全球第一大物流市场。这个阶段物流人精神主要表现为追求卓越、超越梦想的主基调。

从以上四个发展阶段看，不同时期呈现出不同的物流人精神，共同组成了物流人精神谱系。

二、物流人精神谱系的基本内涵

物流人精神是指物流行业从业人员所具备的一种精神状态和行为表现，是经长期积累形成的优秀为人品格。物流人精神谱系是物流人精神的总和，表现出共同的价值观和行为方式，是中国特色社会主义文化建设的重要组成部分，是建设中华民族现代文明的重要载体之一。精神是物质文明的观念意识体现，在不同的领域，其具体精神有不同的表现和含义。

物流人精神谱系主要包括以下几个方面：

（一）高度的责任精神

物流人必须立足"服务经济，服务社会，服务民生"这条主线，树立强烈的责任心，以高度的政治责任感和勇于担当的精神，切实把主体责任落到实处，确保货畅其流。

（二）崇高的敬业精神

物流人必须树立良好的职业理想、立业意识、职业信念、从业态度、职业情感和职业道德，这是全社会对物流人的一种道德规范要求，其核心是忠诚敬业精神。

（三）优越的团队精神

物流行业是团队协同合作的行业，物流人必须具备良好的团队合作精神。只有培养整体意识、全局观念，培养积极主动的品格，培养宽容与合作的品质，才能为实现团队的一致目标而努力。

（四）果敢的奉献精神

物流行业常常面临突发情况，特别是在应急物流和抢险救灾等方面，物流人必须具备"事不避难，敢于奉献"的精神。奉献是一种责任、一种自觉，一种境界追求、一种人格修养，更是一种职业操守。

（五）持续的创新精神

面对新发展格局，物流人必须以创新实践，服务于经济社会发展。创新是一个民族的灵魂，创新是人类发展的不竭动力。只有具有创新精神，物流才能在未来的发展中不断开辟新天地。物流人要有敢于冒险的勇气和自信、探索新知的好奇心和挑战权威的批判精神、承受挫折的坚强意志、舍我其谁的责任担当和造福人类的济世情怀。

（六）永恒的服务精神

心有所信，方能行远。物流人必须从客户的长远利益出发，专注于发现并满足客户的需求，为客户提供高质量的服务，才能实现多方共赢。

三、塑造和构建物流人精神的路径

物流人精神是一种综合性的精神状态和行为表现，需要物流人不断提升自己的素质和能力。在物流活动中认真负责、团结协作、快速反应、持续学习、客户至上、诚实守信等方面，物流人表现出一些共同的价值观和行为方式，从而形成了物流人的精神谱系。构建物流人精神是系统性工程，需要从多个方面入手。

（一）提高从业人员的专业技能

物流人精神是建立在专业知识和专业技能基础上的，只有不断提升从业人员的专业素养，才能更好应对工作中的各种挑战。

（二）强化从业人员的合作精神

在物流行业中，团队协调合作是非常重要的能力，只有多方协作，才能达成目标。

（三）培养从业人员的创新精神

创新是物流高质量发展的内生动力，只有不断推陈出新，才能满足不断变化的市场需求。

（四）加强从业人员的客户关系意识

客户利益始终是物流业生存的基础，只有将客户满意度放在首位，才能提升服务品质。

（五）建立良好的环境和文化

良好的环境和文化是培养物流人精神的必要条件，只有建立良好的工作环境和文化氛围，才能激发从业人员工作的积极性、主动性和创造性。

四、构建物流人精神谱系的重要性和迫切性

构建物流人精神谱系对于提高物流企业的整体素质、推动经济社会高质量发展，以及提升从业人员的社会地位具有重要的意义。

（一）是践行使命担当的"同心结"

物流人精神谱系涵盖了从业人员的职业操守、专业素养、创新精神、团队合作精神，以及客户意识等方面，这些素质是物流企业应具备的基本素质，是提高物流企业整体素质和竞争力的重要基础。

（二）是保持战略定力的"压舱石"

物流行业是一个极具活力和前景的行业，构建物流人精神谱系能够推动行业在观念、文化、技术、服务等方面的创新和进步，有助于提高行业的可持续发展能力，同时也能够吸引更多的人才进入物流行业，更好的发挥物流业是支撑国民经济发展的基础性、战略性、先导性产业。

（三）是激发奋进力量的"助推器"

物流人精神谱系为物流强国建设提供了丰厚滋养。要教育引导全体从业者大力发扬红色传统、传承红色基因，赓续精神血脉，鼓起迈进新征程、奋进新时代的精气神。

要担当好以中国式物流现代化全面推进中华民族伟大复兴的时代重任，就必须大力弘扬物流人精神，发挥其独特作用——践行使命担当的"同心结"，保持战略定力的"压舱石"，激发奋进力量的"助推器"。

跟着物流去旅游

节日假期是许多人选择出门旅游的时机。如果厌倦了常规的旅游方式，不妨尝试跟着物流去旅游。

一、物流在假日旅游中的独特魅力

选择跟随物流前往不同的城市地区，了解当地的文化和风土人情，品尝当地的美食，物流旅游为你提供一种全新的旅游方式。随着旅游业的不断发展和物流行业的不断创新，这种服务模式将会越来越受欢迎。

（一）有发现小众景点的能力

随着物流行业的下沉式发展和网络全覆盖，越来越多偏远小众景点被物流公司挖掘。这些小众景点往往具有独特的魅力，能够吸引一些平时厌倦了大城市旅游的游客。物流公司熟悉当地旅游资源，可以提供定制化的物流旅游服务，这种服务模式将会越来越受欢迎。

（二）有旅游装备设备运输能力

物流公司采用更先进的物流技术和设备，以提高运输效率。例如，智能化的调度系统、自动化的装卸设备、高效的物流配送网络等，能够大大提高运输效率，缩短运输时间。由于假期旅游的特殊性，时间就是金钱，快速响应能够提高旅行者的满意度。

（三）有旅游路径优化能力

提前规划路线。物流公司根据旅游地区的分布和交通状况，提前规划出最佳的路线，确保时间最短、成本最低。智能化调度。利用先进的物流管理系统，物流公司实时监测运输车辆的位置和状态，根据路况和客户需求进行智能化调度，确保运输效率。应急预案。针对可能出现的交通拥堵、天气变化等突发情况，物流公司提前制定应急预案，确保运输安全和准时到达。

（四）有食品油料等补给能力

食品补给对于游客来说是必不可少的。无论是准备餐点还是零食，都是人们放松和享受旅行的重要部分。一个具备良好食品补给能力的物流公司能够确保游客在旅途中随时获得他们所需的食品，能够为游客提供舒适和便利的旅行体验。油料充电补给对于长途旅行尤为重要。无论是燃油车还是电动车旅行，油料充电是维持活动的重要因素。如果缺乏必要的补给，可能会导致旅行中断或被迫改变行程。一个具有良好油料充电补给能力的物流公司能够确保游客在旅途中随时获得他们所需的动能，为游客带来愉快的旅行体验。

（五）有多式联运安全保障能力

物流公司在旅游服务过程中高度注重安全，采用安全措施来保障货物和人员的安全。在假日旅游期间，由于人流和车流增加，物流公司发挥自身优势，运用多式联运方式，极大保障了物流旅游过程的安全性，让游客能够体会到旅行的快乐。

二、物流在假日旅游中亟须解决的短板

物流公司在假日旅游中需要关注短板，采取相应的措施来提高服务质量和服务效率，以满足旅行者的需求并赢得信任和支持。

（一）拉长旅游资源要素整合短板

产业融合发展是旅游发展的重要特征。很多项目不是单一的旅游项目，而是充分利用产业资源，将产业项目与旅游深度融合，做好"物流+旅游"文章。物流企业应充分发挥资源整合优势，全面优化旅游资源、旅游设施和旅游服务，构建吃、住、行、游、购、娱全要素产业链，形成物流旅游新模式。

（二）拉长产业价值挖掘短板

目前，社会资本进入旅游业困难重重，存在产业投资模式创新不足，尚未形成信息链、产业链、人流链、资金链的有机结合，产业多元化价值、产业品牌价值及产业国际化价值都未充分挖掘等问题。物流业作为支撑国民经济发展的基础性、战略性、先导性产业，是连接生产和消费的纽带。物流业发挥纽带桥梁作用，可以做大做强物流旅游产业，形成物流产业新的经济增长点。

（三）拉长服务质量严重滞后短板

随着旅游经济的快速崛起，旅游服务质量短板越发明显。特别是在假日旅游旺季，服务质量问题更加突出。物流业要发挥其在天网、地网等网络通道资源、信息整合资源、价格发现资源、客户服务资源等方面的优势，快速提升服务水平和质量，形成独树一帜的物流旅游服务新标杆。

（四）拉长物流旅游内部管理短板

强化补给人员。假日期间，由于游客增多，物流公司的旅游补给配送任务增加，如果没有足够的人手来应对配送任务，会导致配送延误或者服务下降。强化仓储容量。假日旅游期间，物流仓储需求会相应增加。特别是在景点周围的物流园区，如果没有足够的仓储容量，会导致急需补给供应中断，从而影响物流旅游服务的质量和效率。强化线路优化。物流公司应为假日旅游提前制定灵活的配送线路，满足旅游景区和景点的需求。强化系统健全。物流公司要借助信息技术系统来跟踪货物运输情况、提供服务反馈等，应及时更新和升级信息技术系统，提升服务质量和服务效率。加强客户服务。物流公司要建立高效的旅行服务流程，及时响应旅行者需求并处理问题，提高客户满意度和忠诚度。

跟着物流去旅游是一种非常独特和有趣的旅游方式，通过这种旅游方式，相信你会收获一份难忘的节日假期。

培育物流文化中产阶层

中产阶层一般是指经济层面。这里主要探讨文化方面的中产阶层问题。物流文化中产阶层是指在物流行业中，具有相对稳定的经济收入、社会地位和文化素养的群体。这一群体通常具备较高的教育背景、专业技能和一定的社会资源，是物流行业的中坚力量。

一、物流文化中产阶层的主要内涵

物流文化中产阶层是推动物流业发展的重要力量，他们为物流业的创新发展和可持续发展注入了活力。

（一）经济层面

中产阶层在物流行业中拥有稳定的收入来源，具备一定的经济实力和消费能力，是物流行业的主要推动者。

（二）文化层面

中产阶层在物流中扮演着传承和发扬的重要角色。他们通常具有较高的文化素养，对物流内涵理解较深、规律把握较准、趋势认同度较高，能够推动物流的创新和发展。

（三）社会地位

中产阶层在物流行业中的社会地位和影响力使他们在产业发展中具有一定的话语权。他们不仅是物流服务的提供者，也是物流行业发展的推动者，对于行业的规范和进步有着重要的作用。

（四）专业素养

中产阶层通常具备专业的物流知识和技能，能够高效地引领产业发展，在提质降本增效方面有着极高的敏锐度和行动力。

（五）价值观念

中产阶层在物流中倡导奋力拼搏、务实进取、注重效率、创新突破的价值观念。他们追求高效、便捷、安全的物流服务，同时注重企业的社会责任和可持续发展。

二、培育物流文化中产阶层的重要价值

物流文化中产阶层积极倡导并践行产业结构调整、优化、创新，对于经济社会发展具有深远影响。培育物流文化中产阶层，是物流业乃至整个社会经济发展的重要推动力量。

（一）提升行业整体素质

中产阶层作为社会的中坚力量，其规模性和对主流价值观的认同对于维护产业稳定和社会经济稳定具有重要的作用。中产阶层通过其职业选择及对行业问题的关注，对物流服务的质量和效率提出了更高的要求，推动了高端物流服务的发展，影响物流的发展方向，引领行业标准的制定实施，有效促进了物流行业的持续健康发展。

（二）推动社会经济发展

物流业是连接生产和消费的重要桥梁，对促进社会经济发展具有重要作用。培育物流文化中产阶层，可以从供给端到需求端更好地满足市场有效需求，提高物流效率，降低全社会、全过程、全产业链物流成本，从而推动相关产业的发展，促进社会经济的繁荣。

（三）增强国家竞争能力

在全球化背景下，物流业的竞争已成为国家间竞争的重要方面。培育高素质的文化中产阶层，可以提高国家的物流业水平，增强国家的综合竞争力。同时，这一群体在三次产业深度融合、积极融入国际贸易体系等方面的经验和技术，也为国家的发展提供有力的支持。

三、培育物流文化中产阶层的主要途径

培育物流文化中产阶层能够促进中产阶层的扩大和社会经济结构的优化。

（一）教育渠道

物流业通过高等教育和专业培训，提升个人的专业技能和知识水平，为中产阶层的形成提供人才支持。教育是提升个人深度参与改革创新、经济发展的重要途径。物流业通过高等教育和专业培训，有效提升个人的职业竞争力，培育一批以物流企业家为主体的文化中产阶层。

（二）技术渠道

物流业鼓励专业技术人员持续提升技术能力和水平，提高自身的社会经济地位。专业技术渠道为中产阶层的形成提供了一条重要路径，培育一批以物流专业技术人才主体的文化中产阶层。通过不断的技术创新和专业技能的提升，专业技术人员可以在社会中占据更加重要的位置。

（三）市场渠道

物流业利用商品市场营销的渠道，为个人提供进入中产阶层的机会。市场渠道为中产阶层的扩大提供了广阔的空间，通过有效的市场营销策略和服务品牌的建立，在市场中找到属于自己的位置，实现产业地位的跃迁，培育一批以物流品牌塑造人才为主体的文化中产阶层。

（四）晋升渠道

物流企业应建立完善的晋升机制，为中产阶层人才提供更多的晋升机会和空间，激发其工作积极性和创造力。物流业积极拓宽多元化发展路径，让中产阶层人才有更多的选择和发展空间，培育一批以产业创新人才为主体的文化中产阶层。

（五）政策渠道

政府出台相关政策，鼓励物流企业培养中产阶层人才，规范行业秩序，营造良好的物流文化中产阶层行业环境。

让明星"代言物流"风清气正

线上经济和流量时代背景下，明星广告代言由平面媒体和电视媒体逐步迈入移动媒体时代，销售模式也进入了电视购物、电商直播等多元化发展阶段。本文聚焦明星网络带货方式，提出"线上销售"和"代言物流"协同发展的措施。

一、"代言物流"主要特点

（一）逆向物流多

电视购物和电商直播具有视觉冲击强、产品介绍细、价格优惠大等特点，加上明星自身的带动作用，产品销售转化率高。线上销售带来了大量"冲动消费"，产品退货率居高不下。相关调查显示，电商直播的退货率达30%左右，某些定价较高的女装退货率甚至高达50%－60%，因此由退货产生的逆向物流量也相对较高。

（二）信息流单向

明星代言的商品具有强烈的广告效应，通过主播和模特的详细解说、专业演绎，将产品使用效果展示到极致。多数商品是消费者初次了解，且在日常生活中也未接触和试用过，消费者被动接受商品的宣传信息，存在信息流商家一边倒现象，消费者缺乏产品体验感。

（三）产品追溯难

明星代言产品大致分两类，一是初上市产品，通过明星带动效应开拓和占领销售市场；二是电商产品，商品本身或者商品的某种型号只在线上销售，线下门店没有。商家为了提高销售率通常选择大幅降价促销方式，使其挑选线上产品时会选择成本低、利润高的商品，品牌和品质得不到保障，产品无法追溯。

二、"线上销售"和"代言物流"协同发展的措施

（一）增强物流的透明度

一是全程可视化。运用新一代信息技术和智能装备实现从商家到客户的物流全过程的可视化。二是全程可追溯。利用物联网技术、自动控制技术、自动识别技术、互联网技术，对单个产品赋予唯一商品追溯码，消费者通过扫描二维码可查验商品信息。三是全程信息对称。线上平台在展示商品功能、样式信息时，同时应将成分、产地、日期、使用禁忌等信息向消费者全部说明，让消费者在完全知情的情况下理性选购，使单一信息流变为双向信息流。

（二）增强物流的体验度

一是体验物流的速度。提高商品包装、分拣、运输、配送等各物流环节效率，缩短消费者从下单到收货的时间，提升线上购物体验。二是体验物流的能力。根据食品、冷冻品、电器、家具、服饰、生活用品等

不同的物流服务产品，提升物流服务线上消费能力和服务退换货的逆向物流能力。三是体验物流的质量。建立"代言物流"联盟，制定服务标准，推动"代言物流"规范健康发展。

（三）增强物流的感知度

一是感知物流的体验。增强物流与消费者一体化的关系，通过提升物流服务水平增强消费者线上购物的体验感，促进线上经济的发展。二是感知物流的诚信。扩大物流业务范围，在代收货款基础上发展代付货款业务，实现商品的货到付款、货物损坏或退货的先行赔付等。三是感知物流的正义。用数据创新物流模式，对逆向物流多、信息不对称、产品无追溯的明星代言产品，一律不予仓储、配送，为消费者提供安全的购物环境。

让物流吹暖"春日经济"

春日经济是以春季为特定时间段，以消费需求和市场需求为切入点，通过系列营销活动和消费场景的打造，刺激消费需求、拉动经济增长的一种经济形态。

一、春日经济的主要内涵

（一）季节性消费

春季是人们外出游玩、赏花赏景的季节，此季节会带动相关的旅游、餐饮、电商、配送、装备、娱乐等行业的消费需求，季节性特点明显。

（二）场景化营销

春日经济注重打造消费场景，通过赏花、品茗、登山、郊游、聚餐等各种活动方式刺激消费者的购买欲望，引导消费者的消费行为。

（三）绿色化出行

春日经济强调绿色生态环保，鼓励消费者在春季出游时选择绿色、环保、健康的出行方式，减少对环境的污染。

（四）拉动式增长

春日经济通过一系列的营销活动和消费场景的打造，为城市带来发展机遇，为相关产业发展提供更多商机，为经济发展注入新的动力。

二、春日经济存在的主要问题

（一）规划管理缺位

春日经济在许多地区处于自发状态，缺乏统一规划和管理，市场秩序良莠不齐，服务质量参差不齐。

（二）基础设施薄弱

一些景点的基础设施不完善，如交通不便、住宿条件差、餐饮质量低等，影响了游客的体验和满意度。春日经济时间较短，容易受到天气和季节变化的影响，导致游客数量不稳定，市场波动大，影响了投资者的积极性。

（三）品牌建设淡漠

许多春日经济景点缺乏品牌建设，知名度不高，难以吸引更多的游客前来消费。随着旅游市场的不断扩大，春日经济的竞争也越来越激烈，一些商家为了吸引游客，不惜采取不正当手段，影响了市场的健康发展。

三、物流在春日经济高质量发展中扮演着重要角色

（一）促进生产要素的高效流动

物流作为连接供应链上下游的纽带，通过优化物流、商流、信息流和资金流，实现生产要素的高效配置和流动。在春日经济高质量发展

中，物流提供便捷、高效服务，确保生产要素能够及时到达生产线，满足生产的需求，从而提高生产效率和降低成本。

（二）促进商品流通和市场拓展

物流作为商品流通的重要环节，在春日经济高质量发展中，帮助企业将产品迅速送达市场，满足消费者的需求，促进商品的销售和市场的拓展。同时，物流能够推动电子商务等新业态的发展，促进线上线下的融合，扩大市场规模。

（三）支撑供应链优化和高效协同

春日经济高质量发展需要建立高效的供应链体系，实现供需双方的紧密协作和高效协同。物流作为供应链管理和运营的重要环节，能够提供信息共享、库存管理、订单跟踪等关键服务，促进供应链各参与方之间的有效合作和资源优化配置。

（四）推动区域经济一体化和产业联动发展

春日经济高质量发展强调区域间的协同合作和产业联动。物流作为区域经济一体化的重要支撑，通过构建高效的物流网络和供应链体系，实现区域内各产业链之间的衔接和互动。

四、充分挖掘物流优势，提升春日经济发展质量

物流能够提高春日经济运行效率和市场活力，助力春日经济向高质量发展迈进。

（一）强化供应链稳定性和灵活性

春日经济以快速消费、季节性消费为主要特征，要求物流快速响应市场的需求变化，保持供应链的稳定性和灵活性。物流企业通过建立

迅捷反应机制，提高仓储和配送效率，缩短物流周期，保证货物的及时送达。

（二）提升物流服务质量和效率

春日经济中的消费者对物流服务的需求日益提高，这就要求物流企业提供更加优质的服务。一方面，物流企业要保证货物的安全和完整，避免货物在运输过程中出现损坏或丢失；另一方面，物流企业利用大数据分析市场需求和预测趋势，利用人工智能优化配送路径和决策等，提高服务效率，缩短配送时间，为消费者提供更好的春日体验。

（三）加强物流基础设施整备和完善

春日经济中物流基础设施相对滞后，如仓储设施陈旧、运输网络不健全等。物流业要加大对物流基础设施的投资力度，更新仓储设施，完善运输网络。建立统一的物流信息平台，实现数据共享和信息传递的畅通无阻。同时，物流业加强与政府部门的合作，争取消费产业政策支持，推动春日经济产业的健康发展。

（四）打造春日经济应用场景和品牌

构建柔性供应链体系，以消费物流推动春日经济增长。一是打造从田间地头到餐桌的食品供应链体系，让消费者品尝到高品质的春菜、春茶、春果等时令鲜味。协同预制菜供应商和冷链配送企业，研发适合春日经济的户外餐饮套餐。二是打造户外用品、装备供应链体系，满足消费者春日经济的各种户外需求。畅通春日经济消费者户外重型装备、骑行装备的整机运输系统。三是打造春日经济新消费场景。利用消费者目的地附近物流园区，打造汽车营地；利用闲置集装箱，改造可移动民宿；利用新能源车，改造旅游观光车。

（五）构建春日经济应急物流体系

构建春日经济应急物流体系需要考虑以下几个方面：一是制定应急物流计划，包括物资储备、运输方式、运输路线、应急预案等。二是建立应急物资储备库，包括食品、饮用水、药品、医疗设备等必需品的储备。三是优化运输路线，选择合适的运输方式，如公路、水路、航空等，确保物资能够快速、安全地送达目的地。四是建立快速响应机制，加强与相关部门和机构合作，确保在突发事件发生时能够迅速响应，协调各方资源。

发挥物流在春日经济中的优势，不断延长春日经济的生命周期，实现春日经济的高质量发展。

物流寄递渠道成为反腐一把利剑

物流寄递渠道是指商品从生产地或供应商到达消费者手中的整个运输和配送过程。它包括供应链中的各个环节，如采购、仓储、运输、派送等。物流寄递渠道通常可以分为陆路运输、水路运输、空运、快递、电子商务配送等几种类型。

一、物流寄递渠道是反腐信息和证据的重要来源

（一）信息可追溯

物流寄递一般有详细的记录和跟踪信息，可以追溯包裹的寄收地址、时间和人员等关键信息。这些数据可以协助调查人员追踪资产流动和相关人员的行踪，从而为反腐败案件提供线索。

（二）商品可验视

物流寄递的记录可以判断货物的来源地、转运点和最终目的地，这对于调查腐败案件中可能涉及的行贿、贪污活动等提供了线索。例如，通过查看包裹的转运路径和收件人的身份，可以分析可能存在的非法交

易或者权钱交易。此外，物流寄递渠道还可以通过检查包裹内部的内容来获取更多的证据和信息。

（三）证据合法性

在调查过程中，相关部门和执法机构需要依法操作，确保采集的物流寄递信息和证据具有合法性和可信度。同时，相关部门和执法机构也需要建立有效的合作机制，及时共享物流寄递渠道的信息和数据，以提高反腐败工作的效果。物流寄递渠道的有效合理利用为反腐败工作提供重要的线索和证据。

二、净化物流寄递渠道对反腐工作具有重要的作用

（一）预防腐败行为

物流寄递渠道是市场经济运行的一项基础性服务。通过建立健全监管机制和规则体系，为防止腐败行为的发生提供信息渠道。

（二）提高行政效能

物流寄递渠道的畅通与否直接影响着国家和地方的行政效能。物流业优化物流寄递服务流程、提高寄递效率，可以减少不必要的程序和环节，降低腐败的滋生空间。同时，政府及相关部门加强监管机制和科技手段的应用，可以更好地监控物流行业的运作，减少信息不对称和腐败问题。

（三）形成工作合力

物流寄递渠道作为经济活动的重要组成部分，涉及各个领域和行业的联动与协调。加强反腐合作，建立物流寄递行业的反腐网络和信息共享机制，有助于发现和打击腐败行为。

净化物流寄递渠道对反腐工作具有重要意义。通过建立健全监管体

系、提高行政效能，以及加强合作与交流，可以有效减少腐败行为的发生，保障公平正义的实现。

三、物流寄递企业在净化物流寄递渠道的主要职责

（一）遵守政策法规

物流企业应严格遵守国家有关寄递物品安全、禁寄物品、保密等方面的政策法规，确保快件寄递活动符合法律规定。

（二）审查寄件内容

物流企业应对寄件物品进行审核，严禁接收寄递违法、违禁物品，如枪支、毒品、仿冒商品等。

（三）建立内部管理体系

物流企业应建立健全内部管理制度和风险防控措施，严格执行物流企业的经营许可、经营管理、货物查验等方面的规定。

（四）加强信息安全

物流企业应加强对付款人、收件人信息的保护，避免个人信息泄露，防止利用快递渠道进行诈骗和其他非法活动。物流企业还应建立全程可追溯的物流跟踪系统，确保货物运输过程中的安全和可靠性。

（五）强化监督检查

相关部门应加强对物流企业的监督检查，确保其按规定履行职责，不得为违法犯罪分子提供便利。

（六）主动配合调查

物流企业应主动配合执法机关进行涉嫌违法犯罪案件的调查，积极提供必要的协助。

物流企业在反腐倡廉工作中承担着维护社会稳定、净化物流渠道的重要职责，从而确保寄递物流渠道的安全和廉洁。

四、职能部门使用物流寄递渠道收集反腐信息和证据时应遵循的原则

（一）合法性原则

所有的信息和证据收集行为必须符合相关法律法规的规定，尊重个人隐私权和其他法律权益。

（二）保密性原则

收集的信息和证据需要妥善保密，只能在必要的范围内被授权人员使用，并遵循相关的保密制度和规定。

（三）正当性原则

所有的信息和证据收集行为必须在合法的调查程序范围内进行，从而确保程序的公正性、透明性和合理性。

（四）公平性原则

收集的信息和证据应当客观、全面，不得有偏见或歧视，不能凭借个人目的或私利来搜集信息和证据。

（五）合规性原则

在收集信息和证据过程中，需要遵循相关部门或组织内部制定的规范和程序，确保整个过程的合规性。

职能部门使用物流寄递渠道收集反腐信息和证据时，需要严格遵守法律法规，保护个人隐私权，确保信息和证据的可靠性和合规性，确保物流寄递企业健康发展，以维护社会的公平正义和良好的营商环境。

现象级美食——冷链物流为淄博烧烤保驾护航

"淄博烧烤"已经成为淄博的新名片，使淄博成为一座独具魅力的鲁菜名城。"烧烤配饼，少吃不行。烤肉加葱，生意兴隆。"全国各地的烧烤形式相差无几，但烧烤的口味，却是把握在店家手里的"揽客秘技"。淄博烧烤带来的热度同时增加了很多消费新场景，冷链物流精心呵护"淄博烧烤"，也必将在其影响下更具韧性和活力。

为保持"淄博烧烤"的独特魅力和持久力，做大做强淄博作为中华烧烤名城的影响力，健康、安全、营养首当其冲，冷链物流一马当先。

一、规划建设仓储与冷链物流网络

在主城区建立大型的以肉类储存加工、腌料、卷饼为主的冷链基地，建立中央厨房冷链物流中心，打造冷链物流行业平台，实现餐饮企业和冷链物流企业的跨界合作。以冷链基地为中心，建立国内冷链物流干线网络。同时建设多个配送中心，以城市配送中心为关键节点，建设与市内配送网络为一体的冷链物流网络。

二、规划建设烧烤冷链食材超市

烧烤冷链食材超市最大的特色就是半成品食材和一站式基地。半成品食材不仅直供烧烤餐厅，还可以让游客和消费者买回家享受"围炉聚炊欢呼处，百味消融小釜中"的愉悦氛围和家的温暖。烧烤冷链食材超市不仅有烧烤的各类肉串，还有蔬菜、海鲜、蘸料等，形成品类齐全的一站式采购基地。规划建设烧烤冷链食材超市需要考虑以下几个方面：一是地点选择。优先选在人流量大、交通便利的区域。二是设计和装修。设计要符合消费者购物习惯，让采购商感到舒适。装修应该简洁明快、整洁干净，并且体现出食品卫生安全意识。三是产品类别。通过了解消费者各种口味偏好及需求来确定销售范围。四是冷链管理。实行科学高效完善的货物保管与存放方式，保证所有商品都能够被妥善保存。

三、打造冷链食材追溯体系

"民以食为天，食以食材为先"，烧烤食材首先考虑安全性、健康性。消费者能够通过扫码查询食材的时间、产地等，让消费者既吃得开心又吃得安心。企业全面打造产品在生产制造、物流运输、渠道销售的可追溯信任体系，即在供应链的商流、信息流、物流、资金流的环节，建设一个基于可信身份、可信行为、可信数据的可信追溯区块链网络，打通企业与金融机构的合作桥梁，形成流动且健康的产品+资金链，帮助企业利润最大化。

四、创新冷链供应链模式

建立标准化、数字化的产销协同系统，实现采购、工厂、物流、仓储等环节的数字化高效协同。形成冷藏、冷冻、常温等多规格的标准化仓储物流。上游环节在全国范围内自建直采体系，从源头把关食品质量。在冷链运输配送环节，引入社区共同化配送的方式，以降低配送成本、提高配送效率和服务质量，解决社区"最后一公里"物流配送难题。全程监测物流动向，严格执行出入货查验，凭有效证件才可通过审查，并设置抽检、巡查等条例，严把食品安全质量关。

中国八大菜系与物流系统适配性对策

菜系是指在一定区域内，由于气候、地理、历史、物产及饮食风俗的不同，在选料、切配、烹饪等技艺方面，经长期演变而自成体系，具有鲜明地方风味特色，并为社会所公认的中国饮食的菜肴流派。中国传统餐饮文化历史悠久，经过漫长历史演变而形成川菜、鲁菜、苏菜、粤菜、浙菜、闽菜、湘菜、徽菜，共同构成中国饮食的"八大菜系"。

一、物流适配性的重要性和必要性

把满足八大菜系对食材原汁原味需求作为传统餐饮文化发扬光大的出发点和落脚点，加快构建完整的物流适配体系，坚持供给侧结构性改革这条主线，使生产、分配、流通、消费更多依托产地市场，提升供给体系的适配性，以高质量供给满足日益增长的市场需求。

（一）从八大菜系口味上看

川菜、湘菜、徽菜口味虽有麻辣、香辣、鲜辣之别，但基本以辣为主基调。粤菜、苏菜、闽菜、浙菜有口味鲜香、口味清淡之不同，四菜系均以选料精细、清而不淡、鲜而不俗、嫩而不生、油而不腻而著称。鲁菜口味咸鲜为主，突出本味。因此，为保持八大菜系的独特魅力，物流适配性尤为重要。

（二）从八大菜系分布区域上看

川、湘、徽位于西南地区，多雨且潮湿。粤、苏、闽、浙位于华东地区和南部沿海地区，气候温和。鲁位于北方，气候寒冷。因此，八大菜系的地区分布对物流仓储运输会有不同的要求。

（三）从八大菜系烹饪方法上看

不同菜系烹饪方法不同，形成了不同的菜肴特色。

二、提升物流适配性路径

（一）提升空间的适配性

目前，在消费空间格局发生变革的背景下，食材的采购规模和空间区域也发生了巨大的变化。依托国家骨干冷链物流基地，通过完善物流枢纽和配送网络的合理布局，推动采购系统、仓储系统和信息系统协同运行，提升适配性的整体效能，实现及时、稳定、安全、经济的食材供给，提高食材供应链的安全性和稳定性。加强菜系内部协作和与外部其他菜系的合作。内部协作可以提高流程效率和资源利用率；外部合作可以扩大物流空间和资源的范围，进一步提升物流空间的适配性。

（二）提升时效的适配性

依托国家物流枢纽，完善运输枢纽布局和优化运行组织功能，在枢纽节点实现铁路、水运、空运等网络化运输资源和公路细分运输服务市场的有机衔接，以多式联运对接各种联运、分拨、快递、快运和供应链服务的需要，根据不同食材的物流需求，实现整、零需求的高效转换与规模化组织之间的融合匹配，适应分布式供给和分散化需求的发展要求。物流信息化是实现物流适配性的关键。每个菜系要建设统一的物流信息平台，提升菜系之间物流信息共享和传导的能力。针对不同菜系的物流需求，建立多样化的物流配送体系。制定物流标准化相关的技术规范、流程标准等，是提升物流时效适配性的重要手段。

（三）提升专业的适配性

不同菜系对物流适配性，特别是在种植、养殖、屠宰、中转、配送等方面要求有极大差异。要匹配不同菜系的专业化物流方案，不断扩大主食材和中高端食材有效供给，稳定一般通用性食材的供应链体系，增强供给结构对需求变化的适应性和灵活性，才能保持传统菜系口感的稳定性。同时，要形成更多与消费需求、消费能力相适应的有效供给，满足多元化、高端化、个性化需求，提升供需的价值适配性。

（四）提升规模的适配性

通过第三方物流的规模性运营，整合原产地采购规模与存储地理区域，进一步降低库存水平；通过优化物流网络，建立高效的网络系统，理顺物流中心的布局、物流渠道的选择、物流服务商的合作等，从而提高物流的响应速度、降低物流成本；通过采用先进的物流技术，如物联网、云计算、大数据等信息化的手段，提高物流运作效率，降低人力成本；通过建立供应链的合作机制，实现各环节间的数据共享、资源共享和信息共享，提高物流的联动性和协同性；通过管理优化，完善仓储管理、运输管理等物流管理流程，提高物流效率和质量，从而全方位提升物流的适配性。

有数据显示，未来中国预制菜市场将保持较高的增长速度，八大菜系的工业化道路也将与时俱进。为保持以八大菜系为主的中国传统餐饮文化的风韵，不断提升物流适配性尤为重要。

后 记

　　此书不仅是笔尖舞动的成果，更是无数日夜思考的结晶。这是一段充满挑战与收获的旅程。

　　从业十余载，坚守心如初。物流是蕴含无限可能的浩瀚领域，我仿佛看到无数的观点与价值在这个广阔舞台上交相辉映。期盼通过笔墨，分享自己的观点，让广大读者深刻领悟物流的重要作用和内在规律，以及其背后隐藏的巨大价值和无限潜力。

　　感恩成长路，铭记在心怀。三年来，得到了专家、领导、同仁和朋友的鼎力支持与帮助。感谢国家发改委综合运输研究所汪鸣先生和中国物流学会郭肇明先生撰写推荐序；感谢《物流时代周刊》倪玮先生、杨潇女士，推荐此书，使其有幸进入"中国物流100人（智库）"系列丛书；感谢山东省现代物流协会李晓冉女士在成书过程中查阅资料、分析数据、引用实例等方面所做的工作。此外，感谢出版社的工作人员，是你们的辛勤工作和专业精神让这本书得以顺利出版。

三年耕耘勤，百炼始成金。每一次触笔都是对主题的深入思考和探索。对于书中的疏漏和不足之处，敬请读者提出宝贵意见。我将继续努力，为大家带来更多有价值的作品。愿我们共同创造更加美好的未来！